Italien  **Termi**

Tutto bene!

Ivan Aromatario
Professeur agrégé - Grenoble

Valérie Bernejo
Professeur agrégé - Rouen

Heidy Martini-Berthet
Professeur certifié - Grenoble

Pierre Methivier
Professeur agrégé - Paris

Judith Rosa
Professeur à l'École alsacienne - Paris

Patrice Tondo
Professeur certifié - Grenoble

ÉDUCATION

www.hachette-education.com

Remerciements :
Les auteurs tiennent à remercier particulièrement Véronique Pommeret, leur éditrice, pour ses conseils précieux et sa collaboration sans relâche.
Les auteurs et l'éditrice remercient Annie Ghizzardi, Laurence Julien et Marie-Agnès Neveu pour leurs relectures et leurs conseils avisés, ainsi que les enseignants qui ont participé aux tests de ce manuel.
Les auteurs et l'éditrice remercient également Federico Simonti pour son aide précieuse.

Recherche iconographique : Federico Simonti
Maquette (couverture et intérieur) : Nicolas Piroux
Mise en page : Joëlle Casse
Cartographie : Hachette Éducation (gardes et p. 14)

Des pictogrammes désignent les différentes activités langagières :

Compréhension de l'oral

Compréhension de l'écrit

Expression orale en continu

Expression orale en interaction

Expression écrite

Et signalent les renvois :

mp3 élève

CD classe

Document vidéo

Pour Hachette Éducation, le principe est d'utiliser des papiers composés de fibres naturelles, renouvelables, recyclables, fabriquées à partir de bois issus de forêts qui adoptent un système d'aménagement durable.
En outre, Hachette Éducation attend de ses fournisseurs de papier qu'ils s'inscrivent dans une démarche de certification environnementale reconnue.

© Hachette Livre 2012, 43 quai de Grenelle, 75905 Paris cedex 15
www.hachette-education.com

ISBN 978-2-01-135470-9

Tous droits de traduction, de reproduction et d'adaptation réservés pour tous pays.

Le Code de la propriété intellectuelle n'autorisant, aux termes des articles L. 122-4 et L. 122-5, d'une part, que les « copies ou reproductions strictement réservées à l'usage privé du copiste et non destinées à une utilisation collective » et, d'autre part, que « les analyses et les courtes citations » dans un but d'exemple et d'illustration, « toute représentation ou reproduction intégrale ou partielle, faite sans le consentement de l'auteur ou de ses ayants droit ou ayants cause, est illicite ».

Cette représentation ou reproduction, par quelque procédé que ce soit, sans autorisation de l'éditeur ou du Centre français de l'exploitation du droit de copie (20, rue des Grands-Augustins – 75006 Paris), constituerait donc une contrefaçon sanctionnée par les articles 425 et suivants du Code pénal.

Préface

*L*e manuel de terminale conclut la collection *Tutto bene!* pour le lycée.

Les élèves y retrouveront les grandes caractéristiques des précédents ouvrages dans la continuité du programme du cycle Terminal* (respect des principes de l'approche actionnelle, travail par activité langagière dominante, choix de documents exclusivement authentiques pour une langue actuelle, omniprésence de l'arrière-plan culturel).

L'organisation thématique des unités est bâtie autour de véritables problématiques. Elle permet d'intégrer dans chacune une double-page réservée au nouveau baccalauréat** favorisant ainsi un entraînement régulier aux différentes épreuves auxquelles seront confrontés les futurs bacheliers lors de l'évaluation de leurs compétences dans les cinq activités langagières (évaluation finale ou en cours d'année). En effet, afin de préparer au mieux les élèves de toutes les séries, tant à l'écrit qu'à l'oral, nous proposons dans chaque double-page consacrée au baccalauréat un ou deux textes accompagnés éventuellement d'une (ou plusieurs) illustration(s) suivis d'un questionnement type bac (questions de compréhension et d'expression). Pour l'épreuve orale, l'élève aura à sa disposition des documents audio ou vidéo authentiques, sélectionnés selon les recommandations des textes officiels (1mn30). Quant à l'expression orale, l'élève devra procéder à la présentation de la notion étudiée dans l'unité (expression orale en continu) avant d'en discuter avec un professeur. Nous avons fait le choix de guider l'élève, pour le passage à cette phase d'expression orale en interaction, en posant une question comme pourra le faire l'examinateur.

Les pages de lecture suivie occupent une place encore plus importante (3 pages en fin de chaque unité) que dans les deux précédents manuels et sont accompagnées d'une exploitation permettant à l'élève de travailler éventuellement en autonomie. La grammaire, quant à elle, occupe un espace moins important dans chaque unité mais tous les points pourront être abordés grâce notamment à un précis grammatical complet et à une banque d'exercices d'application variés en annexes.

Ce manuel, comme toute la collection *Tutto bene!*, vous souhaite une année agréable à la découverte d'unités riches aux thèmes variés. Nous espérons qu'il aidera les élèves à se présenter en toute confiance aux différentes épreuves du nouveau baccalauréat mais aussi et surtout qu'il leur permettra d'approfondir leur réflexion, de développer leurs compétences et de renforcer leur connaissance de la langue et de la culture italiennes. Nous espérons en somme qu'avec *Tutto bene! Terminale* les élèves seront prêts pour le passage à la… *maturità*.

Les auteurs

* B.O. spécial n°9 du 30 septembre 2010
** B.O. n°43 du 24 novembre 2011

Tableau des contenus

Unità 1 Miracolo all'italiana

Lezione	Progetti		Documenti audio/video	Documenti scritti
Lezione prima Sulle ali del miracolo p. 12-13	Raccontare l'arrivo dei primi elettrodomestici nella vita quotidiania.	**Progetto finale** Fare una proposta per rilanciare l'economia italiana. p. 24	• servizio «La vespa e il boom economico»	• articolo «L'altra Italia del miracolo economico»
Lezione seconda Benvenuti al Nord? p. 14-15	Intervistare un contadino meridionale emigrato a Torino.		• canzone «Il treno che viene dal sud»	• Lucio Mastronardi, «Il meridionale di Vigevano»
Lezione terza Made in Italy p. 16-17	Riflettiamo insieme La globalizzazione e il «made in Italy».		• intervista a Salvatore rossi	• articolo «Toscani d'adozione: Xu Qiu Lin»

Unità 2 L'Italia è anche casa mia

Lezione	Progetti		Documenti audio/video	Documenti scritti
Lezione prima Verso la terra promessa p. 32-33	Scrivere un breve articolo per il giornale del liceo	**Progetto finale** Scrivere la sceneggiatura di un videospot per l'integrazione dei giovani immigrati nell'ambito scolastico. p. 44	• testo teatrale di Lina Prosa, «Lampedusa Beach»	• articolo «Vent'anni fa lo sbarco dei 27.000»
Lezione seconda L'Italia sono anch'io p. 34-35	Scrivere una carta dei diritti e dei doveri degli immigrati.		• intervista a Camilleri	• articolo «Un modello civile di integrazione esiste»
Lezione terza Quando gli immigrati erano gli italiani p. 36-37	Riflettiamo insieme L'emigrazione: un aspetto della storia e dell'identità italiana.		• canzone di Gianmaria Testa, «Ritals»	• Melania Gaia Mazzucco, «Vita»

Unità 3 Ecco come ci vedono

Lezione	Progetti		Documenti audio/video	Documenti scritti
Lezione prima Italians p. 52-53	Inventare e recitare una scenetta.	**Progetto finale** Preparare a gruppi una scenetta per illustrare gli stereotipi sugli italiani. p. 64	• servizio «Come ci vedono dalla Germania»	• Beppe Severgnini, «La testa degli italiani»
Lezione seconda La dolce vita p. 54-55	Creare la colonna sonora di una pubblicità.		• spot video pubblicitario	• Luigi Barzini «Gli italiani, Virtù e vizi di un popolo» • articolo «Un modello civile di integrazione esiste»
Lezione terza I nostri ambasciatori p. 56-57	Riflettiamo insieme Il successo degli italiani all'estero.			• «I più eccellenti...»

(p. 10-29)

Attualità, cultura e letteratura	Lingua	Pronto per l'esame	Per autovalutarsi
• la contraffazione • Il Grand Soleil 46 **Arte** • il design italiano **p. 26** **Lettura** • Italo Calvino, «I figli di Babbo Natale», in «Marcovaldo ovvero le stagioni in città» **p. 27-29**	**Grammatica** • *marqueurs temporels* • *temps du passé : imparfait, passé composé, passé simple* • *qualche, alcuni* **p. 18** **Lessico** • economia • consumo **p. 19**	Idea di progresso: la società dei consumi **p. 22-23**	Presentare un oggetto emblematico del «miracolo economico». **p. 25**

(p. 30-49)

Attualità, cultura e letteratura	Lingua	Pronto per l'esame	Per autovalutarsi
• la contraffazione • Mikrokosmos • l'integrazione • ridere per capire l'immigrazione **Arte** • la Porta d'Europa **p. 46** **Lettura** • Amara Lakhous, «Scontro di civiltà per un ascensore in piazza Vittorio» **p. 47-49**	**Grammatica** • *démonstratif* quello • *prépositions* di et da • *pronoms personnels simples et groupés* **p. 38** **Lessico** • emigrazione • immigrazione **p. 39**	Spazi e scambi: emigrazione, immigrazione **p. 42-43**	Leggere un testo e valutare la propria comprensione. **p. 45**

(p. 50-69)

Attualità, cultura e letteratura	Lingua	Pronto per l'esame	Per autovalutarsi
• stereotipi a traverso vignette umoristiche, films, • L'Europa vista dagli italiani **Arte** • «la Gioconda» vista da artisti stranieri **p. 66** **Lettura** • Alberto Moravia, «Il Mammorolo», in «Nuovi racconti romani» **p. 67-69**	**Grammatica** • venire *comme auxiliaire* • *pourcentages* • *emploi du subjonctif imparfait* • *comparatifs* • *adjectifs numéraux et cardinaux* • *superlatifs relatifs et absolus* **p. 58** **Lessico** • la dolce vita • architettura, arte, scienza, gastronomia **p. 59**	Spazi e scambi: gli stereotipi **p. 62-63**	Dibattere su uno stereotipo a scelta. **p. 65**

Unità 4 Le armi per convincere

Lezione	Progetti		Documenti audio/video	Documenti scritti
Lezione prima Vendere ad ogni costo p. 72-73	Creare uno spot radiofonico.	**Progetto finale** Inventare una pubblicità di utilità sociale. p. 84	• video: spot pubblicitario	• Stefano Benni, «Il dottor Niù»
Lezione seconda Una pubblicità per riflettere p. 74-75	Convincere «Pubblicità Progresso» di creare una campagna.		• spot radiofonico «Aiutare i bambini»	• articolo «Aids, rifiuti, razzismo e pirateria, 40 anni d'Italia nelle campagne sociali»
Lezione terza Credere, obbedire... p. 76-77	Riflettiamo insieme Le strategie della propaganda.		• video discorso di Mussolini «Vincere e vinceremo»	• Umberto Eco, «La misteriosa fiamma della regina Loana»

Unità 5 Ciak! Si gira

Lezione	Progetti		Documenti audio/video	Documenti scritti
Lezione prima Buono, brutto e cattivo p. 92-93	Partecipare a un casting.	**Progetto finale** Partecipare a un festival del cortometraggio. p. 104	• intervista a Filippo Timi	• Federico Fellini, «Fare un film»
Lezione seconda L'altrove dello schermo p. 94-95	Applicare una musica alla sequenza di un film.		• sequenza di «C'era una volta il west», Sergio Leone • intervista a Nino Rota	• Pier Paolo Pasolini, «La musica del film»
Lezione terza Riso amaro p. 96-97	Riflettiamo insieme La commedia, un modo di guardare la realtà?		• sequenza di: «Roma città aperta», Mario Monicelli	• Sebastiano Mondadori, «La commedia umana, Conversazioni con Mario Monicelli»

Unità 6 Figli di Leonardo

Lezione	Progetti		Documenti audio/video	Documenti scritti
Lezione prima Eccellenza italica p. 112-113	Inventare un oggetto che cambierebbe la quotidianità di ciascuno di noi.	**Progetto finale** Far parte della giuria del premio Nobel. p. 124	• «Come nasce un'invenzione?»	• articolo «gli USA ammettono: Meucci è l'inventore del telefono»
Lezione seconda Il genio della semplicità p. 114-115	Presentare all'orale un'invenzione.		• servizio sulla mostra del festival «150 anni di genio italiano»	• articolo «Il genio degli italiani in 150 grandi idee»
Lezione terza L'Italia del sapere p. 116-117	Riflettiamo insieme L'esodo dei cervelli italiani.		• intervista ad un cervello in fuga • intervista a Mario Capecchi	• articolo «Genio a Londra si dice in italiano»

Unità 7 L'arte è una cosa seria?

Lezione	Progetti		Documenti audio/video	Documenti scritti
Lezione prima Arte per gioco p. 132-133	Inventare una versione moderna e personale di un'opera classica.	**Progetto finale** Allestire una mostra e crearne un catalogo. p. 144	• servizio sulla mostra «ZeitGeist»	• articolo «Mecenate per passion»
Lezione seconda Forza lirica p. 134-135	Scrivere un testo per accompagnare un'aria tratta da un'opera lirica famosa.		• parte finale della ceremonia d'apertura dei XXI Giochi olimpici di Torino 2006	• opera lirica «Nessun dorma!» in «Turandot», Giacomo Puccini
Lezione terza Artisti o vandali? p. 136-137	Riflettiamo insieme Distinzione tra «arti maggiori» e «arti minori».		• intervista a un writer di Roma	• «Writing/graffitismo, arte o vandalismo?»

(p. 70-89)

Attualità, cultura e letteratura	Lingua	Pronto per l'esame	Per autovalutarsi
• ceramica e grafica futuriste • manifesti di propaganda fascista • Oliviero Toscani **Arte** • Futurismo: Carlo Carrà, «Manifestazione intervista» **p. 86** **Lettura** • Rosetta Loy, «La parola ebreo» **p. 87-89**	**Grammatica** • *pronoms personnels simples* • *verbe* andare *comme auxiliaire* • *suffixes (augmentatifs)* • *impératif* • *forme impersonnelle* • *imparfait* • *préposition* da **p. 78** **Lessico** • pubblicità • propaganda • consumo **p. 79**	Forme del potere: pubblicità e propaganda **p. 82-83**	Descrivere e commentare un'immagine di propaganda ed esprimere la propria opinione. **p. 85**

(p. 90-109)

Attualità, cultura e letteratura	Lingua	Pronto per l'esame	Per autovalutarsi
• festival Sottodiciotto 2011 • locandine di films **Arte** • Danilo Donati, costumiere di Paolo Pasolini **p. 106** **Lettura** • Stefano Benni, «Il pornosabato dello Splendor», in «Il bar sotto il mare» **p. 107-109**	**Grammatica** • *emplois du subjonctif présent et passé* • *pronoms relatifs* • *conditionnel* **p. 98** **Lessico** • lessico cinematografico **p. 99**	Spazi e scambi: il cinema italiano **p. 102-103**	Ascoltare un'intervista e valutare la propria comprensione. **p. 105**

(p. 110-129)

Attualità, cultura e letteratura	Lingua	Pronto per l'esame	Per autovalutarsi
• Rita Levi-Montalcini «i miei primi cento anni» • La rete dei talenti italiani all'estera Per l'italia • fumetto «Galileo! Un dialogo impossibile» **Arte** • Leonardo Da Vinci, artista e scienziato **p. 126** **Lettura** • Leonardo Sciascia, «la scomparsa di Majorana» **p. 127-129**	**Grammatica** • *passé simple* • *subordonnée hypothétique* • *futur et conditionnel* • *participe passé absolu* **p. 118** **Lessico** • scienza • progresso scientifico • inventori e invenzioni **p. 119**	Idea di progresso: scienza e fantasia **p. 122-123**	Capire un testo letterario: Umberto Eco, «Il pendolo di Foucault» **p. 125**

(p. 130-149)

Attualità, cultura e letteratura	Lingua	Pronto per l'esame	Per autovalutarsi
• Neoludica, arte e giochi video • campagna del ministero dei beni e attività culturali • Luciano Pavarotti **Arte** • Arte contenporeano: Gino de Dominicis, «Calamita Cosmica» **p. 146** **Lettura** • Antonio Tabucchi, «Tanti saluti», in «Racconti con figura» **p. 147-149**	**Grammatica** • *personne de politesse* • *traduction de « aimer », ses dérivés et ses contraires* • *pronoms relatifs* **p. 138** **Lessico** • arte • pittura, opera lirica, graffitismo • mecenatismo **p. 139**	Idea di progresso: l'arte **p. 142-143**	Scrivere un testo critico e personale ispirato a un'opera. **p. 145**

Mode d'emploi d'une unité

Une double-page d'ouverture

L'activité **langagière dominante** de l'unité mise en avant dès l'ouverture de l'unité

Les **tâches intermédiaires**

Le **projet final** de l'unité

L'**entraînement au nouveau bac**

Le parcours de l'activité langagière dominante indiqué par les pictogrammes

Une grande **photo** qui introduit le thème de l'unité

Trois doubles-pages de leçon : Lezione 1, Lezione 2, Lezione 3

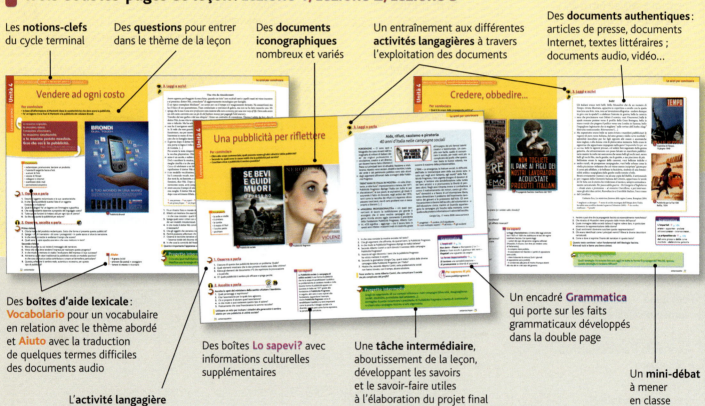

Les **notions-clefs** du cycle terminal

Des **questions** pour entrer dans le thème de la leçon

Des **documents iconographiques** nombreux et variés

Un entraînement aux différentes **activités langagières** à travers l'exploitation des documents

Des **documents authentiques** : articles de presse, documents Internet, textes littéraires ; documents audio, vidéo…

Des **boîtes d'aide lexicale** : **Vocabolario** pour un vocabulaire en relation avec le thème abordé et **Aiuto** avec la traduction de quelques termes difficiles des documents audio

L'**activité langagière dominante** indiquée par des pictogrammes oranges

Des boîtes **Lo sapevi?** avec informations culturelles supplémentaires

Une **tâche intermédiaire**, aboutissement de la leçon, développant les savoirs et le savoir-faire utiles à l'élaboration du projet final

Un encadré **Grammatica** qui porte sur les faits grammaticaux développés dans la double page

Un **mini-débat** à mener en classe

Une double-page Grammatica et Lessico

La page **Grammatica** reprend les points de grammaire introduits dans les 3 leçons.

Un renvoi aux pages du précis et de la banque d'exercices en fin de manuel

Les **règles** des principaux faits de langue abordés dans l'unité

Des **exercices d'entraînement** contextualisés

Des **exercices de production**

Des exercices pour **approfondir et enrichir le vocabulaire** de l'unité

Des activités pour **s'entraîner à réemployer le vocabulaire** acquis

8 - *otto*

Une double-page de civilisation : **Società e cultura**

Ces pages magazines proposent des documents authentiques variés pour aller plus loin dans le thème de l'unité.

Une **citation** pour approfondir le thème de l'unité

De beaux documents iconographiques exploités

Des **thématiques originales**, pour aborder le thème de l'unité par de nouveaux angles

Des **pistes d'exploitation** pour chaque document

Pour en savoir plus, des renvois vers des sites Internet

Une double-page pour s'entraîner au nouveau bac : **Pronto per l'esame**

La notion développée dans l'unité

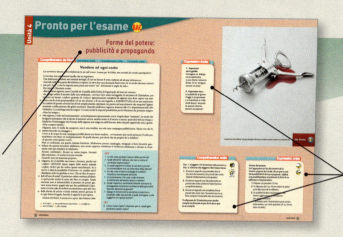

Un sujet pour s'entraîner à chaque épreuve du bac

Une page **Progetto finale**

Aboutissement de l'unité, le **progetto finale** permet à l'élève de montrer ses aptitudes à communiquer en italien en accomplissant une tâche finale.

Pour compléter et personnaliser son travail, quelques pistes (sites Internet, photos, documents...)

Une page **Per autovalutarsi**

L'autoévaluation axée sur l'**activité langagière dominante** de l'unité

Des **grilles** pour évaluer son niveau par rapport aux niveaux communs de référence du Cadre européen

Une page de découverte de l'art italien : **Lo sguardo dell'artista**

Une **introduction** pour entrer dans l'œuvre

Des **œuvres**, connues et moins connus, illustrant l'histoire de l'art italien, du design à la sculpture

Des **pistes de réflexions** pour comprendre les œuvres présentées

Des **textes littéraires** variés

Trois pages de lecture suivie : **L'angolo della lettura**

Une courte biographie de l'auteur

Des **questions** accompagnant la lecture pour aider à la compréhension

Des **pistes de réflexions** pour comprendre les œuvres présentées

nove - 9

Activité langagière dominante :
Expression orale en continu

Progetti

Lezione prima: Sulle ali del miracolo 12-13
▶ **Progetto intermedio:** Raccontare l'arrivo dei primi elettrodomestici nella vita quotidiana.

Lezione seconda: Benvenuti al Nord? 14-15
▶ **Progetto intermedio:** Intervistare un contadino meridionale emigrato a Torino.

Lezione terza: Made in Italy 16-17
▶ **Riflettiamo insieme:** La globalizzazione e il «made in Italy».

▶ **Progetto finale** 24
Fare una proposta per rilanciare l'economie italiana.

Utilizzare

Grammatica 18
Marqueurs temporels, temps du passé : passé composé, imparfait, passé simple, *qualche* et *alcuni*

Lessico 19

Pronto per l'esame .... BAC 22-23
Idea di progresso: la società dei consumi

Scoprire

Società e cultura 20-21

Lo sguardo dell'artista 26
Il Design italiano

L'angolo della lettura 27-29
Italo Calvino, *I figli di Babbo Natale* in *Marcovaldo ovvero le stagioni in città*

Per autovalutarsi 25
Presentare un oggetto emblematico del «miracolo economico».

Unità 1 — Lezione prima

Miti e eroi • Spazi e scambi • Luoghi e forme del potere • **Idea di progresso**

Sulle ali del miracolo

Per cominciare

- La canzone «Nel blu dipinto di blu» di Domenico Modugno è una canzone emblematica del periodo del miracolo economico italiano. Ascoltala e di' quali sentimenti suscita e quale atmosfera suggerisce.

CD classe 1 — piste 2

Vocabolario

- l'utilitaria
- il fine settimana
- la gita scampagnata
- lo sportello
- il cestino
- le ferie retribuite
- saltare la cavallina

① 1956 - Picnic in famiglia davanti alla «Multipla» Fiat 600

② Viareggio, 1956

1. Osserva e parla

1. Descrivi il primo documento (la situazione, l'espressione del viso, l'atmosfera che regna,).
2. Secondo te, che cosa rappresentava in quegli anni la Fiat 500 o 600 per una famiglia? Spiega perché.
3. Che cosa evidenziano queste due foto a proposito degli anni del miracolo?
4. Oggi la fiat 500 è diventata un mito e ha un successo internazionale: secondo te, perché? Quale immagine ha oggi?

2. Ascolta e parla

CD classe 1 — piste 4

Ascolta il documento «La vespa e il boom economico».

1. Quali cambiamenti ha portato il boom economico nella vita della gente?
2. Perché la Vespa conobbe un periodo di crisi?
3. Quale decisione prese la Piaggio per evitare la sua fine?
4. Quali furono le modifiche portate al prodotto?
5. Che cosa contribuì al successo rinnovato della Vespa?
6. Su quali pregi della Vespa insiste lo spot pubblicitario dell'epoca?

Lo sapevi?

Tra gli anni '50 e '60, l'Italia conosce un periodo di trasformazione economica «miracolosa». La guerra aveva rovinato il paese ma il piano Marshall permise di dare uno slancio all'industria del Nord, attirando migliaia di meridionali che si sistemarono principalmente nel cosiddetto «triangolo industriale» – Torino/Milano/Genova. Da paese prevalentemente agricolo, l'Italia diventò una potenza industriale a livello mondiale.
In quegli anni l'azienda Fiat (Fabbrica italiana automobili Torino) ebbe un ruolo molto importante: fu non solo un simbolo dell'industrializzazione, della produttività e della competitività ma anche un «datore di lavoro» considerevole.

Aiuto

- **fare acquisti a rate:** *faire des achats à crédit*
- **il target:** *la cible*
- **puntare sui giovani:** *cibler les jeunes*
- **la patente:** *le permis de conduire*

Per saperne di più

www.mondocarosello.com

12 - *dodici*

Miracolo all'italiana

3. Leggi e scrivi

L'altra Italia del miracolo economico

Un'altra era, un'altra Italia: a Londra il quotidiano Daily Mail definisce «l'efficienza e la prosperità del sistema produttivo italiano un miracolo economico». È il 25 maggio 1959, cinquant'anni fa. Da lì al 1963 l'economia del nostro Paese crescerà a tassi mai visti. Il Pil[1] s'impenna[2] del 6,2%. [...] Ma gli italiani se ne accorsero? Sì, e quella consapevolezza servì da fattore euforizzante. Cosa fa l'Italia quando è euforica? In quegli anni aumenta vertiginosamente i consumi. Le famiglie si indebitano[3] per comprare l'auto o la casa. È una modifica radicale dello stile di vita. In un certo senso siamo ancora figli nostalgici di quel miracolo. Abbiamo passato crisi, recessioni, obnubilamenti. Ma non ci siamo mai dimenticati di quella stagione abbagliante, e fino a oggi abbiamo sempre cercato di riviverla. I miracoli non si sono ripetuti. [...]
Quello sviluppo avvenne in virtù di una straordinaria congiuntura internazionale, l'età dell'oro del commercio [...]. Nell'Italia del boom ci fu una straordinaria tensione morale, una forza corale di ricostruzione [...] una fiducia e un'energia che forse non abbiamo più recuperato. Voglia di riuscire, di migliorare. Il primo totem della modernità, per un'Italia che aveva conosciuto la fame durante la guerra, è il frigorifero: una porta magica che si apre, si illumina tutto e si vede il cibo. Poi verrà la televisione. Ma il primo feticcio[4], il primo focolare è il frigo». Li produce anche la Fiat. [...] Dietro ai nuovi «elettrodomestici bianchi» c'è da conquistare un nuovo modo di vedere la casa e le donne. I prodotti che facilitavano i compiti tradizionalmente femminili erano visti con sospetto» [...].
Intanto gli italiani, maschi e femmine, «scoprono» il burro che non si squaglia, il telefono, i primi «supermarkets» [...]. Ma le passioni del boom sono altre e più concrete. «Lo scaldabagno in casa, per esempio, è una rivoluzione culturale. Come gli altri elettrodomestici. Come si fa a spiegare questa rivoluzione ai ragazzi di oggi senza farsi ridere addosso? «Con una bella doccia fredda. Spiegando loro che quel cambiamento è paragonabile solo all'avvento dei computer. [...] Fu un miracolo sociopolitico prima che economico. La responsabilità dello sviluppo si spostò per la prima volta dal secondo popolo (le élite) al primo, le masse. [...]
Il fotografo Berengo Gardin: «Tra gli scatti[5] a cui sono più affezionato ci sono quelli di picnic familiari nella Bergamasca[6], la domenica: tenevano la 500 e la 600 a un metro da dove mangiavano, un po' per la paura che gliele rubassero, un po' perché volevano esibirle: che senso aveva parcheggiare l'auto a 100 metri, se nessuno sapeva che era tua? Ho fotografato l'Italia in movimento e quella che non si è mai mossa: l'immigrato alla dogana di Chiasso nel '62, che poi incontrai 30 anni dopo a una mia mostra («Non mi riconosce? Ho fatto l'emigrante in Germania, Belgio e Francia, ora sono tornato al paese per la pensione»), le donne in nero nei paesi svuotati del Sud» [...].

Michele Farina, *il Corriere della sera,* 24 maggio 2009

1. Prodotto Interno Lordo – 2. impennarsi: *grimper* – 3. indebitarsi: *s'endetter* – 4. il primo idolo – 5. cliché – 6. regione di Bergamo

---

1. Perché si parla di «miracolo economico» per evocare l'economia degli anni '60?
2. Quali furono le principali trasformazioni economiche nell'Italia del boom?
3. Quali furono le trasformazioni sociali?
4. Chi erano i primi consumatori?
5. Rileva nell'articolo le espressioni che indicano l'euforia e l'ottimismo di quel periodo.
6. Che cosa simboleggiava la macchina per gli italiani?
7. Quali altri aspetti dell'Italia di quell'epoca vengono evocati dal fotografo Berengo Gardin?

Perché i giovani di oggi avrebbero difficoltà a capire queste passioni suscitate dal boom?

Grammatica

Les marqueurs temporels → p. 150
*50 anni **fa** ~ **da** lì **al** 1963*

Le passé composé → p. 18
abbiamo passat**o** ~ **abbiamo** cercat**o** ~ non si **sono** ripetut**i** ~ non **si** è mai moss**a** ~ **ho** fatt**o** l'emigrante...

L'imparfait → p. 18
tene**vano** ~ mangia**vano**

Progetto intermedio

Tuo nonno o tua nonna ti ha spiegato quanto e come la sua vita cambiò con l'arrivo dei primi elettrodomestici. Racconta quello che ti ha detto.

Miti e eroi · **Spazi e scambi** · Luoghi e forme del potere · Idea di progresso

Benvenuti al Nord?

Per cominciare
- Come si può spiegare il flusso migratorio dal Sud verso il Nord durante il miracolo economico?

Vocabolario
- il binario
- la partenza
- l'arrivo
- la folla
- affollato
- l'ingombro

① Mappa dei movimenti migratori interni

② Lavoratori meridionali arrivati alla stazione centrale di Milano. Questa stazione era il punto di snodo delle migrazioni verso i comuni dell'*hinterland*.

1. Osserva e parla
1. Quali sono le zone di partenza e le zone di arrivo più significative?
2. Quali sono le conseguenze di questi flussi?

2. Ascolta e parla

CD classe 1 — piste 6

Ascolta la canzone di Sergio Endrigo «Il treno che viene dal Sud».
1. A che cosa si riferisce il titolo della canzone «Il treno che viene dal Sud»?
2. Che cosa è costretta a lasciare la gente che viaggia su quel treno?
3. Cita le espressioni della canzone che indicano la tristezza e la nostalgia dei migranti.
4. Quali sono invece le loro speranze? Cita alcune parole o espressioni per giustificare la tua risposta.
5. Nell'ultima strofa, a che cosa fanno riferimento le espressioni «questa bella società, questa nuova grande società»?
6. Spiega l'opposizione che esiste tra quello che i migranti hanno «in tasca» e quello che hanno «in cuore».
7. Come definiresti questa canzone? Perché?

Lo sapevi?
Miracolo economico ed emigrazione
Tra gli anni '50 e '60, l'aspetto delle grandi città del triangolo Milano-Torino-Genova subì una grande trasformazione a causa del flusso migratorio interno. Migliaia di immigrati approdavano alle stazioni in cerca di lavoro e di una casa. Intere aeree del Mezzogiorno (Puglia, Sicilia, Campania) si spopolarono mentre le concentrazioni urbane del settentrione si ampliarono molto rapidamente: ad esempio, Torino passò da 719.000 a 1.214.000 abitanti mentre i comuni dell'*hinterland* (insieme dei comuni che circondano una grande città) crebbero dell'80%.
Nelle periferie del Nord Italia, gli immigrati abitavano in case sempre più affollate poiché i primi arrivati affittavano ai nuovi stanze e cantine...

3. Leggi e parla

Mai a un terrone[1]!

Un meridionale, emigrato a Vigevano – periferia di Milano – è in cerca di un alloggio. Incontra un proprietario, probabilmente arrivato al Nord durante una precedente ondata migratoria.

Fermò la macchina davanti a un portone. Entrammo. Seguii Esposito in una stanza che puzzava di selvatico. Un giovane stava trafficando davanti a un gabbione. Tutta la stanza era piena di gabbie, dove si
5 muovevano piccoli animali.
– Questo è mio fratello Nicola. Vedete: c'è un allevamento di visone e cincillà! – disse Esposito. Mi fece sedere su un sacco di mangime.
Nicola mi guardò con aria di antipatia:
– Giuseppe sempre terroni fra i piedi mi porti! – ringhiò[2].
10 – Vuo' la casa! – disse Giuseppe.
Nicola mi fulminò con un'occhiataccia; neanche volessi la sua donna:
– La casa nostra mai a un terrone…
– Nicò…
– Perché adoperi il bagno per piantarci pomodori?
15 – Nicò…
– Perché usi il bidé come vaso di fiori?…
– Nicò, chiste è lu[3] dottore delle tasse!
– E perché non me l'hai detto sùbbeto[4]? – disse Nicola. Aveva un sorriso così luminoso da rischiarare l'ambiente.
20 – Prego, s'accommodasse, dicesse, dicesse: onoratissimi. Ve la diamo senz'altro la casa, onoratissimi…
– Quanto… – dissi.
– Beh, noi si paga cinque mila quattrocento nove al mese di riscatto[5]. Ma questo non vuol dire. Fate voi, dotto'. Quello che ci date, benedetto è, benedetto daddío!
– Sicché fate l'allevatore! – dissi.
25 – Per passatempo, – disse. – Io lavoro in conceria[6]. Nei momenti liberi, così…
Cominciò a spiegarmi le varie tecniche degli allevamenti. I vari incroci. I diversi mangimi…
Quell'odore mi prendeva la testa. Nicola e Giuseppe, imperterriti[7], uscivano bestiole dalle gabbie; le rimettevano a posto; ne uscivano altre.
Mentre in macchina andavamo sulla Brughiera, i fratelli Esposito mi parlavano di commercianti e indu-
30 strialotti meridionali; di operai che nel tempo libero si arrangiavano in proprio, che, dotto', frodano il fisco, frodano; una lezione ci starebbe bene a quelli, dotto', è quello che ci vuole. Mi davano nomi e indirizzi, tenga a mente, dotto', se li segni, se li segni, na[8] lezioncina… Tutti quelli che mi dicevano, erano poi tutta gente impegnata nei traffici dei mocassini.
Arrivati alle case popolari non avevano ancora finito di fare nomi.

Lucio Mastronardi, *Il meridionale di Vigevano,* Giulio Einaudi editore, 1994

L'attrice Anna Magnani davanti a scritte discriminatorie, 1950

1. termine spregiativo usato per designare un meridionale – 2. ringhiaire: *gronder* – 3. il *(dialecte méridional)* – 4. subito *(dialecte méridional)* – 5. *(ici)* le loyer – 6. la tannerie – 7. che non si lascia impressionare o intimorire – 8. una

1. Chi sono i tre personaggi del testo?
2. All'inizio, come reagisce Nicola vedendo il protagonista? Perché?
3. Che cosa gli fa cambiare atteggiamento?
4. Come si può definire questo nuovo comportamento nei confronti del protagonista? Giustifica la tua risposta, citando dal testo.
5. Come viene raggiunto l'effetto grottesco della reazione di Nicola?
6. Alla fine del testo che cosa rivelano i fratelli Esposito al protagonista? Secondo te, quali sono le loro motivazioni?

Cita gli stereotipi evocati nel testo e spiega quando questi diventano pericolosi?

Grammatica

Le passé simple → p. 18
fer**mò** ~ entra**mmo** ~ segu**ii** ~ fe**ce** ~ guard**ò** ~ di**ssi**

Progetto intermedio

Sei un sociologo e vuoi intervistare un contadino meridionale emigrato da due anni a Torino per lavorare in fabbrica. Scrivi 10 domande da fargli a proposito della sua vita al Nord (accoglienza, alloggio, lavoro, integrazione…) e chiedi a un tuo compagno di scrivere le risposte.

Unità 1

Lezione terza

Miti e eroi · **Spazi e scambi** · Luoghi e forme del potere · **Idea di progresso**

Made in Italy

Per cominciare
- Che cosa rappresenta per te il «made in Italy»?

Vocabolario
- il design
- la tradizione
- l'artigianato
- la fama
- l'arredamento
- gli accessori moda
- l'ingegno
- i dettagli
- il saper fare
- il valore aggiunto

 Prodotti del «made in Italy»

1. Osserva e parla

1. Cita gli oggetti che riconosci e spiega quali sono i punti che hanno in comune.
2. Ti sembrano rappresentativi del «made in Italy»? Perché?

2. Ascolta e parla

CD classe 1, piste 8

Ascolta l'intervista fatta a Salvatore Rossi, economista, Segretario Generale della Banca d'Italia.

1. Quale periodo viene considerato in questo panorama della situazione economica italiana?
2. In che misura si può parlare di crescita?
3. Col passare del tempo, qual è stato il limite di tale crescita?
4. Quali sono stati i segni di regresso, condivisi con altri paesi europei?
5. Cita alcuni fattori del regresso che, secondo Salvatore Rossi, sono specificamente italiani.
6. Perché la dimensione delle imprese è molto importante?
7. Qual è il problema fondamentale delle PMI (piccole e medie imprese)?
8. Quale soluzione appare possibile per salvare l'economia italiana?

■ Come possiamo spiegare l'importanza delle piccole imprese?

Lo sapevi?
Dopo il boom economico si assiste negli anni '70 a una trasformazione dell'economia italiana dovuta a diverse crisi. Le PMI specializzate in uno stesso settore di attività e nella stessa zona geografica si uniscono per creare dei distretti industriali (mobili, calzatura, vestiti, elettrodomestici, ceramica ecc.). Oggi, circa 200 distretti industriali esistono a cui si aggiungono i nuovi distretti tecnologici (circa 40) in settori avanzati come le nanotecnologie, il wireless, i microsistemi. Il distretto è diventato un modello per tutta l'economia mondiale.

Aiuto
- **il tenore di vita:** *le niveau de vie*
- **il reddito pro capite:** *le revenu par habitant*
- **gli addetti/i dipendenti:** *le personnel*
- **la pattuglia:** *la cohorte (sens figuré)*
- **il tasso di occupazione:** *le taux de l'emploi*
- **l'assetto:** *l'organisation*

3. Leggi e scrivi

Toscani d'adozione: Xu Qiu Lin

Sono a Prato nella sede della Giupel, per intervistare Xu Qiu Lin, titolare e amministratore unico di questa impresa, piccola ma di spicco nel settore della pelletteria. [...]

Non possono non venire in mente i servizi sui giornali e in televisione che denunciano le condizioni disumane in cui numerosi figli del «celeste impero» lavorano illegalmente presso ditte che li spremono senza riguardi. Ma i cinesi in Italia non sono solo clandestini disperati e sfruttatori senza scrupoli e, fra i tanti imprenditori per bene, c'è anche Xu Qiu Lin, da tutti a Prato per comodità chiamato «Giulini».

Xu Qiu Lin

Nato a Wenzhou, città vicina a Shanghai, 44 anni fa, ultimo di quattro figli, ha lasciato il suo paese nel 1989 per motivi principalmente economici: essendo l'ultimo nato, non avrebbe avuto molto spazio nella ditta di famiglia, una fabbrica di ricambi per automobili. Da questa sofferta considerazione e dalla voglia di creare qualcosa per se stesso, nacque la decisione di partire. Prima è stato in Francia, poi in Italia: ha vissuto a Milano, a Perugia (per imparare l'italiano), a Firenze per giungere, infine, a Prato. [...]

Dopo anni impegnativi e faticosi, nel 2000 Xu Qiu Lin ha fondato *Giupel,* azienda italiana con 25 dipendenti (tutti regolarmente assunti) fra italiani e cinesi. I primi sono i «creativi» e, date le conoscenze linguistiche, ricoprono anche incarichi amministrativi, i secondi hanno mansioni più operative.

All'inizio erano tanti a non credere in questa impresa, ma i fatti e i conti (anche 15 milioni di fatturato[1] in uno degli anni passati) hanno dato ragione a questo coraggioso imprenditore. Ovviamente non sono mancati i momenti di difficoltà e anche qualche sconfitta passeggera. Ma lui è rimasto saldo nella decisione presa di lavorare alla luce del sole e nella legalità [...].

È stato il primo imprenditore cinese di Prato ad assumere italiani, iniziativa che suscitò perplessità in alcuni suoi connazionali, in seguito smentiti dai risultati [...].

Nel 2003 Xu Qiu Lin prese la decisione che lo portò alla notorietà nazionale: fu il primo cinese a entrare in Confindustria[2]. È stata una scelta importante: «la mia è una ditta regolare che vuole crescere, vuole integrarsi con il sistema economico di questo paese e vuole fattivamente collaborare con gli italiani». È interessante notare che nel pratese sono una cinquantina le ditte cinesi che potrebbero compiere lo stesso passo, data la loro rilevanza: infatti per iscriversi a Confindustria ci vuole un fatturato di un certo rilievo. Nonostante i successi, Xu Qiu Lin non nega l'esistenza di problemi di integrazione fra italiani e cinesi: per risolverli ci vogliono «tempo e pazienza», anche perché le culture dei due popoli «hanno identità molto forti e nulla in comune». Sarà più facile per i bambini cinesi nati e cresciuti qui: «loro sì, che sanno integrarsi». Xu Qiu Lin ha avuto dalla moglie cinese quattro figli (il più grande ha 18 anni), che vanno a scuola a Prato e hanno amici italiani.

Francesco Giannoni, www.toscani.it

1. *chiffre d'affaires* – 2. Confederazione dell'industria italiana

1. Dove avviene l'intervista?
2. Quali sono i giudizi abituali sui lavoratori cinesi?
3. Perché Giulini ha scelto di lasciare la Cina?
4. Qual è stato il suo itinerario?
5. In che cosa consiste l'originalità del «sistema» Giulini?
6. Perché si è iscritto alla Confindustria?
7. Quali sono i problemi ancora da risolvere?
8. «Quattro figli che vanno a scuola a Prato e hanno amici italiani»: che cosa significa?

«Made in China» contro «made in Italy»: quali sono le differenze?

Grammatica

Qualche / alcuni → p. 150

qualche sconfitta ~ **alcuni** suoi connazionali

Per saperne di più
www.madeinitaly.org

Riflettiamo insieme

Secondo te, la globalizzazione rappresenta un pericolo per «il made in Italy»?

Unità 1 — Grammatica

→ Précis grammatical p. 150
→ Exercices p. 174

Les temps du passé

L'imparfait

Dans cette unité, tu as rencontré des formes à l'imparfait comme : *tenevano la 500 e la 600 a un metro da dove mangiavano, volevano esibirle*. → L'imparfait est le temps de la description au passé. Il traduit la durée et la répétition.

1 Transforme les phrases à l'imparfait.

1. Le donne **scoprono** con meraviglia i primi elettrodomestici e **ammirano** il frigorifero che **permette** di tenere al fresco il burro che non **si squaglia** più.
2. I televisori **entrano** nelle case e ogni sera, le prime immagini pubblicitarie del *Mondo di Carosello* **dicono** quanto è bello consumare.
3. Di domenica, le famiglie **fuggono** le città e **vanno** in gita con la Fiat 500. **Fanno** picnic vicino alla macchina di cui **sono** orgogliosi.
4. Con la Vespa i giovani **partono** alla conquista dell'autonomia.
5. Gli Italiani **si precipitano** nei nuovi templi del consumo che sono i supermercati. I reparti **offrono** tutti i prodotti reclamizzati visti in televisione. Le ditte **distribuiscono** buoni omaggio per accellerare le vendite.
6. I brutti ricordi del dopoguerrra **si allontanano**, l'Italia **sta** cambiando radicalmente.
7. **Sono** anni di entusiasmo e di libertà, l'Italia **subisce** una profonda trasformazione.

Le passé composé

Au cours des leçons, tu as rencontré des formes au passé composé comme : *abbiamo passato crisi, sono tornato al paese, non si sono ripetuti…* → Le passé composé exprime une réalité achevée et située dans un passé relativement proche comme son nom l'indique *(passato prossimo)*.

2 Transforme les phrases au passé composé.

1. La Fiat **diventa** una ditta importante, **crea** numerosi lavori. **Contribuisce** allo sviluppo dell'economia. **Cambia** la vita di molte famiglie. La 500 e la 600 **diventano** mitiche.
2. Quando le donne **scoprono** gli elettrodomestici, la loro vita **cambia** e non **possono** più farne a meno. La lavatrice **permette** di ritrovare un po' di libertà.
3. Molti italiani **lasciano** le campagne del Mezzogiorno. **Prendono** il treno del sole e **partono** alla ricerca di un lavoro. Si **sistemano** nelle periferie. **Vivono** in condizioni difficili e **soffrono** delle discriminazioni.
4. Il piano Marshall **è** decisivo per l'economia italiana, **permette** di rinnovare l'industria, e **rende** il paese competitivo.

Le passé simple

Au cours des leçons, tu as rencontré des formes au passé simple comme : *fermò la macchina, entrammo, seguii, disse…* → Le passé simple s'emploie pour exprimer une action ponctuelle et révolue *(passato remoto)* n'ayant plus d'effet sur le présent. Dans la langue orale, il est surtout employé dans le sud de l'Italie mais aussi en Toscane.

3 Transforme les phrases au passé simple.

1. Molti meridionali che si **sistemano** nel Nord **conoscono** le difficoltà degli emigrati. **Hanno** difficoltà a integrarsi e **devono** spesso lasciare la famiglia e l'amore.
2. Alcuni **trovano** l'opportunità di guadagnare soldi e la loro famiglia **può** rapidamente raggiungerli.
3. Le aziende **accolgono** volentieri questa manodopera a basso costo che **permette** di accelerare le produzioni.
4. Il protagonista del romanzo **lascia** la Sicilia e **va** a lavorare in fabbrica a Torino.
5. Quando la moglie lo **vede** salire sul treno, si **mette** a piangere.
6. Il migrante le **sorride** e le **fa** un segno con la mano.

4 Complète les phrases en utilisant le passé simple.

1. Quel giorno del 1960, non appena io (entrare) …………, (accendere) ………… la luce e (vedere) ………… una televisione nel salotto.
2. Quando mio nonno (comprare) ………… la lavatrice, la vita di mia nonna (cambiare) …………. Finalmente (mettersi) ………… a leggere.
3. Quella sera del 1968, Paolo e Maria (leggere) ………… il volantino pubblicitario dell'agenzia immobiliare.
4. La coppia (abbracciarsi) ………… e (decidere) ………… di indebitarsi per qualche anno.

Lessico

Per approfondire e arricchire

1 Identifie dans cette liste les termes qui s'opposent.

Exemple : *inflazione / deflazione*

la precarietà ~ la crisi ~ la flessione ~ il pessimismo ~ la debolezza ~ la forza ~ la prosperità ~ il boom ~ l'espansione ~ il movimento ~ la staticità ~ lo sviluppo ~ la recessione ~ l'euforia

5 Fais 4 phrases cohérentes avec les mots suivants.

1. la ditta ~ la scelta ~ fondare ~ i successi ~ il sistema produttivo
2. l'efficienza ~ le vendite ~ gli elettrodomestici «bianchi»
3. l'emigrazione interna ~ i contadini ~ la fabbrica ~ l'adattamento
4. fulminare con un'occhiataccia ~ ringhiare ~ il meridionale ~ l'ipocrita ~ denunciare

6 Relie chaque mot à la définition qui convient.

a. l'addetto • • 1. momentaneo arresto
b. il tenore di vita • • 2. la quota delle persone che lavorano
c. il tasso di occupazione • • 3. la persona che compie una funzione determinata
d. la stasi • • 4. il modo di vivere a seconda del reddito.

2 En utilisant le vocabulaire de l'unité, écris trois couplets d'une chanson où coexistent la nostalgie d'un émigré du Sud de l'Italie pour ce qu'il quitte et l'espoir de ce que peut lui apporter une nouvelle vie au Nord, durant le boom économique. Tu insisteras sur ce dernier aspect.

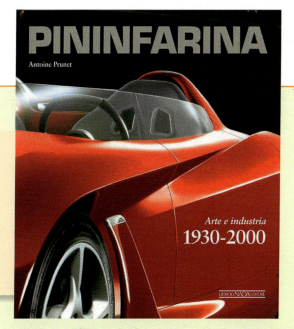

Unità 1 — Società e cultura

> In un mondo così sensibile al successo economico, la creatività vince la sua battaglia con l'economia perché solo chi è capace di produrre continuamente innovazione nel proprio processo creativo può avere successo.
>
> **Andrea Pininfarina**

1 Campagna della Direzione Generale di lotta alla contraffazione. Ufficio Italiano Brevetti e Marchi

La contraffazione fa male, non solo all'economia

Un milione e mezzo tra occhiali da sole e abiti contraffatti: le lenti taroccate[1] hanno filtri solari più bassi e possono essere pericolose per gli occhi. Trentacinquemila prodotti elettrici falsi, a rischio di scossa[2] e shock termico. E ancora, 15 tonnellate di giocattoli provenienti dalla Cina, e altri beni contraffatti, per un valore di 11 milioni di euro. Questi sono solo i dati dei sequestri avvenuti in Italia su prodotti potenzialmente pericolosi, tra il 2006 e il 2007. È quanto emerge da un rapporto delle Nazioni Unite, presentato oggi, su contraffazione e crimine organizzato. La lista è molto lunga. […]
Siamo abituati a pensare alla contraffazione come a un crimine senza vittime, che comporta solo danni economici alle aziende, ma la realtà è ben diversa. «È una visione completamente sballata[3] del fenomeno», assicura Giovanni Kessler, Alto commissario contro la contraffazione, istituzione governativa nata nel 2005 per coordinare il lavoro di lotta alla criminalità legata ai falsi in Italia. Quand'è che ci troviamo di fronte a merci pericolose? «In molti più casi di quanto si possa pensare» ammonisce Kessler. «I contraffattori così come non rispettano le leggi su marchi e brevetti, non tengono conto di nessuna delle altre norme che regolano la produzione dei beni, leggi di sicurezza sul lavoro e sicurezza del prodotto. Per la massimizzazione del profitto fuori dalla legalità, fanno uso di materie prime scadenti[4] o anche vietate dalla legge in quanto pericolose per la salute». […]

Panorama, 14 dicembre 2007, http://counterfeiting.unicri.it

1. *trafiqué* – 2. *décharge électrique* – 3. *erroné* – 4. *périmé*

2 Cibi contraffatti

Spiega, nel documento 1, le affermazioni della campagna per la lotta alla contraffazione.

@ Per saperne di più
www.ufficiomarchibrevetti.it
www.consumatori.it

Lessico

Per approfondire e arricchire

1 Identifie dans cette liste les termes qui s'opposent.

Exemple: *inflazione / deflazione*

la precarietà ~ la crisi ~ la flessione ~ il pessimismo ~ la debolezza ~ la forza ~ la prosperità ~ il boom ~ l'espansione ~ il movimento ~ la staticità ~ lo sviluppo ~ la recessione ~ l'euforia

2 Trouve les dérivés des mots suivants.

Exemple: *produrre → produzione, produttivo, produttività...*

1. crescere
2. miracolo
3. economia
4. migrare
5. impresa
6. fare

3 Après avoir lu l'article *L'altra Italia del miracolo economico* (p. 13), dis à quelle idée correspondent les expressions suivantes. Sur quoi insistent-elles?

1. il primo totem della modernità
2. il primo feticcio
3. il primo e il secondo popolo
4. l'età dell'oro del commercio
5. la forza corale di ricostruzione

4 Classe ces mots et expressions par thèmes.

i consumi ~ le concentrazioni urbane ~ assumere dipendenti ~ il flusso migratorio ~ l'integrazione ~ le case affollate ~ il fatturato ~ l'inurbamento ~ la congiuntura favorevole ~ l'accoglienza ~ le case popolari ~ la crescita

sviluppo economico	emigrazione interna	espansione della città

5 Fais 4 phrases cohérentes avec les mots suivants.

1. la ditta ~ la scelta ~ fondare ~ i successi ~ il sistema produttivo
2. l'efficienza ~ le vendite ~ gli elettrodomestici «bianchi»
3. l'emigrazione interna ~ i contadini ~ la fabbrica ~ l'adattamento
4. fulminare con un'occhiataccia ~ ringhiare ~ il meridionale ~ l'ipocrita ~ denunciare

6 Relie chaque mot à la définition qui convient.

a. l'addetto • • 1. momentaneo arresto
b. il tenore di vita • • 2. la quota delle persone che lavorano
c. il tasso di occupazione • • 3. la persona che compie una funzione determinata
d. la stasi • • 4. il modo di vivere a seconda del reddito.

Per allenarti

1 Cette voiture dessinée par Pininfarina représente parfaitement le *made in Italy*. Explique pourquoi en utilisant le vocabulaire rencontré notamment dans la leçon 3.

2 En utilisant le vocabulaire de l'unité, écris trois couplets d'une chanson où coexistent la nostalgie d'un émigré du Sud de l'Italie pour ce qu'il quitte et l'espoir de ce que peut lui apporter une nouvelle vie au Nord, durant le boom économique. Tu insisteras sur ce dernier aspect.

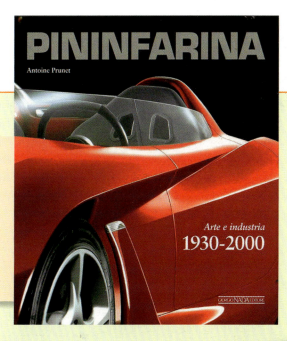

Unità 1 — Società e cultura

> In un mondo così sensibile al successo economico, la creatività vince la sua battaglia con l'economia perché solo chi è capace di produrre continuamente innovazione nel proprio processo creativo può avere successo. **Andrea Pininfarina**

1 Campagna della Direzione Generale di lotta alla contraffazione. Ufficio Italiano Brevetti e Marchi

La contraffazione fa male, non solo all'economia

Un milione e mezzo tra occhiali da sole e abiti contraffatti: le lenti taroccate[1] hanno filtri solari più bassi e possono essere pericolose per gli occhi. Trentacinquemila prodotti elettrici falsi, a rischio di scossa[2] e shock termico. E ancora, 15 tonnellate di giocattoli provenienti dalla Cina, e altri beni contraffatti, per un valore di 11 milioni di euro. Questi sono solo i dati dei sequestri avvenuti in Italia su prodotti potenzialmente pericolosi, tra il 2006 e il 2007. È quanto emerge da un rapporto delle Nazioni Unite, presentato oggi, su contraffazione e crimine organizzato. La lista è molto lunga. […]
Siamo abituati a pensare alla contraffazione come a un crimine senza vittime, che comporta solo danni economici alle aziende, ma la realtà è ben diversa. «È una visione completamente sballata[3] del fenomeno», assicura Giovanni Kessler, Alto commissario contro la contraffazione, istituzione governativa nata nel 2005 per coordinare il lavoro di lotta alla criminalità legata ai falsi in Italia. Quand'è che ci troviamo di fronte a merci pericolose? «In molti più casi di quanto si possa pensare» ammonisce Kessler. «I contraffattori così come non rispettano le leggi su marchi e brevetti, non tengono conto di nessuna delle altre norme che regolano la produzione dei beni, leggi di sicurezza sul lavoro e sicurezza del prodotto. Per la massimizzazione del profitto fuori dalla legalità, fanno uso di materie prime scadenti[4] o anche vietate dalla legge in quanto pericolose per la salute». […]

Panorama, 14 dicembre 2007, http://counterfeiting.unicri.it

2 Cibi contraffatti

3 Una guida pratica per aiutare le imprese a tutelare i propri prodotti

1. trafiqué – 2. décharge électrique – 3. erroné – 4. périmé

> Spiega, nel documento 1, le affermazioni della campagna per la lotta alla contraffazione.

Per saperne di più
www.ufficiomarchibrevetti.it
www.consumatori.it

È il Grand Soleil 46 il migliore yacht europeo

Buone notizie per la nautica italiana. Il nuovo Grand Soleil 46 del Cantiere del Pardo di Forlì è stato eletto a Dusseldorf "European Yacht of the year" nella categoria "Performance cruiser"

Si è aperto con una notizia molto importante il 2010 della nautica italiana. Il Cantiere del Pardo, che da oltre 35 anni produce le imbarcazioni Grand Soleil, fiore all'occhiello[1] del Made in Italy, ha vinto il premio "European Yacht of the Year" per il suo ultimo progetto: il Grand Soleil 46. Assegnato ogni anno nel corso di uno dei saloni internazionali più importanti al mondo, il Boot di Dusseldorf, il premio è ambitissimo da tutti i cantieri a vela europei. La serietà del premio è certificata da una giuria internazionale composta dai rappresentanti di 15 riviste di settore che fanno capo a Yacht, considerata un po' una "Bibbia" tra le riviste di nautica internazionali (in particolare in Nord Europa). [...] Il Grand Soleil 46 ha sbaragliato[2] la concorrenza di altri quattro modelli finalisti selezionati nella categoria "Performance Cruiser", quella dedicata ai progetti più performanti.

"In un momento di crisi come quello attuale – è la dichiarazione dei vertici del Cantiere del Pardo – paga la strategia di aver investito in ricerca e sviluppo». [...]

http://www.businessgentlemen.it

1. *le fleuron* - 2. sbaragliare: *écraser*

> Secondo te, quali sono le qualità dell'industria nautica italiana che le consentono di affrontare la crisi economica?

Pronto per l'esame BAC

Idea di progresso: la società dei consumi

Compréhension de l'écrit | Expression écrite | Compréhension orale | Expression orale

Non si paga! Non si paga!

All'alzarsi della luce entra in scena Antonia (la padrona di casa) seguita da Margherita (un'amica più giovane). Sono cariche di sacchetti vari di plastica rigonfi di merce, che posano sul tavolo.

ANTONIA. – Questa mattina vado a fare la spesa, giornata speciale di mercatini rossi[1]… giornata di sconti. Ero tutta eccitata. C'ero io e non so quante altre donne del quartiere. Eravamo lì, che già facevamo i conti per capire quanta
5 roba avremmo potuto comperare con i quattro soldi che avevamo in tasca, quando non ti arrivano i vigili dell'annonaria[2]? Requisiscono tutto! «Proibito! – gridavano. – Proibito!» Ci portano via 'sto ben di Dio sotto al naso! Arrabbiate nere gridiamo: «Ci impedite di comperare la roba scontata! Adesso basta! Si va al supermarket! Ci facciamo fare i prezzi del mese scorso!» Ci mettiamo in corteo, arriviamo al supermarket… non so in quante fossimo… c'erano già lì altre donne e qualche uomo, che facevano una gran cagnara perché i prezzi del giorno prima erano aumentati
10 ancora. Roba da pazzi! *(Mentre parla guarda nei sacchetti e, andando avanti e indietro, ne ripone alcuni nella credenza)* E il direttore che cercava di calmarci: «Ma io non ci posso fare niente, – diceva, – è la direzione che mette i prezzi, è lei che ha deciso l'aumento». «Ha deciso? Col permesso di chi?», dice una donna. «Col permesso di nessuno: è legale, c'è libero commercio, la libera concorrenza!» «Libera concorrenza contro chi? Contro di noi e noi si deve sempre abbozzare[3]? Ci licenziate i mariti… ci aumentate i prezzi…» «O la borsa o la vita!» E io: «Siete dei rapinatori!»
15 E poi mi sono nascosta, perché ci avevo una paura che non ti dico.

MARGHERITA. – Brava!

ANTONIA. – Poi una ha detto: «Ma adesso basta! Stavolta i prezzi li facciamo noi. Paghiamo quello che si pagava il mese scorso. E se fate i prepotenti, ce ne andiamo con la roba, senza pagare il becco di un quattrino! Capito? Prendere o lasciare!» Dovevi vedere: il direttore è diventato bianco come uno straccio: «Ma voi siete pazze io chiamo la
20 polizia!» Va come un razzo alla cassa per telefonare… ma il telefono non funziona. Qualcuno aveva strappato il filo. «Permesso, fatemi andare nel mio ufficio! Permesso… fatemi passare!» Ma non riusciva a passare… tutte le donne intorno… lui spinge… spintona lui… spintoniamo noi e una donna fa finta di prendersi un pugno nella pancia, casca per terra e fa la svenuta. […]

MARGHERITA. – E poi, com'è andata a finire?

25 **ANTONIA.** – Be', è andata a finire che quel pirla del direttore, tutto terrorizzato, ha mollato… e noi abbiamo pagato quello che avevamo deciso. […]

MARGHERITA. – *(ride divertita)* Ah! Ah!

ANTONIA. – «Arriva la polizia!», s'è messo a gridare
30 qualcuno, ma era un falso allarme, però tutte noi donne a scappare… chi mollava i sacchetti per terra, chi addirittura era scoppiata a piangere per lo spavento. «Calma! Calma! – si sono messi a gridare degli operai che erano appena arrivati da una fabbrica lì vicino. Cos'è questo cagasotto,
35 'sta paura che vi prende della polizia? Perdio! Siete nel vostro diritto di pagare quello che è giusto! Questo è come uno sciopero, anzi, è meglio di uno sciopero perché negli scioperi ci rimettiamo sempre la paga noi operai… questo invece è uno sciopero dove finalmente chi ci rimette
40 è il padrone! Anzi, si fa di meglio: a zero ore anche lui! Quindi: non si paga! Non si paga!» […] «Non si paga! Non si paga!» gridavo anch'io. E tutte le altre anche loro: «Non si paga! Non si paga!» Quella svenuta ha ripreso subito i sensi! Via come una saetta[4] ai banchi: «Non si paga! Non si paga!» Pareva l'assalto a Porta Pia!

Dario Fo, *Non si paga! Non si paga!* 1974

LV2

1. Chi sono i protagonisti della scena? A quale classe sociale appartengono?
2. Che cosa era andata a fare Antonia la mattina? Perché anche lei era molto impaziente?
3. Perché le donne presenti si sono arrabbiate? Dove decidono di andare e perché?
4. Come il direttore del supermarket giustifica l'aumento dei prezzi?
5. Come reagisce il direttore del supermarket di fronte alla folla?
Rispondi giustificando con elementi del testo.
6. Come si può qualificare il comportamento delle donne?
Rispondi giustificando con elementi del testo.
7. Perché gli operai affermano che quello che stanno facendo le donne «è meglio di uno sciopero»? Spiega giustificando con elementi del testo.

LV1

8. Secondo te che cosa ha voluto denunciare l'autore di questo testo?

---

1. Operai licenziati, pensionati e studenti si procurano direttamente nei luoghi di produzione la merce da vendere a prezzi ridotti.- **2.** vigili della regolamentazione dei prezzi – **3.** accettare con rassegnazione – **4.** a tutta velocità

Expression écrite

1. Expression semi-guidée

Arriva la polizia.
Immagina la scena
e inventa i dialoghi.
*(entre 10 et 18 lignes
suivant ta série)*

2. Expression libre

Quale sarebbe una società
dei consumi ideale?

> **Lo desideri
> Lo comperi
> Lo dimentichi!**
>
> Scritta su un muro

Compréhension orale

«Guido Crainz racconta il miracolo economico»

piste 9

1. *Écoute une première fois le document et prends des notes (relevé d'informations principales).*

2. *Écoute une deuxième fois et prends des notes (relevé d'informations complémentaires).*

3. *Écoute une troisième fois et prends des notes (en t'assurant que tu as bien compris l'ensemble du document).*

Tu disposes de 10 minutes pour rendre compte en français et par écrit de ce que tu as compris.

Expression orale

Idea di progresso

En t'appuyant sur ces documents et ceux de l'unité, dis ce que tu sais de la société de consommation : définis une problématique et présente le fruit de ta réflexion à l'examinateur.

1. *Prépare-toi pendant 10 mn.*

2. *Tu disposes de 5 ou 10 mn (selon ta série) pour faire part de ta réflexion.*

3. *Che cosa ci spinge a comprare?
L'entretien avec l'examinateur peut porter, entre autres, sur cette question (5 ou 10 mn selon ta série).*

ventitré - 23

Progetto finale

Unità 1

 Sei un giovane eletto nel parlamento e fai una proposta per rilanciare l'economia italiana.

Per preparare il tuo discorso, puoi partire dall'esempio del miracolo economico.

1. **Per riprodurre una fase di espansione,** cerca di:
   - rilanciare la dinamica del «made in Italy». Puoi ispirarti all'esempio della Vespa o della Fiat 500 degli anni '60;
   - incitare a inventare nuovi oggetti utili per la vita quotidiana;
   - considerare la questione della manodopera;
   - trovare nuovi mezzi per sfruttare maggiormente il patrimonio culturale italiano e sviluppare le attività culturali presso i giovani.

2. **Per realizzare questo progetto,** potrai tener conto di alcuni aspetti della realtà attuale come la protezione dell'ambiente e l'immigrazione...

■ **Per aiutarti**
- www.unicitaditalia.it

1. Mobilità sostenibile
2. 1961 / 2011 – Cinquant'anni di *saper fare italiano* raccontati attraverso il Premio Compasso d'Oro
3. Moda sostenibile
4. Campagna 2011 del Ministero per i Beni e le Attività Culturali
5. SOSTENIBILITÀ COME FATTORE COMPETITIVO. MODA SOSTENIBILE O MODA DELLA SOSTENIBILITÀ?

– Saltava dalla gioia! L'ha afferrato e ha cominciato a usarlo!
– Come?
– Ha spaccato tutti i giocattoli! E tutta la cristalleria! Poi ha preso il secondo regalo...
– Cos'era?
– Un tirasassi[8]. Dovevi vederlo, che contentezza... Ha fracassato tutte le bolle di vetro dell'albero di Natale. Poi è passato ai lampadari...
– Basta, basta, non voglio più sentire! E... il terzo regalo?
– Non avevamo più niente da regalare, così abbiamo involto nella carta argentata un pacchetto di fiammiferi da cucina. È stato il regalo che l'ha fatto più felice. Diceva: «I fiammiferi non me li lasciano mai toccare!» Ha cominciato ad accenderli, e...
– E?...
– ... ha dato fuoco a tutto!
Marcovaldo aveva le mani nei capelli. – Sono rovinato!
L'indomani, presentandosi in ditta, sentiva addensarsi la tempesta. Si rivestì da Babbo Natale, in fretta in fretta, caricò sul furgoncino i pacchi da consegnare, già meravigliato che nessuno gli avesse ancora detto niente, quando vide venire verso di lui tre capiufficio, quello delle Relazioni Pubbliche, quello della Pubblicità e quello dell'Ufficio Commerciale.
– Alt! – gli dissero, – scaricare tutto, subito!
«Ci siamo!» si disse Marcovaldo e già si vedeva licenziato.
– Presto! Bisogna sostituire i pacchi! – dissero i capiufficio. – L'Unione Incremento Vendite Natalizie ha aperto una campagna per il lancio del Regalo Distruttivo!
– Così tutt'a un tratto... – commentò uno di loro. – Avrebbero potuto pensarci prima...
– È stata una scoperta improvvisa del presidente, – spiegò un altro. – Pare che il suo bambino abbia ricevuto degli articolo-regalo modernissimi, credo giapponesi, e per la prima volta lo si è visto divertirsi...
– Quel che più conta, – aggiunse il terzo, – è che il Regalo Distruttivo serve a distruggere articoli d'ogni genere: quel che ci vuole per accelerare il ritmo dei consumi e ridare vivacità al mercato... Tutto in un tempo brevissimo e alla portata d'un bambino... Il presidente dell'Unione ha visto aprirsi un nuovo orizzonte, è ai sette cieli dell'entusiasmo...
– Ma questo bambino, – chiese Marcovaldo con un filo di voce, – ha distrutto veramente molta roba?
– Fare un calcolo, sia pur approssimativo, è difficile, dato che la casa è incendiata...

Italo Calvino, *Marcovaldo ovvero le stagioni in città,*
I figli di Babbo Natale,
Giulio Einaudi editore 1966 e 1986

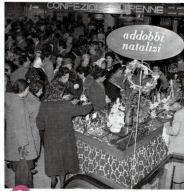

2 Grandi magazzini La Rinascente, a Milano nel 1956

- Spiega qual è la funzione di ogni regalo.

- Cosa si aspetta Marcovaldo tornando in ditta? Perché?

- Come la ditta giustifica la sua decisione?

3 Un Babbo Natale con l'asino durante una pausa a Roma nel 1959

1. società in cui lavora Marcovaldo – 2. étrennes – 3. recapitare: (ici) livrer
4. le pourboire – 5. tutte le forme – 6. à plat-ventre – 7. (ici) développement –
8. lance-pierre

1. Quali sono i paradossi scelti da Calvino per criticare la società dei consumi?
2. Come si manifesta l'umorismo dell'autore?

Activité langagière dominante :
Compréhension de l'écrit

Progetti

Lezione prima: Verso la terra promessa 32-33
▶ **Progetto intermedio:** Scrivere un breve articolo per il giornale del liceo.

Lezione seconda: L'Italia sono anch'io 34-35
▶ **Progetto intermedio:** Scrivere una carta dei diritti e dei doveri degli immigrati.

Lezione terza: Quando gli immigrati erano gli italiani 36-37
▶ **Riflettiamo insieme:** L'emigrazione: un aspetto della storia e dell'identità italiana.

▶ **Progetto finale** 44
Scrivere la sceneggiatura di un videospot per l'integrazione dei giovani immigrati nell'ambito scolastico.

Utilizzare

Grammatica 38
Démonstratif quello, *prépositions* di *et* da, *pronoms personnels simples et groupés*

Lessico 39

Pronto per l'esame 42-43
Spazi e scambi: emigrazione, immigrazione

Scoprire

Società e cultura 40-41

Lo sguardo dell'artista 46
La porta d'Europa

L'angolo della lettura 47-49
Amara Lakhous, *Scontro di civiltà per un ascensore in piazza Vittorio*

Per autovalutarsi 45
Leggere un testo e valutare la propria comprensione.

Unità 2

Miti e eroi • **Spazi e scambi** • Luoghi e forme del potere • Idea di progresso

Lezione prima

Verso la terra promessa

Per cominciare
- Come definiresti l'idea di terra promessa?
- Secondo te, perché l'immigrazione è un fenomeno abbastanza recente in Italia?

Vocabolario
- il regime totalitario
- la repressione
- la politica di oppressione
- i profughi/i rifugiati
- l'asilo politico
- la terra di accoglienza

 Arrivo di immigrati albanesi a Bari, 1991

② Immigrati tunisini, isola di Lampedusa, marzo 2011

1. Osserva e parla

Guarda la foto 1.
1. Descrivi la foto.
2. Perché gli uomini sul molo sono a torso nudo?
3. Che espressioni si vedono sui loro volti?
4. Secondo te, in quali condizioni hanno viaggiato?
5. Come si può interpretare il fatto che, in questa foto, ci siano solo maschi?

Guarda la foto 2.
6. Osserva questi uomini e descrivi l'espressione dei loro visi.
7. Che cosa indica la rete?

2. Ascolta e parla

piste 12

Ascolta il testo teatrale di Lina Prosa, *Lampedusa Beach*.

Siamo nel Mediterraneo. Partita dall'Africa per raggiungere l'Italia, una barca di clandestini sta naufragando al largo dell'isola di Lampedusa. Shauba, una giovane africana, non sa nuotare. Mentre annega, ci racconta le raccomandazioni che le aveva fatto la zia Mahama prima della partenza.

1. Che cosa ci permette di dire che il viaggio di Shauba verso l'Italia rappresenta un sacrificio economico per la sua famiglia?
2. Che cosa ha fatto Mahama prima della partenza della nipote? Com'è riuscita a farlo?
3. Secondo te, perché lo scafista che va in carcere non deve più avere contatti con le persone che ha conosciuto?
4. Quali raccomandazioni Mahama fa a Shauba prima della partenza? Perché?
5. Spiega la frase «un'altra volta (lo scafista) ha svuotato il barcone in alto mare come una pentola di acqua sporca». Che cosa rivela questa metafora?
6. Rileva nel discorso di Mahama gli elementi che indicano la disonestà di alcuni scafisti e l'ingenuità dei migranti.

Lo sapevi?

L'immigrazione in Italia
Inizia verso la fine degli anni '70. Aumenta fortemente negli anni '90 con la chiusura delle frontiere nei paesi d'Europa del Nord che favorisce il flusso di migranti dai paesi extracomunitari del Maghreb e dai Balcani. La penisola diventa contemporaneamente una porta d'ingresso e una base di transito. Dal '93 il flusso migratorio diventa il solo responsabile della crescita della popolazione italiana.

Aiuto
- **lo scafista:** *le passeur*
- **la malavita:** *la pègre*
- **la soffiata:** *la dénonciation*
- **prendere tangenti:** *toucher des dessous de table*
- **tappare la bocca** = impedire di parlare
- **il riparo:** *l'abri*
- **la culla:** *le berceau*
- **avere la padronanza della direzione** = non perdere di vista la direzione
- **fregare qualcuno:** *rouler quelqu'un*

L'Italia è anche casa mia

3. Leggi e scrivi

Vent'anni fa lo sbarco dei 27.000
Il primo grande esodo dall'Albania

Era il 7 marzo del 1991 quando l'Italia scoprì di essere una terra promessa per migliaia di albanesi. Quel giorno arrivarono nel porto di Brindisi, a bordo di navi mercantili e di imbarcazioni di ogni tipo, 27mila migranti. Fuggivano dalla crisi economica e dalla dittatura comunista in Albania. Un esodo biblico, il primo verso l'Italia. [...] Dopo il crollo del Muro di Berlino, l'ondata della crisi aveva colpito anche gli albanesi. Già nei primi mesi del '91 diverse persone erano scappate verso le coste pugliesi, ma fino a quella mattina non si era ancora visto un flusso così ampio di sbarchi.

IL RISVEGLIO DI BRINDISI. Quel giorno la città di Brindisi al suo risveglio si ritrovò di fronte a un'emergenza umanitaria. Nel porto erano decine le piccole navi gremite[1] di migranti, provenienti dall'altra sponda[2] dell'Adriatico. Nel pomeriggio precedente si erano affacciate[3] sul porto di Brindisi due grosse navi mercantili albanesi, cariche di 6.500 persone che furono bloccate dalla Capitaneria. A queste due grosse imbarcazioni, durante la notte, se ne aggiunsero altre. Quelli che furono definiti "i boat people" albanesi erano un fiume inarrestabile. Il governo aveva dato l'ordine di fermarli, in attesa della fine delle trattative tra parlamentari italiani e autorità albanesi, in corso a Tirana. Alla fine non fu possibile rimandare indietro i migranti. Fu solo verso le 10 del mattino del 7 marzo che venne permesso alle navi di attraccare[4] e ai profughi di scendere a terra.

L'ACCOGLIENZA DIFFICILE. [...] Quel 7 marzo 1991, il paese non era preparato ad accogliere un esodo di quel tipo. I brindisini si trovarono di fronte a un fiume di persone stremate e senza forze, affamate e assetate. Molti cittadini di Brindisi scesero in campo per fornire aiuti alimentari, vestiario e medicinali. Dalle navi scendevano donne, bambini e uomini in condizioni disperate. Fuggivano da un paese in piena crisi economica e per loro l'Italia rappresentava un futuro migliore. Avevano immaginato la loro «terra promessa» guardando i programmi televisivi italiani che arrivavano nelle loro case in Albania. Film e talk show che descrivevano benessere e ricchezza e avevano contribuito a costruire quel sogno.

LO SBARCO DI AGOSTO, IN 20.000 SU UNA NAVE. [...] L'8 agosto 1991 attraccò nel porto di Bari il mercantile partito da Durazzo con ventimila clandestini a bordo. Fu il secondo grande sbarco in Puglia. [...] Quel giorno lascia impresso nella memoria collettiva le immagini della nave «Vlora» con a bordo migliaia e migliaia di persone.

Valeria Pini, www.repubblica.it, 6 marzo 2011

1. bondées – 2. rive – 3. affacciarsi: *(ici)* apparaître, arriver – 4. accoster

1. Quando e come arrivarono in Italia i 27 000 migranti albanesi?
2. Per quali regioni fuggivano dal loro paese?
3. Quali sono le conseguenze del crollo del Muro di Berlino sulla vita degli albanesi?
4. Perché l'Italia rappresentava una «terra promessa» per questi migranti? Come veniva veicolata l'idea di un futuro migliore?
5. Rileva nel testo tutte le espressioni che insistono sul gran numero di migranti.
6. Di fronte alle difficoltà del governo nel gestire l'emergenza umanitaria, come ha reagito la popolazione di Bari?
7. A quale episodio della Bibbia alludono le espressioni «terra promessa» ed «esodo biblico»? È giustificato, secondo te, l'uso di tali espressioni? Perché?
8. Secondo te perché lo sbarco dei migranti albanesi avviene proprio in Puglia e non in un'altra regione italiana?

Vale la pena rischiare la propria vita per raggiungere la cosiddetta terra promessa?

Grammatica

Le démonstratif *quello* → p. 150

quel giorno ~ ***quelli*** che furono definiti... ~ ***quel*** 7 marzo

Per saperne di più

Vedi i film:
- *Quando sei nato non puoi più nasconderti* (2005) di M.Tullio Giordana,
- *Terraferma* (2011) di Emanuele Crialese.

Progetto intermedio

Vuoi sensibilizzare i tuoi compagni di classe alla sorte dei migranti che sognano un futuro migliore, e rischiano la vita per raggiungere l'Italia: cerca alcune foto e articoli per informarti, poi scrivi un breve articolo per il giornale del tuo liceo.

Unità 2 — Lezione seconda

Miti ed eroi | **Spazi e scambi** | Luoghi e forme del potere | **Idea di progresso**

L'Italia sono anch'io

Per cominciare
- Secondo te, l'immigrazione rappresenta un'opportunità o un problema per un paese?

Vocabolario
- truccarsi
- il Tricolore
- il diritto di voto/ di cittadinanza
- la borsa, il portafoglio
- la via pedonale
- stare all'erta
- il venditore ambulante abusivo

1 Locandina per una manifestazione de *L'Italia sono anch'io*

2 Venditori ambulanti a Venezia

1. Osserva e parla

Guarda la foto 1.
1. Descrivi il documento: secondo te, di che cosa si tratta?
2. Come ti sembrano i due ragazzi?
3. Cosa simboleggiano?

Guarda la foto 2.
4. In che cosa consiste l'attività dell'uomo in primo piano?
5. Descrivi il suo atteggiamento.
6. Ti sembra un'attività lecita? Giustifica la tua risposta.

2. Ascolta e parla

CD classe 1 — piste 14

Ascolta l'intervista fatta allo scrittore Andrea Camilleri nell'ambito della campagna «L'Italia sono anch'io».

Questa campagna è stata promossa per riformare lo statuto degli immigrati.

1. Perché Camilleri evoca i 150 anni dell'Unità d'Italia?
2. Perché lo scrittore parla della necessità di un «secondo Risorgimento»?
3. In quali campi si dovrà fare il nuovo Risorgimento?
4. Chi dovrà impegnarsi in questa rinascita? Secondo te, perché?
5. Perché immigrati e figli d'immigrati devono partecipare?
6. Per quali motivi certi immigrati dovrebbero ottenere la cittadinanza italiana?
7. Secondo Camilleri che cosa nascondono gli ostacoli burocratici? Perché, secondo te?

Abbiamo visto quali sono i diritti degli immigrati. Secondo te, quali dovrebbero essere invece i loro doveri?

Lo sapevi?

L'immigrazione recente in Italia
Gennaio 2010: 4 570 000 stranieri (ufficiali) per 62 milioni di abitanti.
Paesi di origine:
- Romania: 968 576
- Albania: 482 627
- Marocco: 452 424
- Cina: 209 934
- Ucraina: 200 730
- Filippine: 134 154

Seguono: Moldavia, India, Polonia, Tunisia.
(Dati ISTAT 2010)

3. Leggi e scrivi

COSTUME
21/10/2011 - ANTEPRIMA

Un modello civile di integrazione esiste

Storie di minori non accompagnati

[...] C'è chi tenta di dare al nostro Paese un modello nuovo di integrazione per gli immigrati. Il merito è da attribuire al Progetto dell'Opera Don Calabria. Attualmente sono oltre 5.000 i migranti minori non accompagnati presenti sul nostro territorio nazionale. Bambini e bambine che arrivano da soli, senza un genitore, un parente, spesso neanche un conoscente che li protegga. [...]

[...] Oltre alle provenienze storiche di Egitto, Marocco, Albania, o anche Bangladesh, se ne aggiungono di nuove come Afghanistan, Palestina, Somalia, Kosovo, Eritrea: i minori che arrivano da noi di recente, non vanno via solo per problemi economici, scappano da guerre o perfino torture. Non appena mettono piede sul suolo italico, quelli identificati vengono accolti e sistemati in case famiglia. Ma da quel momento, comincia un conto alla rovescia[1] inesorabile verso la maggior età che minaccia di tagliare come una mannaia[2] il periodo di protezione da uno che con molta probabilità porta verso la strada e la delinquenza. Superati i 18 anni, infatti, sono clandestini a tutti gli effetti e le case famiglia sono costrette per legge a salutarli.

«Quando abbiamo pianificato il progetto per 11 minori extracomunitari, finanziato dalla Provincia di Roma – spiega Miriam Miraldi dell'Associazione Centro Studi Opera Don Calabria – siamo partiti dalle principali preoccupazioni di questi ragazzi. E al primo posto c'è proprio il lavoro, grazie al quale possono permettersi di rimanere in Italia e pagarsi un alloggio minimo». Il Progetto ha raccolto 11 ragazzini di 7 provenienze (Afghanistan, Bangladesh, Costa d'Avorio, Moldavia, Egitto, Nigeria) valutandone competenze e aspirazioni, inserendoli prima in un tirocinio[3] presso la sede dell'Associazione stessa di tre mesi e poi presso aziende dislocate[4] sul territorio romano reperite dopo mesi di faticoso lavoro di perlustrazione[5]. Il tutto corredato[6] da monitoraggio in ed extra[7] azienda, counseling psicologico, role playing, formazione multipla di base. «Abbiamo vissuto sei mesi accanto a questi ragazzi – aggiunge Dina Stancati psicologa e Tutor del progetto – rappresentando per loro più che insegnanti, consulenti o esperti, una nuova famiglia. E loro hanno risposto in maniera entusiasmante».

Il successo è galvanizzante. Tutti e dieci i ragazzi e una ragazza sono stati collocati[8] presso ristoranti, alberghi, carrozzerie, cantieri. A cinque, al termine del tirocinio trimestrale, è stato garantito un contratto, a quattro un rinnovo del tirocinio retribuito, per uno le probabilità di rinnovo sono più che buone mentre l'undicesimo ha dovuto interrompere l'apprendistato[9] per problemi di salute. Ma le speranze anche per lui sono alte. I ragazzi parlano di realizzazione di un sogno, il team di psicologi e formatori, di ottimo risultato. [...]

Luca Attanasio, www.repubblica.it, 20 luglio 2011

1. compte à rebours – 2. couperet – 3. stage – 4. disséminé – 5. exploration – 6. encadré – 7. dans et hors – 8. collocare: *placer* – 9. apprentissage

---

1. Chi sono gli immigrati considerati nell'articolo?
2. Quali sono state le condizioni del loro viaggio verso l'Italia?
3. Da quali paesi provengono?
4. Qual è il percorso abituale di questi immigrati in Italia?
5. Cosa succede quando superano i 18 anni?
6. Qual è la loro principale preoccupazione? Perché?
7. Come riassumeresti l'azione dell'opera di Don Calabria?
8. Perché si può parlare di un vero successo?

Cosa pensi della legge sui «diciottenni»?
Come trasformeresti questo tipo di legge?

Grammatica

Les prépositions *di* et *da* → p. 150

un modello **di** integrazione ~ il merito è **da** attribuire ~ arrivano **da** soli ~ scappano **da** guerre ~ **da** quel momento - corredato **da** monitoraggio

Per saperne di più

- www.stranieriinitalia.fr
- www.litaliasonoanchio.it

Progetto intermedio

Scrivi una carta dei diritti e dei doveri degli immigrati dividendola in tre parti:
– carta per i bambini,
– carta per i cittadini,
– carta per i lavoratori.
La classe verrà divisa in tre gruppi. Ogni gruppo si occuperà di una parte.

Miti e eroi • **Spazi e scambi** • Luoghi e forme del potere • Idea di progresso

Unità 2 — Lezione terza

Quando gli immigrati erano gli italiani

1. Cartello esposto in alcune vetrine dei bar in Svizzera e in Belgio

2. Vignetta tratta da un giornale americano, 1903

3. Aigues-Mortes, 1893: un conflitto innescato dai francesi provocò la morte di una decina di operai italiani e almeno un centinaio di feriti.

Vocabolario
- la strage/il massacro
- il linciaggio
- rimproverare/il rimprovero
- uccidere
- proibire
- i topi
- i bassifondi
- contaminare

1. Osserva e parla

1. In che modi veniva espressa l'ostilità verso gli italiani?
2. Secondo te, perché gli italiani erano vittime di tale violenza?
3. Esiste ancora oggi una «italofobia»? Giustifica la tua risposta.

2. Ascolta e parla

Ascolta la canzone di Gianmaria Testa, *Ritals*.

1. Che cosa evoca Gianmaria Testa nella sua canzone?
2. Quale sentimento accompagnava la partenza dei migranti italiani?
3. Come tanti altri emigrati, a quali difficoltà andarono incontro?
4. Che cosa erano costretti talvolta a fare per mangiare? Quale sentimento provavano allora?
5. Quali erano le loro condizioni di vita nel paese di accoglienza?
6. Con l'espressione «eppure lo sapevamo anche noi», quale paradosso vuole sottolineare il cantautore?
7. Che cosa esprime la melodia?
8. Secondo te, perché il cantautore ha intitolato la sua canzone «Ritals»?

Lo sapevi?

L'emigrazione italiana

Si comincia a parlare di emigrazione dopo la formazione dell'Unità d'Italia, cioè nel 1870. In quel periodo, la popolazione era in continuo aumento mentre le risorse naturali erano scarse. Si trattava di emigrazione permanente verso gli Stati Uniti, il Brasile o l'Argentina (il 60% della popolazione argentina è di origine italiana) o temporanea verso i paesi dell'Europa centrale e occidentale (Austria, Germania, Belgio, Francia). Dopo aver raggiunto il suo massimo nel 1913, il movimento si fermò durante la prima guerra mondiale. L'emigrazione riprese tra le due guerre e divenne anche politica con l'arrivo al potere di Mussolini nel 1922. Cessò naturalmente con l'avvento della seconda guerra.

L'Italia è anche casa mia

3. Leggi e scrivi

Così vicina, così irraggiungibile

Da Tufo di Minturno (un minuscolo paese sul Garigliano, in provincia di Caserta), Diamante e Vita, due ragazzini di dodici e nove anni, approdano a New york nel 1903. Al loro arrivo, come gli altri dodicimila stranieri che arrivano al giorno, devono sottomettersi a un controllo…

La prima cosa che gli tocca fare in America è calarsi le brache[1]. Tanto per chiarire. Gli tocca mostrare i gioiellini penzolanti e l'inguine[2] ancora liscio come una rosa a decine di giudici appostati dietro una scrivania. Lui nudo, in piedi, desolato e offeso, quelli vestiti, seduti e tracotanti[3]. Lui con le lacrime aggrappate al battito di un ciglio, quelli che soffocano risolini imbarazzati, tossicchiano, e aspettano. La vergogna è inizialmente centuplicata dal fatto che indossa un paio di brache di suo padre, gigantesche, antiquate e logore[4], talmente brutte che non se le metterebbe neanche un prete. Il problema è che i dieci dollari necessari a sbarcare, sua madre glieli ha cuciti proprio nelle mutande, perché non glieli rubassero di notte nel dormitorio del piroscafo[5]. In quei dormitori –è cosa risaputa– nelle interminabili dodici notti di viaggio sparisce di tutto –dai risparmi al formaggio, dalle teste di aglio alla verginità– e niente si ritrova. Infatti i dollari non sono stati rubati, però Diamante si è vergognato di confessare ai funzionari dell'isola che porta i dollari nelle mutande, e gli è venuta l'idea geniale di dire che non ce li ha. Il risultato del suo estremo pudore è che gli hanno fatto una croce sulla schiena e lo hanno respinto in fondo alla fila, per rimpatriarlo appena riparte la nave. Così ha fatto un viaggio inutile, suo padre Antonio e il misterioso zio Agnello hanno sprecato[6] un mucchio di soldi e Vita –che è già passata– si ritroverà sola a New York e Dio sa cosa le succederà?

Da dietro la finestra, la città tremola sull'acqua –le torri sfiorano le nuvole, migliaia di finestre scintillano al sole. L'immagine di quella città che sorge sull'acqua e mira dritto al cielo che gli rimarrà negli occhi per sempre –così vicina, e così irraggiungibile. Di fronte alla catastrofe, di fronte a un fallimento così indecoroso[7], Diamante è scoppiato a piangere senza ritegno e ha sussurato all'interprete il disonorevole nascondiglio dei suoi dollari. In un batter d'occhio si ritrova, rosso in viso, con i calzoni arrotolati alle caviglie, le brache sventrate per scucirne la tasca interna e la cosa più segreta che possiede in mano, perché non sa dove metterla. Eccolo come entra in America, Diamante: nudo […], a saltelli per non incespicare[8], verso la commissione, e gli sventola sotto il naso la banconota scolorita e impregnata delle sue notti tormentose. La banconota nessuno se la prende, ma i giudici dietro il tavolo gli fanno segno di passare. È entrato. A questo punto ha già dimenticato la vergogna e l'umiliazione. Lo hanno spogliato. Gli hanno fatto calare le brache? Tanto meglio. In pratica, prima ancora di mettere piede a terra, ha già capito che qui possiede due sole ricchezze, di cui fino oggi ignorava l'esistenza e l'utilità: il sesso e la mano che lo regge[9].

Melania Gaia Mazzucco, *Vita*, Rizzoli Editore, 2003

1. (fam.) baisser son froc – **2.** l'aine – **3.** arroganti – **4.** usate – **5.** paquebot – **6.** sprecare: *gaspiller* – **7.** indecente – **8.** trébucher – **9.** reggere: *tenir*

---

1. Perché Diamante non vuole dire subito che ha i dieci dollari necessari per sbarcare?
2. Qual è la conseguenza immediata della sua bugia?
3. Che cosa rivela sul trattamento riservato agli emigranti? Commenta l'atteggiamento dei giudici.
4. Come gli appare New York in quel momento preciso?
5. Che cos'è costretto a fare alla fine?
6. Perché la situazione è molto umiliante?
7. Come puoi spiegare che il protagonista, passato davanti alla commissione, dimentica la vergogna e l'umiliazione?
8. Secondo te, quali sentimenti potevano provare gli emigranti al loro arrivo nella «nuova patria»?

Che cos'hanno in comune gli emigrati italiani di ieri e gli immigrati di oggi?

Grammatica

Les pronoms personnels simples et groupés → p. 38

non **se le** metterebbe ~ la prima cosa che **gli** tocca fare ~ sua madre **glieli** ha cuciti ~ **gli** hanno fatto una croce sulla schiena ~ **lo** hanno respinto ~ non sa dove metter**la**

Riflettiamo insieme

L'emigrazione fa parte della storia e dell'identità italiana ma ha anche lasciato impronte forti nei diversi paesi che l'hanno accolta. Quali e in che modo?

Grammatica

→ Précis grammatical p. 150
→ Exercices p. 174

Les pronoms personnels simples

Dans cette unité, tu as rencontré des pronoms personnels simples : **lo** hanno respinto, non sa dove metter**la**, …
→ Il existe différents types de pronoms personnels (sujets COD, COI…). Ils ont pour fonction de se substituer à un élément de la phrase.

1 Dans les phrases suivantes remplace l'élément en gras par le pronom personnel qui convient.

1. Il migrante racconta il suo esodo **alla giornalista**.
2. Nel 1991, gli abitanti di Bari hanno aiutato **gli immigrati albanesi**.
3. Gli africani che vogliono raggiungere l'Italia obbidiscono **agli scafisti**.
4. Quelli che fuggono **il regime totalitario del proprio paese** non hanno nulla da perdere.
5. Guardavano **i programmi televisivi italiani** e immaginavano una vita migliore.
6. I clandestini sbarcano **in Italia** con la paura di essere rimandati nel proprio paese.
7. Il giornalista sceglie **le foto** per illustrare l'articolo sui profughi.
8. Il 7 marzo verso le 10 fu finalmente permesso **ai profughi** di scendere a terra.

2 Dans les phrases suivantes remplace l'élément en gras par le pronom personnel qui convient. N'oublie pas l'enclise quand c'est nécessaire !

1. Nell'intervista Camilleri evoca **l'Unità d'Italia**.
2. Dice che molti stranieri hanno aiutato **Garibaldi** a combattere il nemico.
3. Lo scrittore ha firmato **il manifesto per la campagna «l'Italia sono anch'io»**.
4. Bisogna aiutare **gli extracomunitari** a integrarsi.
5. L'associazione chiede **alle famiglie** di mobilitarsi per dare una mano ai minori arrivati in Italia.
6. Rimanendo **in Italia**, alcuni riescono a trovare un lavoro.
7. Occorre modificare **la legge** in modo che i ragazzi possano rimanere nelle case famiglia anche oltre i diciott'anni.

3 Dans les phrases suivantes remplace l'élément en gras par le pronom personnel qui convient. N'oublie pas l'enclise quand c'est nécessaire !

1. Ad Aigues-Mortes nel 1893 alcuni operai francesi ammazzarono **operai italiani**.
2. L'immigrato italiano indossava **i pantaloni di suo padre** durante il viaggio.
3. L'immagine della città che sorge sull'acqua rimarrà per sempre negli occhi **della migrante**.
4. All'inizio del '900, numerosi italiani emigrarono per cercare **lavoro**.

Les pronoms personnels groupés

Dans cette unité, tu as rencontré des pronoms personnels groupés : non **se le** metterebbe, sua madre **glieli** ha cuciti, …
→ Comme leur nom l'indique, les pronoms personnels groupés ont pour fonction de remplacer deux éléments de la phrase (un COI ou un pronom réfléchi suivi d'un COD).

4 Dans les phrases suivantes remplace l'élément en gras par le pronom personnel groupé qui convient. N'oublie pas l'enclise quand c'est nécessaire !

1. La zia dice **alla giovane africana di non fidarsi degli scafisti**.
2. Qualcuno **vi** ha spiegato **quanto sia pericoloso viaggiare così**?
3. La polizia **ti** chiederà **i documenti**.
4. I giornalisti **ci** rivelano **l'emergenza umanitaria del 7 marzo 1991**.
5. La donna dà **gli occhiali alla nipote** perché non perda la padronanza della direzione.
6. Le autorità non diedero subito **il permesso di sbarcare ai profughi**.

5 Dans les phrases suivantes remplace l'élément en gras par le pronom personnel groupé qui convient. N'oublie pas l'enclise quand c'est nécessaire !

1. **Vi** augurate **che gli immigrati partecipino all'anniversario dell'Unità d'Italia**.
2. **Ci** chiediamo **perché i figli di immigrati che sono nati in Italia non abbiano il diritto di voto**.
3. Voglio insegnare **l'italiano alla mia amica albanese**.
4. Il giovane rumeno **ci** racconta **la sua prima giornata di scuola in Italia**.
5. Se ti impegnerai durante l'apprendistato e imparerai l'italiano, qualcuno poi **ti** proporrà **un lavoro**.

Lessico

Per approfondire e arricchire

1 Dans les expressions suivantes, dis quand le préfixe *ri-* est itératif (il indique la répétition). Justifie ta réponse.

risaputo ~ ripartire ~ ritrovare ~ rimanere ~ rialzare ~ risparmiare ~ ritenere ~ risvegliare ~ rimandare

2 Avec tes propres mots, explique les expressions suivantes.

la nebbia di fiato alle vetrine ~ il guardare muto ~ l'abitare magro ~ l'onta del rifiuto

3 Trouve 3 grandes catégories dans lesquelles tu classeras les mots suivants.

la stiva ~ l'imbarcazione ~ il sogno ~ la poppa ~ la crisi economica ~ lo scafista ~ l'umiliazione ~ attraccare ~ la nave mercantile ~ il piroscafo ~ la terra promessa ~ la dittatura comunista ~ la speranza ~ il futuro migliore ~ la prua ~ la malavita ~ i profughi stremati ~ il benessere ~ la barca ~ l'alto mare ~ l'emergenza umanitaria

4 Fais une phrase avec chaque expression suivante.

in un batter d'occhio ~ man mano che ~ tappare la bocca ~ dare uno sguardo in giro ~ ritenere lecito

5 Donne le contraire des mots suivants.

pigro ~ lecito ~ spogliare ~ imparare ~ risparmiare

6 Trouve tous les dérivés possibles des mots suivants.

barca ~ speranza ~ dormire ~ viaggio ~ raggiungere

7 Complète les phrases avec les mots suivants.

clandestina ~ migranti ~ umiliante ~ accolto ~ extracomunitari ~ emigrazione ~ ricordare ~ integrazione ~ delinquenza ~ inserire ~ immigrazione ~ contratto ~ promessa ~ emigrati ~ sogno ~ minori ~ clandestinamente ~ tirocinio ~ perlustrazione ~ realizzare ~ sfuggire ~ immigrato

Nel suo album «Da questa parte del mare», Gianmaria Testa vuole .... che anche il popolo italiano è stato un popolo di .... Infatti anche gli Italiani hanno conosciuto il dolore dell' .... lasciando la terra nativa e la famiglia e lo statuto spesso .... dell' .... raramente ben .... al suo arrivo.

Oggi l'Italia è un paese d' .... : è diventata una terra .... ma resta una terra chiusa per molti .... che arrivano ....

L'immigrazione .... è una realtà quotidiana che riguarda sempre più .... non accompagnati che vogliono .... a guerre o torture. Per evitare che questi giovani cadano nella trappola della .... o della malavita, l'Opera Don Calabria agisce per la loro .... Per .... questi giovani .... nella società italiana, l'associazione gli permette di fare un .... retribuito che può portare a un .... di lavoro. Nonostante la difficile e lunga .... che rappresenta questo lavoro associativo, si può parlare di successo poiché dà la possibilità ad alcuni giovani di .... il loro ....

Lo sapevi?

L'espressione peggiorativa «rital» con la quale venivano chiamati gli emigrati italiani in Francia viene da «R-Ital» («R» per *Ressortissant* e «Ital» per *italien*), abbreviazione che si trovava sui loro documenti all'inizio del Novecento.

Per allenarti

1 Tu veux rejoindre une association d'aide aux immigrés qui arrivent en Italie. Utilise le vocabulaire rencontré dans l'unité et rédige une lettre de motivation au président de cette association.

2 Observe le dessin humoristique ci-contre. Te semble-t-il juste que les immigrés aient ce genre de devoirs en Italie ? Réponds en t'aidant du vocabulaire rencontré dans l'unité.

Unità 2 — Società e cultura

1 Francobolli celebrativi di Europa 2006

> In Italia c'è ancora confusione tra immigrato e figlio di immigrato, che è italiano a tutti gli effetti. Non parlo arabo, non seguo il Ramadan, non sono il paladino dei ragazzi immigrati. Sono figlio di un egiziano e scrivono che sono figlio di un marocchino, come se fosse uguale. Vorrei essere solo considerato un artista, che parla a 360 gradi.
>
> **Amir**, rapper romano

I 150 anni dell'Unità cantati dai migranti

di SARA ZUCCOLI

Cantare l'Italia di oggi con il repertorio di ieri. Perché se è vero che siamo cambiati, nell'anniversario dei 150 anni dell'Unità vogliamo anche correre indietro alle radici della nostra più verace tradizione popolare, facendola cantare a chi – un tempo straniero – è oggi parte integrante della società. È questo lo spirito della rassegna di canti risorgimentali – quelli carichi di aspettative e di speranze, quelli che il popolo cantava più di un secolo fa senza nemmeno conoscerne l'autore – che venerdì pomeriggio dalle 18 ospiterà, nel cortile di palazzo d'Accursio, l'esibizione del coro multietnico Mikrokosmos, diretto dal maestro Michele Napolitano.

I protagonisti della storia di questa corale sono cittadini immigrati a Bologna. Persone arrivate da lontano, addirittura da altri continenti, con la speranza di un lavoro sicuro e un futuro da assicurare ai figli. Famiglie che oggi hanno tanti amici, magari un'attività in proprio, i bambini che frequentano le scuole in città e che ancora non sanno che la loro integrazione felice è frutto di una piccola fortuna e di un grande impegno. [...] All'inizio non eravamo che quattro – racconta Napolitano – oltre a me, c'erano una ragazza tunisina, un musicista iraniano, una giovane romagnola». [...] «Andavo nei call

2 Il coro multietnico Mikrokosmos diretto dal maestro Michele Napolitano

center o nei negozi gestiti da immigrati – spiega ancora – e lì raccontavo l'iniziativa. Il passaparola ha fatto il resto».

Oggi Mikrokosmos conta circa 60 persone, dai 16 ai 60 anni. [...] Attualmente il coro conta circa 30 nazionalità diverse. Ci sono anche interi nuclei familiari che cantano in Mikrokosmos» [...].

Sarà il successo del repertorio, un misto tra canti etnici, stranieri e italiani, saranno le sciarpe colorate che indossano i coristi, o forse saranno i movimenti che rendono alcune delle canzoni quasi coreografate. Fatto sta che il «coro a colori» Mikrokosmos piace [...].

In Mikrokosmos, insomma, c'è lo Stivale del nuovo millennio, quello che nasce dalla convivenza con molti stranieri, quello che ha costruito una nuova realtà sociale, quello in cui vivere insieme è al tempo stesso la forza e la sfida del futuro.

http://www.lastefani.it

---

1. Secondo te, perché è importante che gli immigrati partecipino alla celebrazione dell'Unità d'Italia?
2. In quale misura l'integrazione degli immigrati è al tempo stesso la forza e la sfida del futuro?

IN MOSTRA:
Ridere per capire l'immigrazione

Inaugurata nel week end la mostra «Lungo la scia di un'elica[1]», ospitata a Palazzo Ducale, per ricordare le storie dell'emigrazione. L'esposizione, promossa dalla Fondazione Cresci per l'emigrazione, è allestita negli spazi della sala degli Staffieri. All'interno di un ampio e multimediale catalogo di documenti, la mostra presenta anche vignette umoristiche sul tema delle migrazioni, sia di ieri che di oggi. Il visitatore è invitato al confronto, lungo il percorso, tra l'immigrazione di ieri e quella di oggi: le storie degli emigranti italiani in fuga dalla miseria e dalla fame che, a partire da metà Ottocento, si avventuravano in viaggi rischiosissimi, proprio come oggi gli emigranti africani, mediorientali ecc., che cercano i lidi[2] italiani. La mostra narra un arco temporale di circa 150 anni, raccontando l'esperienza dell'emigrante dal viaggio all'impatto con il Nuovo Mondo fino alla dura vita nei paesi di destinazione. L'allestimento scenografico[3] della mostra è ideato da Alessandro Sesti, che ha creato un efficace percorso tra ambientazioni, immagini, musiche, filmati, vignette umoristiche dei giornali dell'Ottocento e di autori moderni, insieme a installazioni fotografiche di artisti contemporanei. Un aspetto originale che raramente valorizzato dagli storici è l'umorismo, che invece è uno degli strumenti utilizzati da Paolo Cresci, appassionato ricercatore di documentazione sulla storia dell'emigrazione e fondatore dell'omonimo Archivio, per analizzare il fenomeno: «Penso che l'umorismo potrebbe essere la chiave per far saltare tante incomprensioni. La vera, più utile e urgente demistificazione e demitizzazione di noi tutti… Si può ridere, diciamo si deve ridere, sia pure amaramente, anche d'una tragedia, se la si vuole capire davvero».

07/02/2011, http://luccanews.tv

[3] Manifesto della mostra «Lungo la scia di un'elica», ospitata nel Palazzo Ducale di Lucca

1. le sillage d'une hélice – 2. les rivages – 3. (ici) la scénographie

> Sei d'accordo con quello che dice Paolo Cresci: si deve ridere anche di una tragedia? Perché?

[4] Vignetta di Natangelo

Pronto per l'esame BAC

Spazi e scambi: emigrazione, immigrazione

Compréhension de l'écrit | Expression écrite | Compréhension orale | Expression orale

Un sogno finito sul marciapiede

«Perché mi parli sempre in italiano? Non riesco ancora bene a capire questa lingua. Parla in arabo. Non siamo forse due arabi?»

E io, sorridendo, insisto sempre in italiano: «Il fatto è che trovo difficoltà a capire il tuo dialetto.»

«Allora parliamo come ci viene.» E qui cambia, cominciando con un arabo curioso, misto tra la parlata egiziana
5 e l'arabo classico: «Io avevo finito la scuola media in Marocco. Avevo fatto la scuola in città: nel nostro villaggio non ce ne sono. Non ho fatto altri studi, perché non potevo permettermelo. I miei sono poveri. Ho lavorato per qualche anno in un laboratorio di camiceria, come sarta. Poi mi sono licenziata per venire qua. La paga bastava appena. Anche se abitavo da un'amica, non riuscivo ad aiutare i miei né a vivere. Dopo il matrimonio, poi, la situazione era precipitata. Un giorno dovetti emigrare con mio marito per cercare lavoro. Per realizzare un
10 sogno, che è finito sul marciapiede, come vedi.»

«Parlo un po' di arabo classico perché l'ho studiato a scuola. A volte mi davo alla lettura: giornali, riviste e qualche romanzo. Conosco anche il dialetto egiziano. Amo molto i film e le canzoni egiziane. Mi piace ascoltare Umm Kalthum, Abdel Halim, Farid, insomma tutti; anche Omar Sharif mi piace, e Saddam Hussein.»

Mi sconcerta l'ultima affermazione. Rimango con gli occhi sbarrati e chiedo, un po' irritato:
15 «Anch'io capisco e parlo l'egiziano per gli stessi motivi, ma cosa c'entra Saddam con l'Egitto?»

Lei ribadisce con calma e sicurezza:

«È un vero uomo, come Nasser. Ha sfidato l'Occidente, anzi, tutto il mondo, e ha dato valore alle pretese dei poveri e degli emarginati. Ha dato identità al popolo arabo rimasto per anni sepolto nelle tombe del dominio straniero.» [...]
20 Non aveva torto, ma non avevo voglia di entrare in discussioni politiche con lei, per non arrivare alla rottura già all'inizio della serata, anche perché le discussioni politiche tra arabi finiscono sempre in litigio. Ognuno crede di avere ragione e cerca di imporre la propria opinione, ma non lascia spazio al convincimento altrui, e non rispetta le idee dell'altro. In fondo, siamo tutti dei piccoli dittatori.

«Hai ragione, Amina. Ma bisogna vedere se lui l'ha fatto per i motivi che tu credi. Comunque, raccontami qual-
25 cosa di te piuttosto.»

[...]

«Sono arrivata qui circa un anno fa. Passando la frontiera francese: clandestinamente, si capisce. La mia storia è troppo lunga e triste. Come vedi, non avendo
30 i documenti in regola non è facile trovare lavoro. Dopo alcune disavventure, sono finita a bazzicare[1] con gli uomini. Lo so cosa pensi di me, ma sono costretta. Credi che sia così facile, per me? La vita è stata molto dura per me: sono stata ingannata[2] e sfruttata[3] da tutti.
35 Io credo in Dio, prego tutti i giorni e chiedo perdono, ma non trovo una via d'uscita. Bevo per dimenticare, come si dice, per fuggire dal mondo e da me stessa. Mi sento molto sola e voluta soltanto per il mio corpo e le mie prestazioni. Una donna, quando si riduce a questo,
40 diventa soltanto un corpo senza anima. È morta.»

Younis Tawfik, *La straniera*, Bompiani Editore, 1999

1. *fricoter* – **2.** ingannare: *tromper* – **3.** sfruttare: *exploiter*

LV2
1. Chi sono i personaggi? Di che origine sono?
2. Perché Amina chiede al narratore di parlare in arabo?
3. In Marocco, Amina aveva un lavoro: quale? Perché si è licenziata?
4. Rileva nel testo gli elementi che mostrano che Amina ha una certa cultura.
5. I due personaggi condividono lo stesso parere a proposito di Saddam Hussein? Giustifica con elementi del testo.
6. Perché il narratore preferisce cambiare argomento?
7. Perché Amina prega tutti i giorni e chiede perdono?

LV1
8. Quali sentimenti prova Amina quando evoca la propria storia?

Expression écrite

1. Expression semi-guidée
Il giorno dopo il narratore decide di scrivere una lettera ad Amina per convincerla che non è «soltanto un corpo senza anima» e che c'è una via d'uscita. *(entre 10 et 18 lignes suivant ta série)*

2. Expression libre
Che cosa rappresenta la madrelingua per un individuo? Secondo te, integrarsi significa rinunciare alla propria lingua?

Expression orale

Spazi e scambi
En t'appuyant sur les documents de la double-page et de l'unité, dis ce que tu sais de l'émigration et de l'immigration: définis une problématique et présente le fruit de ta réflexion à l'examinateur.

1. *Prépare-toi pendant 10 mn.*
2. *Tu disposes de 5 ou 10 mn (selon la série) pour faire part de ta réflexion.*
3. *Immigrazione: che cos'è cambiato? L'entretien avec l'examinateur peut porter, entre autres, sur cette question (5 ou 10 mn selon ta série).*

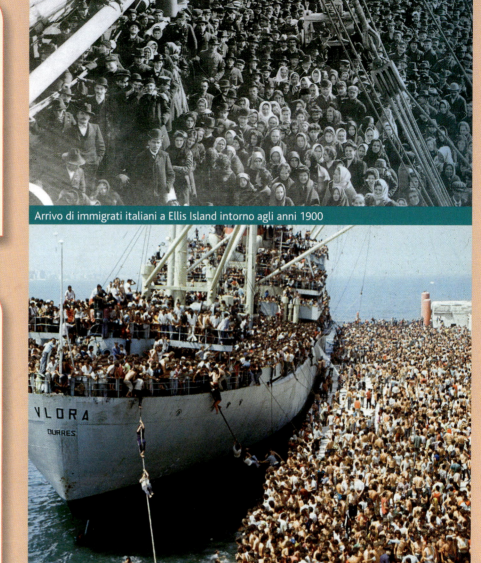

Arrivo di immigrati italiani a Ellis Island intorno agli anni 1900

Arrivo di immigrati albanesi a Bari, 1991

Compréhension orale

«Verso il primo marzo 2010: sciopero degli immigrati»

1. *Écoute une première fois le document et prends des notes (relevé d'informations principales).*
2. *Écoute une deuxième fois et prends des notes (relevé d'informations complémentaires).*
3. *Écoute et regarde une troisième fois et prends des notes (en t'assurant que tu as bien compris l'ensemble du document).*

Tu disposes de 10 minutes pour rendre compte en français et par écrit de ce que tu as compris.

piste 17

Unità 2 — Progetto finale

✏️ Formate gruppi di cinque e scrivete la sceneggiatura di un videospot per l'integrazione dei giovani immigrati nell'ambito scolastico.

1. Potrete ispirarvi al video vincitore del concorso «Intercultura a scuola», promosso da Cantiere Giovani.
2. Potrete realizzare il progetto giudicato più interessante.

Per aiutarti

- Per vedere il video vincitore del concorso «Intercultura a scuola»:
  http://vimeo.com/25818303
- Puoi guardare il trailer del film documentario di Edoardo Winspeare *Sotto il Celio azzurro*:
  http://www.mymovies.it/film/2009/sottoilcelioazzurro/

Federico Fellini
" Un linguaggio diverso è una diversa visione della vita. "

Nanni Moretti
" Ogni scarpa una camminata, ogni camminata una diversa concezione del mondo. "

Per autovalutarsi

| Cerca | HOME | CHI SIAMO | ORGANISMI | DOCUMENTI | AREE TEMATICHE | COMMUNICAZIONE | ADERISCI | CONTATTI |

• PER IL SALVATAGGIO DEI 500 PROFUGHI LAMPEDUSA MERITA UNA MEDAGLIA AL VALOR CIVILE: LA PROPOSTA DELL'ASSOCIAZIONE CAMPO LIBERO

Nei giorni scorsi i cittadini e i volontari di Lampedusa si sono resi protagonisti di una pagina di umanità in un momento storico drammatico per il nostro Paese. Il loro intervento tempestivo è stato decisivo per il salvataggio di oltre 500 migranti provenienti dalle coste africane, tra di loro anche donne incinte e bambini.
Tantissimi gli uomini e le donne che non hanno esitato a gettarsi in mare e formare una catena umana per
5 mettere in salvo i profughi nordafricani. Per onorare il coraggio e la grande umanità di queste persone, l'associazione politico-culturale Campo Libero lancia una petizione. Obiettivo: chiedere al Presidente della Repubblica, Giorgio Napolitano, di conferire alla città di Lampedusa una medaglia al valor civile.

www.campolibero.it

 Leggi il testo e valuta la tua comprensione.

Je suis capable de...	Niveau de référence du Cadre européen
... relever les mots-clés et comprendre le sens général du texte. Je sais partir du sens général du texte pour saisir le sens d'un mot inconnu.	
– Quels sont les 3 ou 4 mots-clés de ce texte ? – Trouve une expression équivalente à *intervento tempestivo*.	**A2**
... identifier la nature du texte et son objectif.	
– De quel type de texte s'agit-il ? – Dans quel but a-t-il été écrit ? – Qui est le destinataire de l'initiative ?	**B1** (1er niveau)
... saisir le déroulement des faits relatés dans le texte.	
– Qui a participé à l'opération ? – Comment ces personnes ont-elles procédé ? – Quelle a été la conséquence de leur intervention ?	**B1** (2e niveau)
... dégager la valeur et la portée d'un acte relaté dans un texte en me basant sur un contexte social que je connais.	
– Dans quel contexte cet acte a-t-il été accompli ? – Ce contexte ajoute-t-il à son exemplarité ? – Quel effet cet acte peut-il avoir sur la population ?	**B2**

Unità 2 — Lo sguardo dell'artista

La porta d'Europa

La porta d'Europa è stata realizzata dall'artista Mimmo Palladino sull'isola di Lampedusa col sostegno dell'agenzia per i rifugiati dell'Onu. Il monumento, alto 5 metri e largo 3, fatto di ferro e ceramica, si vede dal mare. Ha i colori della terra dell'isola ed è ricoperto di oggetti trovati sui barconi: scarpe, scodelle, bicchieri.

Questa porta è stata edificata «in omaggio ai migranti che vengono dal Sud e dall'Est ad accudire i nostri anziani, pulire le nostre case, mandare avanti le nostre fabbriche e i nostri campi, portando lavoro, umiltà, energia e un enorme desiderio di riscatto».

❶ *La porta d'Europa* di Mimmo Paladino, inaugurata il 28 giugno 2008.

> Che cosa simboleggia il monumento? Spiega in che modo.

L'angolo della lettura

Testimonianze

Amara Lakhous
Nato ad Algeri nel 1970, vive a Roma dal 1995. Ricercatore in antropologia e giornalista, scrive nel 2006 *Scontro di civiltà per un ascensore in piazza Vittorio*. Un film omonimo ne è stato tratto nel 2010 (regia Isotta Toso). Nel 2010, scrive *Divorzio all'islamica a viale Marconi* e nel 2011 *Un pirata piccolo, piccolo*.

Un cadavere è stato ritrovato nell'ascensore di un palazzo di piazza Vittorio a Roma. La polizia interroga tutti gli abitanti del palazzo.

[La verità di Pariz Mansoor Samadi]
«È inutile insistere con questa domanda: Amedeo è italiano? Qualsiasi risposta non risolverà il problema. Ma poi chi è italiano? Chi è nato in Italia, ha passaporto italiano, carta d'identità, conosce bene la lingua, porta un nome italiano e risiede in Italia? Come vedete la questione è molto complessa. Non dico che Amedeo è un enigma. Piuttosto è come una poesia di Omar Khayyam, ti ci vuole una vita per comprenderne il significato, e solo allora il cuore si aprirà al mondo e le lacrime ti riscalderanno le guance fredde. Adesso, almeno, vi basti sapere che Amedeo conosce l'italiano meglio di milioni di italiani sparsi come cavallette[1] ai quattro angoli del mondo. Non sono ubriaco. Non volevo offendervi.

[La verità di Benedetta Esposito]
Io sono sicura che l'assassino di Lorenzo Manfredini è uno degli immigrati. Il governo deve reagire ampressa ampressa[2]. Un altro poco ci cacceranno dal nostro paese. Basta che fai un giro di pomeriggio nei giardini di piazza Vittorio per vedere che la stragrande maggioranza della gente sono forestieri[3]: chi viene dal Marocco, chi dalla Romania, dalla Cina, dall'India, dalla Polonia, dal Senegal, dall'Albania. Vivere con loro è impossibile. Tengono religioni, abitudini e tradizioni diverse dalle nostre. Nei loro paesi vivono all'aperto o dentro le tende, mangiano con le mani, si spostano con i ciucci[4] e i cammelli e trattano le donne come schiave. Io non sono razzista, ma questa è la verità! Lo dice pure Bruno Vespa. Poi perché vengono in Italia? Non capisco, stiamo pieni di disoccupati. Mio figlio Gennaro non tiene un lavoro, se non fosse per sua moglie Marina che fa la sarta e per il mio continuo aiuto sarebbe finito a chiedere l'elemosina fuori dalla chiesa di San Domenico Maggiore a Napoli! Se il lavoro non ci sta per la gente di questo paese, come facciamo ad accogliere tutti questi disperati? Ogni settimana vediamo barche cariche di clandestini al telegiornale. Quelli portano malattie contagiose come la peste e la malaria! Questo lo ripete sempre Emilio Fede. Però nessuno lo sta a sentire.

[Diario di Amedeo]
Martedì 24 febbraio, ore 22.39
Questa mattina Iqbal mi ha chiesto se conoscevo la differenza tra il tollerante e il razzista. Gli ho risposto che il razzista è in contrasto con gli altri perché non li crede al suo livello, mentre il tollerante tratta gli altri con rispetto. A quel punto si è avvicinato a me, per non farsi sentire da nessuno come se stesse per svelare un segreto, e mi ha sussurrato: «Il razzista non sorride!».
Ho pensato tutto il giorno al razzista che rifiuta di sorridere e mi sono reso conto che Iqbal ha fatto un'importante scoperta. Il problema del razzista non è con gli altri ma con se stesso. Direi di più: non sorride al prossimo perché non sa sorridere a se stesso. È proprio giusto quel proverbio arabo che dice: «Chi non ha non dà».

Martedì 16 novembre, ore 23.39
Stasera sono andato con Parviz a comprare riso e alcune spezie da Iqbal. Parlando abbiamo discusso dei volantini contro gli immigrati sui muri di piazza Vittorio. Iqbal indicava una cassetta di mele che si trovava di fronte

- Come si può rispondere alla domanda: «Ma poi chi è italiano?»

- Che cosa pensi dell'affermazione di Benedetta Esposito «Io non sono razzista»? Giustifica.

- Secondo Iqbal, «Il razzista non sorride»: che cosa sottintende?

L'angolo della lettura

a lui: «Quando vedo una mela marcia la isolo subito dal resto delle mele, perché, se la lasciassi al suo posto, tutte le mele si rovinerebbero. Perché la polizia non si comporta con fermezza con gli immigrati delinquenti? Che colpa hanno quelli onesti che sudano per un pezzo di pane?»

Le parole di Iqbal mi hanno aperto gli occhi. L'etichetta di criminale a qualsiasi immigrato senza distinzione è un déjà vu. Quanto hanno sofferto gli immigrati italiani negli Stati Uniti per l'accusa di mafia! Certo, sembra proprio che gli italiani non abbiano imparato nulla dalle lezioni del passato.

Sabato 23 maggio, ore 22.55

Oggi ho letto un articolo sul *Corriere della Sera* dal titolo molto significativo: «L'italiano è un dinosauro?». L'articolo analizza il problema del calo delle nascite in Italia, che ha un tasso di crescita molto basso fra i paesi del mondo. L'autore afferma che l'italiano sarebbe destinato a estinguersi nel prossimo secolo. La soluzione sarebbe nella presenza crescente di immigrati. Forse si dovrebbe stipulare un accordo con le autorità cinesi per importare esseri umani. Sono veramente tanti gli anziani in questo paese.

Mercoledì 23 giugno, ore 21.58

Questa sera ho visto alla tv un bel film con Alberto Sordi e Claudia Cardinale che racconta la storia di un certo Amedeo, un immigrato che lavora in Australia. La vita degli immigrati italiani del passato somiglia molto alla vita di quelli che arrivano in Italia oggi. L'immigrato è sempre lo stesso nel corso della storia. Cambia solo la lingua, la religione e il colore della pelle.

[La verità di Antonio Marini]

[…] Amedeo è un immigrato! Per me non c'è differenza tra gli immigrati e la gente del sud. Anche se non capisco il rapporto di Amedeo con il meridione. Io sono un attento osservatore, in grado di distinguere tra un pigro e uno che vuole lavorare. Ad esempio la portiera napoletana, Sandro Dandini ed Elisabetta Fabiani sono simboli del sud con la loro tristezza, le chiacchiere, il sottosviluppo; il pettegolezzo, la credenza, la superstizione. Io non sono razzista. Posso citare il grande storico napoletano Giustino Fortunato, meridionale doc, il quale sostiene che il dramma del Mezzogiorno è l'incertezza nel domani. Loro non piantano e non seminano, in poche parole non investono. Chi dorme non piglia pesci!

Quando la portiera mi ha detto che Amedeo è del sud, non ci ho creduto, perché il suo modo di parlare, di salutare e di camminare assomiglia a quello dei lombardi, dei piemontesi. Non gli ho chiesto la sua origine. Queste cose riguardano la sua vita privata e io non ho diritto di interferire. Una sola volta gli ho sentito dire: «Io sono del sud del sud». Allora ho dedotto che Roma è il sud, e le città del sud come Napoli, Potenza, Bari e Palermo sono l'estremo del sud! […]

[Diario di Amedeo]

Martedì 4 dicembre, ore 23.08

Sono andato con Stefania al cinema Tibur a San Lorenzo. Abbiamo visto *Così ridevano* di Gianni Amelio. Ha vinto il Leone d'oro alla mostra di Venezia, e racconta la storia degli emigranti italiani che all'indomani della Seconda guerra mondiale lasciarono le loro città e i loro paesini del sud e si spostarono al nord per lavorare e guadagnare un pezzo di pane nella speranza di un futuro migliore. I lavoratori del sud hanno il merito della rinascita industriale del nord e della fioritura delle fabbriche Fiat. Non capisco perché Antonio Marini accusi la gente del sud di pigrizia e di mancanza di fede nel domani!

- Come si può interpretare la metafora della «mela marcia»?

- A che cosa allude Amedeo quando dice che gli italiani non hanno imparato nulla dalle lezioni del passato?

- Perché gli immigrati possono salvare gli italiani?

- «L'immigrato è sempre lo stesso nel corso della storia.» Commenta questo giudizio.

- Cosa si intende con «io sono del sud del sud»?

① Piazza Vittorio, Roma

- Perché «i lavoratori del sud hanno il merito della rinascita industriale del nord»?

[La verità di Sandro Dandini]

[...] Voi non conoscete Amedeo come lo conosco io. Conosce la storia di Roma e le sue strade meglio di me, anzi meglio di Riccardo Nardi, fierissimo delle sue origini che risalgono agli antichi romani. Riccardo il tassista, che attraversa le strade di Roma su e giù ogni giorno da vent'anni. Una volta ha fatto a gara con Amedeo a chi conoscesse le strade e io come un presentatore di quiz televisivi ponevo loro una serie di domande, ad esempio: dove si trova via Sandro Veronese? Dove si trova via Valsolda? Come si arriva da piazza del Popolo a via Spartaco? Dove si trova piazza Trilussa? E piazzale della Radio? E il Ministero degli esteri? E l'Ambasciata francese? E il cinema Mignon? Via del Babuino? Piazza Mastai? Amedeo rispondeva prima di Riccardo. Per quanto riguarda la conoscenza della storia di Roma, Amedeo non ha rivali, conosce l'origine dei nomi delle strade e i loro significati. Non ho mai visto in vita una persona come lui. Una volta, dopo l'ennesima sconfitta di fronte ad Amedeo, Riccardo gli ha detto ridendo: «Ammazza' Amede' come conosci Roma! Ma che t'ha allattato la lupa?»

- Spiega l'espressione: «Ma che t'ha allattato la lupa?»

[Diario di Amedeo]
Giovedì 27 marzo, ore 22.39

Questa mattina ho conosciuto il proprietario del bar Dandini. Si chiama Sandro ed è sulla cinquantina. Mi ha detto che Roma è la memoria dell'umanità, è la città che ci insegna ogni mattina che la vita è un'eterna primavera e le porta una nuvola passeggera. Roma ha sconfitto la morte, e per questo si chiama la città eterna. C'è una cosa che merita d'essere ricordata: quando Sandro mi ha chiesto il mio nome gli ho risposto: «Ahmed». Ma lui l'ha pronunciato senza la lettera H perché non si usa molto nella lingua italiana, e alla fine mi ha chiamato Amede', che è un nome italiano e si può abbreviare con Amed.

- «Roma è la memoria dell'umanità»: che valore assume per un immigrato?

Mercoledì 7 luglio, ore 22.42

Stamattina, mentre ero seduto a bere il cappuccino, una signora ha domandato a Sandro dove si trova via di Ripetta e lui mi ha chiesto aiuto come un naufrago. Ho detto alla signora che la metro è il migliore mezzo per arrivarci, che bisogna scendere alla stazione Flaminio vicino a piazza del Popolo e che a pochi passi c'è via Ripetta. A quel punto mi sono ricordato quello che mi ha detto Riccardo il tassista: «Amedeo, tu sei stato allattato dalla lupa!». Ormai conosco Roma come se vi fossi nato e non l'avessi mai lasciata. Ho il diritto di chiedermi: sono un bastardo come i gemelli Romolo e Remo oppure sono un figlio adottivo? La domanda fondamentale è: come farmi allattare dalla lupa senza che mi morda? Adesso almeno devo perfezionare l'ululato come un vero lupo: Auuuuuuuuuuu…

- «Come farmi allattare dalla lupa senza che mi morda?»: spiega il senso della domanda.

Amara Lakhous, *Scontro di civiltà per un ascensore a piazza Vittorio*, Edizioni e/o, Roma, 2006

1. sauterelles – 2. (dialecte) très rapidement – 3. stranieri – 4. bourricots

1. Come si può spiegare la diversità delle testimonianze?
2. Come definiresti uno straniero?

■ **Per saperne di più**

Puoi leggere *Blacks out* di Vladimir Polchi. Vedi anche i film:
– *Scontro di civiltà per un ascensore in piazza Vittorio* di Isotta Toso (2010)
– *Cose dell'altro mondo* di Francesco Patierno (settembre 2011)
– *Così ridevano* di Gianni Amelio (1998)

Unità 3 — Lezione prima

Miti e eroi • **Spazi e scambi** • Luoghi e forme del potere • Idea di progresso

Italians

Per cominciare
- Come nascono gli stereotipi?
- Quali sono le caratteristiche (positive e negative) che accomunano maggiormente gli italiani?

① Fotografia tratta da Focus Extra n°48 (inverno 2011)

② Locandina francese di un film americano (1998)

1. Osserva e parla

Guarda la foto 1.
1. Quali gesti mettono in relazione madre e figlio?
2. Quale può sembrare un gesto inadeguato?
3. Quale fenomeno tipicamente italiano mette in evidenza questa foto?
4. Ti sembra un fenomeno solo italiano?
5. Secondo te, quali sono le ragioni che possono spiegare questa relazione?

Guarda la foto 2.
6. Qual è lo stereotipo veicolato attraverso questo film?
7. Su quali elementi insiste la locandina per veicolare quest'immagine?
8. Spiega in che modo si tende a ridicolizzare i protagonisti di questo film.
9. A quale film americano si ispira questa locandina secondo te?

2. Ascolta e parla

Ascolta il servizio «Come ci vedono dalla Germania».
1. Cita i campi che suscitano l'interesse dei tedeschi per l'Italia.
2. Rileva gli stereotipi veicolati in Italia sui tedeschi.
3. Quale lo stereotipo si sviluppò durante gli anni di piombo?
4. Fa' il ritratto dell'italiano medio ispirandoti agli stereotipi che hanno i tedeschi.
5. Quali avvenimenti recenti hanno contribuito a creare in Germania un'immagine negativa degli Italiani?
6. La conclusione del servizio ti sembra piuttosto positiva o negativa? Giustifica con elementi del testo.

Quali luoghi comuni sugli italiani si possono ritrovare anche in altri paesi?

Vocabolario
- l'idea preconcetta / il pregiudizio / il cliché / il luogo comune
- la credenza
- la frase fatta / il modo di dire
- pregiudizievole
- il dado, il gettone
- il casinò
- la pistola / sparare

Aiuto
- **grossolano:** (ici) grotesque
- **la P38** = una pistola
- **la bionda teutonica:** la blonde allemande
- **l'immondizia napoletana:** (ici) les déchets
- **il pugile:** (ici) statue d'un athlète de l'antiquité

3. Leggi e scrivi

Ma esistono i bamboccioni?

Nonni irriducibili[1] e genitori invadenti producono figli «mammoni», timorosi di affrontare il mondo. Questa è una delle certezze con cui gli stranieri arrivano in Italia, insieme all'umidità di Venezia e all'inclinazione della
5 torre di Pisa.
«Mammoni» è un vocabolo che vi piace da morire. Tutte quelle «m», quella rotondità, quella letteratura, quel rimprovero condito d'invidia[2]. Volete sapere se esistono? Certo: esistono, esagerano e sono più interessanti di
10 quanto immaginate.
È vero, per cominciare: metà dei genitori italiani convive coi figli maggiorenni. Lo stesso in Spagna, mentre negli altri paesi europei la percentuale è inferiore: Francia 34 per cento, Austria 28 per cento, Gran Bretagna 26 per
15 cento, Norvegia 19 per cento. Gli Stati Uniti sono ancora più indietro: 17 per cento.

I vitelloni, Federico Fellini (1953)

Prima considerazione: è chiaro perché nascono pochi bambini italiani e spagnoli. È difficile fare un figlio mentre i famigliari, di là dal muro, guardano il varietà del sabato sera. L'operazione, anche a Milano e a Madrid, richiede concentrazione.
20 I mammoni italiani invocano altre attenuanti. La scarsità[3] di case in affitto; la difficoltà di trovare un lavoro; i costi di una nuova famiglia. Aggiungerei uno stile di vita piacevolmente irresponsabile – incoraggiato dalla televisione, benedetto dalla pubblicità, tollerato dalla società – che, negli ultimi anni, ha prodotto un personaggio nuovo.
Il «neo-mammone» del ventunesimo secolo è un organismo genitorialmente modificato. La cocciuta[4] gio-
25 ventù di mamma e papà lo ha reso meno responsabile: ha superato i trent'anni e si comporta come il pronipote dei «vitelloni» di Fellini, con più soldi e meno fantasia. È cordiale, ma se viene contradetto può diventare arrogante. Ammette il suo narcisismo, ma solo perché gli piace il vocabolo. È un adolescente di lungo corso che vive tra gadget, progetti di vacanze esotiche e passioni sportive. Ha una visione epica di se stesso. Il suo inno è una bella canzone di Vasco Rossi, *Vita spericolata*: «E poi ci troveremo come le star, a bere del
30 whisky al Roxy Bar...». E poco importa che il Roxy Bar sia dentro un centro commerciale, e all'alba – dopo aver rischiato la pelle in automobile – bisogna tornare a casa, cercando di non svegliare papà.

Beppe Severgnini, *La testa degli italiani*, Rizzoli Editore, 2005

1. irréductibles, déterminés – 2. mêlé d'envie – 3. la pénurie – 4. la gioventù ostinata

---

1. Com'è vista la famiglia italiana da uno straniero appena arrivato in Italia?
2. Osserva le percentuali, paragona i vari paesi e spiega dov'è maggiormente diffuso il mammismo.
3. Quali sono le ragioni che provocano il «mammismo» secondo i giovani? E l'autore invece, che cosa denuncia?
4. A cosa fa allusione la frase «organismo genitorialmente modificato»?
5. Cosa noti a proposito del comportamento del neo-mammone? Rileva le espressioni che ritraggono il suo modo di vivere.
6. Qual è l'immagine del neo-mammone veicolata dalla descrizione finale?

Prendendo spunto da questo fenomeno, spiega i vantaggi e gli svantaggi di questa convivenza.

Grammatica

Venire auxiliaire → p. 150
*L'italiano **viene** visto da..., lo stereotipo **viene** creato da...*

Les pourcentages → p. 150
34 per cento, 28 per cento, 26 per cento...

L'emploi du subjonctif imparfait → p. 150
*chissà se impara**ssero***

Progetto intermedio

A partire dai diversi stereotipi evocati nella lezione (mafioso, seduttore, mammone...), immaginate uno speed date tra un (un') italiano(a) e un (una) tedesco(a) che si ritrovano in un locale italiano. Inventate i dialoghi e recitate la scena (2-3 min.) davanti alla classe.

Unità 3 — Lezione seconda

Miti ed eroi · Spazi e scambi · Luoghi e forme del potere · Idea di progresso

La dolce vita

Per cominciare
- Che cosa evoca per te «la dolce vita»?
- Perché questo stile di vita seduce?

1. Pubblicità del caffè Trombetta

2. Pubblicità San Pellegrino del fotografo americano Eliott Erwitt

Vocabolario
- il pescatore
- la barca
- il riccio di mare
- l'acqua alta
- il palazzo
- la facciata
- il campanile

1. Osserva e parla

Guarda i documenti 1 e 2.
1. Quali sono i prodotti reclamizzati in queste due pubblicità?
2. Descrivi precisamente i personaggi presenti nelle due pubblicità. Che cosa stanno facendo?
3. Osserva attentamente, nelle due foto, lo scenario: che cosa lo caratterizza?
4. Che atmosfera domina in queste due foto?
5. Quale immagine dell'Italia vogliono suggerire, in definitiva, i due fotografi?
6. Che cosa esprime lo slogan *Live in italian*?

2. Guarda e parla

 Guarda la pubblicità che reclamizza una mozzarella italiana.
1. Presenta i protagonisti della pubblicità.
2. Osserva il luogo in cui è ambientata la scena. Qual è la sua funzione?
3. Metti in evidenza le differenti fasi della pubblicità. Spiega l'origine del litigio tra i protagonisti e indica come si evolve la situazione.
4. Su quali persone si chiude la pubblicità e come ti sembra l'atmosfera che regna?
5. Quali osservazioni puoi fare a proposito del ritmo della pubblicità?
6. In questa pubblicità ci sono numerosi stereotipi sugli italiani. Presentali.

▪ Altri cliché sono presenti nelle pubblicità italiane diffuse all'estero. Citane alcuni.

3. *La dolce vita*, Federico Fellini (1960) con Marcello Mastroianni e Anita Ekberg

3. Leggi e parla

L'Italia che piace
Luigi Barzini tenta di descrivere l'Italia e l'identità italiana.

Non è possibile scrivere una storia delle idee, delle arti figurative, delle lettere, di quasi tutte le scienze, delle tecniche e di molte altre discipline senza nominare un buon numero di italiani. L'uomo moderno è il risultato di ciò che Cristianesimo e Umanesimo hanno abbozzato[1], e al trionfo del Cristianesimo e dell'Umanesimo ha contribuito decisamente, anche se in modo dissimile[2], il nostro genio. Al viaggiatore più distratto non sfugge[3] l'onnipresenza italiana nel mondo: in tutta Europa egli non può sottrarsi[4] alla vista di chiese, di palazzi e monumenti modellati su disegni nostri. Architetti italiani hanno disegnato e costruito edifici e mura del Cremlino e il palazzo d'Inverno a Leningrado, artisti italiani hanno abbellito il Campidoglio di Washington. [...] Gli italiani hanno scoperto l'America per gli americani; hanno insegnato agli inglesi l'arte poetica, gli accorgimenti[5] per governare, la teoria dell'equilibrio delle forze, le astuzie bancarie e commerciali. Ai tedeschi i primi elementi dell'arte militare e l'impiego delle artiglierie; ai russi la recitazione e la danza classica; l'arte culinaria ai francesi e la musica a quasi tutti. [...]
Nel cuore di ogni uomo, ovunque egli sia nato, quali che siano l'educazione e i gusti v'è un angolo italiano, una parte di lui che trova l'irreggimentazione[6] molesta[7], i pericoli della guerra spaventosi, la severità morale soffocante, quella parte che ama l'arte decorativa, frivola e divertente, ammira eroi solitari più grandi del vero e sogna una liberazione impossibile dalle restrizioni di un'esistenza metodica e ordinata. [...] L'arte di vivere quest'arte screditata creata dagli italiani per sconfiggere[8] l'angoscia e la noia, sta diventando ora una guida inestimabile per la sopravvivenza di molte persone. La dolce vita si diffonde in paesi che la disprezzavano e la temevano e i piccoli piaceri hanno acquisito un'importanza nuova, i cibi, i vini, una giornata di sole, la cortesia, le belle donne, la sconfitta di un rivale e la buona musica.

Tratto da Luigi Barzini, *Gli Italiani, Virtù e vizi di un popolo,* Rizzoli Editore, 1964

1. esquissé – **2.** differente – **3.** sfuggire: échapper – **4.** evitare – **5.** les moyens – **6.** l'embrigadement – **7.** che disturba – **8.** vincere

1. In quali campi si sono affermati, secondo l'autore, numerosi italiani?
2. Cita i luoghi (stati, continenti...) in cui è onnipresente l'architettura italiana.
3. Quali sono i popoli che hanno approfittato delle conoscenze, del *savoir faire* degli Italiani?
4. Elenca tutti i verbi che evocano il contributo degli italiani precisando il campo a cui fa riferimento.
5. Secondo l'autore la mentalità italiana è presente nel cuore di ogni uomo. Prova a definirla.
6. Quali sono i piccoli piaceri che di solito si associano alla dolce vita?
7. Come l'autore esprime il suo orgoglio di essere italiano?

Ai giorni nostri, l'Italia ha ancora un'influenza a livello internazionale? In quali campi si distingue maggiormente?

Grammatica
Les comparatifs → p. 58
*Ammira eroi solitari **più** grandi **del** vero.*

Lo sapevi?
L'Italia è una delle principali destinazioni turistiche mondiali. Ecco che cosa pensano i visitatori che si recano nel Belpaese.
I giudizi migliori sono stati dati dai visitatori stranieri, parlando dell'esperienza fatta in Italia, per ciò che riguarda le città e le opere d'arte (voto medio di 8.7 su 10), i paesaggi e l'ambiente naturale (8.5 su 10), i pasti e la cucina italiana (8.5), l'accoglienza e la cordialità degli abitanti (8.3) e l'impressione di sicurezza dei turisti (8.3). Ad un livello intermedio, nella graduatoria dei giudizi dati sull'esperienza fatta in Italia, ma con voti medi ancora elevati, si trovano altri due aspetti: gli alberghi ed altri alloggi (8.1) e la qualità e varietà dei prodotti che possono essere acquistati (8.1). I voti più bassi sono stati attribuiti all'informazione e servizi turistici (7.8) ed al costo della vita per i turisti (6.6).

Progetto intermedio
Crea la colonna sonora della pubblicità per la mozzarella.
In un primo tempo scegli la musica che ti sembra più adatta a questa pubblicità.
In un secondo tempo scrivi il testo della voce fuori campo senza dimenticare lo slogan. Registrati e fa' ascoltare in classe la tua produzione. Potrai spiegare su quali aspetti del vivere all'italiana hai voluto insistere nella scelta della musica e nella creazione dello slogan.

Unità 3 — Lezione terza

Miti e eroi • azi e scambi • Luoghi e forme del potere • Idea di progresso

I nostri ambasciatori

Per cominciare
- Come si può spiegare il celebre detto: «Italiani, popolo di santi, poeti e navigatori»? Puoi citarne alcuni?

Vocabolario
- lo scienziato
- l'astrofisico
- scoprire
- la scoperta
- il melodramma
- comporre
- recitare

1. Osserva e parla

1. Potresti citare i nomi di alcune personalità presenti nelle fotografie?
2. In quali campi si sono distinte?
3. Come spieghi che la loro fama sia internazionale e addirittura universale per alcuni di loro?
4. Cita per ogni categoria altri personaggi italiani noti e spiega le ragioni della loro influenza nel mondo.

2. Osserva, leggi e parla

Il più grande (italiano di tutti i tempi) è stato un programma andato in onda dal 20 gennaio al 10 febbraio 2010 su Rai 2, per quattro settimane [...]. Lo scopo finale era trovare quale personaggio, in base alle preferenze espresse con il televoto, fosse considerato dagli spettatori come il più grande italiano di tutti i tempi.

Classifica finale

1° Leonardo Da Vinci   4° Galileo Galilei   7° Anna Magnani   10° Dante Alighieri   13° Giacomo Puccini
2° Giuseppe Verdi   5° Totò   8° Luigi Pirandello   11° Caravaggio
3° Falcone e Borsellino 6° Laura Pausini   9° Enrico Fermi   12° Cristoforo Colombo

56 - cinquantasei

Ecco come ci vedono

I PIÙ ECCELLENTI…

1 Uno dei più grandi scienziati di tutti i tempi. Fisico tra i più noti al mondo, grazie ai suoi studi teorici e sperimentali nell'ambito della meccanica quantistica. È stato uno dei direttori tecnici del Progetto Manhattan, che ha portato alla realizzazione della bomba atomica, di cui è considerato l'inventore (1942). Nel 1938 ricevette il Premio Nobel per la Fisica, per la sua identificazione di nuovi elementi della radioattività e la scoperta delle reazioni nucleari mediante neutroni lenti.

2 "Prese Lionardo a fare per Francesco del Giocondo il ritratto di monna Lisa sua moglie e quattro anni penatovi, lo lasciò imperfetto, la quale opera oggi è appresso il re Francesco di Francia in Fontanableo; nella qual testa chi voleva vedere quanto l'arte potesse imitar la natura, agevolmente si poteva comprendere; perché quivi erano contraffatte tutte le minuzie che si possono con sottigliezza dipignere."

(Giorgio Vasari, *Le vite dei più eccellenti pittori scultori e architetti*).

3 Marco se n'è andato e non ritorna più
Il treno delle 7:30 senza lui
È un cuore di metallo senza l'anima
Nel freddo del mattino grigio di città

A scuola il banco è vuoto e Marco è dentro me
È dolce il suo respiro fra i pensieri miei
Distanze enormi sembrano dividerci
Ma il cuore batte forte dentro me…

4 Va, pensiero, sull'ali dorate;
Va, ti posa sui clivi, sui colli,
Ove olezzano tepide e molli
L'aure dolci del suolo natal!
Del Giordano le rive saluta,
Di Sïonne le torri atterrate…
Oh mia patria sì bella e perduta!
Oh membranza sì cara e fatal!

5 Canto I
Nel mezzo del cammin di nostra vita
mi ritrovai in una selva oscura
ché la diritta via era smarrita.
Ah quanto a dir qual era è cosa dura
Esta selva selvaggia e aspra e forte
Che nel pensier rinova la paura!

6 Il «principe della risata» è stato un grande interprete della storia cinematografica e teatrale. Ha recitato in più di 50 commedie teatrali ed interpretato 97 film per il cinema tra il 1937 e il 1967. Spesso paragonato a Buster Keaton o Charlie Chaplin, aveva una capacità interpretativa particolarmente versatile sia per ruoli drammatici che brillanti.
E' stato diretto da grandi registi italiani quali Pasolini, Lattuada e Monicelli.

7 "Eppur si muove…"

---

1. Potresti abbinare questi testi o citazioni ai personaggi della classifica cui si riferiscono?
   Spiega, per ogni abbinamento, quali elementi ti hanno aiutato.
2. Uno di voi sceglie un personaggio della classifica. Gli altri cercano di indovinare chi è facendo domande elaborate a partire dalle indicazioni contenute nei testi.
3. Commenta questa classifica: la trovi logica? che cosa ti stupisce? Condividi l'opinione dei telespettatori italiani che hanno partecipato al voto? Giustifica la tua risposta.
4. Chi manca, secondo te, in questa lista? Pensa ai personaggi storici, cantanti, scrittori, campioni sportivi italiani che conosci e proponi un'altra classifica.
5. I personaggi di quale «categoria» meritano più degli altri di far parte dei «grandi» secondo te?

In che senso i personaggi della classifica hanno veicolato un'immagine positiva dell'Italia all'estero?

Grammatica

Les adjectifs numéraux et cardinaux → p. 154
Il primo della classifica è Leonardo da Vinci…

Les superlatifs relatifs et absolus → p. 58
Gli italiani più famosi ~ Il più grande ~ i più noti

Riflettiamo insieme

Come spieghereste il successo degli italiani all'estero? In quali campi si sono distinti (e si distinguono ancora) più particolarmente?

Società e cultura

① Vignetta di Bruno Issaly

1. Osserva tutti gli elementi che ci permettono di evocare il carattere degli italiani. Quali stereotipi sono particolarmente accentuati?
2. Quali altri aspetti della cultura italiana mancano secondo te?

«È vero che ci facciamo sempre riconoscere –dice– ma non solo per il nostro essere caciaroni[1]. All'estero lasciamo il segno anche per l'originalità e l'impegno generoso che mettiamo nel porci agli altri[2].» **Giovanni Veronesi**

«Teniamoci stretti[3] le nostre particolarità, difetti compresi, perchè tra cinquant'anni, per effetto della globalizzazione e degli incroci culturali, non esisteranno più.» **Carlo Verdone**

---

1. rumorosi – 2. nel modo di mettersi in relazione con gli altri – 3. tenere stretto = diffendere, proteggere

② Locandina del film *Italians* di Giovanni Veronesi (2009)

③ Locandina del film *L'Italien* d'Olivier Baroux (2010)

1. Perché un italiano si fa sempre riconoscere all'estero?
2. A partire dalla citazione di Veronesi spiega perché gli stereotipi non producono sempre un effetto negativo.
3. Secondo l'attore Carlo Verdone, perché dobbiamo lottare contro la globalizzazione?
4. Quale immagine dell'italiano mette in valore la locandina del film di Olivier Baroux?

★ L'EUROPA ★
VISTA DAGLI ITALIANI

> « Un popolo di poeti di artisti di eroi di santi di pensatori di scienziati di navigatori di trasmigratori »
>
> **Frontone del palazzo della Civiltà, EUR, Roma**

Una delle prime cartine geografiche è dedicata all'Europa vista dagli italiani. Il quadretto che ne esce non è molto gratificante per il Belpaese. Perché se dei nostri cugini francesi apprezziamo o conosciamo solo la premiere dame (non è un caso che per gli italiani raccontati da Tsvetkov la Francia è «l'Impero di Carla Bruni»), della Spagna riconosciamo l'affinità culturale (il paese iberico è indicato come «una terra dai dialetti italiani») mentre del Portogallo ammiriamo la consanguineità con il Brasile. Gli stereotipi si fanno più forti se volgiamo lo sguardo a est: l'Ungheria per gli italiani è il «paese delle pornostar», la Romania è quello dei «ladri», la Bulgaria è la «terra delle babysitter» mentre gli ex paesi jugoslavi sono «terre inesplorate e sconosciute». La Russia è conosciuta unicamente per il gigante Gazprom da cui compriamo l'energia per riscaldarci in inverno, l'Ucraina come la «terra delle donne con le trecce», mentre la Polonia resterà per sempre lo stato del Papa. L'Inghilterra è il paese dello stadio di Wembley, il Belgio con la sua capitale Bruxelles è «la terra dell'Unione Europea», mentre l'Olanda è conosciuta unicamente come il paese della «cannabis libera». Poi parafrasando una celebre battuta di Orson Welles nel film «Il terzo uomo» la Svizzera per gli italiani resta «il paese degli orologi a cucù», mentre i tedeschi sono «clock addicts» ovvero malati di precisione. La Svezia è la terra della Volvo, la Finlandia quella della Nokia, la Danimarca il territorio dei Vichinghi e infine la Turchia è il «paese della danza del ventre». Ma forse lo stereotipo più tagliente è quello che registra l'apparente divisione del Belpaese: sulla mappa dedicata alla nostra terra il Nord è indicato come la repubblica italiana, mentre parte del centro e tutto il sud è definito Etiopia.

Francesco Tortora, *Il Corriere della sera*, 21 settembre 2010

1. Rileva alcuni cliché alimentati dagli italiani nei confronti degli altri paesi europei.
2. Perché possiamo affermare che questi stereotipi sono rigidi e deformanti?
3. Che cosa traduce l'ultimo stereotipo evocato nel testo?

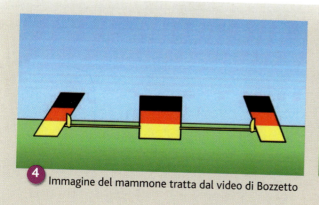

④ Immagine del mammone tratta dal video di Bozzetto

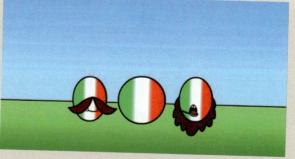

Qual è il gesto che oppone il comportamento della mamma tedesca a quello della mamma italiana nei confronti dei loro figli ormai adulti?

@ Per saperne di più

Per guardare lo spot di:
http://www.youtube.com/watch?v=RSIzWe33kpw
Sito ufficiale di Bozzetto: www.bozzetto.com

Pronto per l'esame BAC

Spazi e scambi: gli stereotipi

Compréhension de l'écrit — Expression écrite — Compréhension orale — Expression orale

Napuli

La storia raccontata dal narratore si svolge in un paesino della pianura piemontese.

Napuli me lo sentivo dire un giorno sì e l'altro pure, da bambino. Per i miei compagni di classe alle elementari ero un *napuli* anche se papà in realtà è siciliano e nostra madre è piemontese e io sono nato qua. Come Alice del resto. Allora in paese ogni bambino era figlio del mestiere del padre. Questo era figlio del macellaio e perciò soprannominato *maslé*. Quello figlio del postino e perciò soprannominato *pustin*. Quell'altro figlio
5 del panettiere e perciò soprannominato *panaté*. Io ero figlio del *napuli* e perciò soprannominato *napuli*. Tipo che con il *napuli* non voleva giocare nessuno. Ecco perché poi ho cominciato a suonare il mio fustino di Dash[1] rovesciato e a leggere fumetti libri e enciclopedie.

Papà è venuto su dalla Sicilia dopo la guerra. Giù a Marsala aveva perduto tutto. Gli americani una notte hanno bombardato la città perché da quelle parti c'era una base aerea della Lutwaffe[2]. Papà è rimasto sepolto
10 con un tot di persone[3] nei sotterranei di una chiesa usati come rifugio. Per fortuna lì sotto c'erano anche due militari dell'Afrikakorps. Con le baionette, lavorando per ore, sono riusciti a scavare un tunnel e a fare uscire tutti quanti. Non fosse stato per loro papà sarebbe morto sepolto vivo. Poi però quando è tornato a casa la casa non c'era più e non c'erano più nemmeno i suoi genitori e sua sorella. Ecco perché quei nonni non li ho mai conosciuti.
15 Nel Quarantasei papà ha preso un treno per il Nord. Per un tot ha praticamente fatto la fame.

Inserirsi in una grande città se arrivavi dal Sud non era facile. La gente parlava in piemontese apposta[4] per non farsi capire. E per la strada c'erano cartelli che dicevano NON SI AFFITTA A MERIDIONALI. Così poi papà se n'è andato da Torino ed è venuto a stare qua.

In Sicilia, a Marsala, siamo stati in vacanza una volta sola. L'anno che la Germania Ovest ha vinto i Mondiali
20 di Calcio. Della Sicilia ricordo bene il colore del mare e della sabbia. E ricordo anche il profumo della pasta con le melanzane. E il rumore del vento tra le palme. Ma soprattutto il gusto della cassata. La mia prima cassata siciliana l'ho assaggiata una mattina di luglio a colazione al bancone dell'Antica Pasticceria De Gaetano, in via Rapisardi a Marsala. Marsala è calda, gialla e
25 caotica, almeno in centro prima di pranzo quando i marsalesi si riversano per strada a piedi, in auto e in motorino, e l'Antica Pasticceria De Gaetano minuscola. Quella mattina i marsalesi chiacchieravano di *chistu* e *chiddu*[5] dalle parti di piazza della Loggia,
30 alcuni con il bottone nero del lutto[6] cucito all'altezza del petto sulla camicia bianca, altri con le unghie dei mignoli[7] tenute così lunghe da far raggiungere a ciascun mignolo l'altezza del vicino anulare. E stavo per chiedere a papà il perché di tutti questi bottoni e di
35 tutte quelle unghie smisurate quando lui mi ha detto *Vieni, smettila di guardare quei bottoni e quelle unghie che ti porto ad assaggiare qualcosa di speciale.*

Giuseppe CULICCHIA, *Il paese delle meraviglie*,
Garzanti Elefanti 2006

1. *le baril, le paquet de lessive* – 2. aviazione militare tedesca –
3. alcune persone – 4. *exprès* – 5. (dialetto) questo e quello –
6. *le deuil* – 7. *les petits doigts* –

LV2

1. Quali sono le origini del protagonista e della sua famiglia?
2. Come viene soprannominato dagli altri bambini del paese e perché?
3. Che tipo di rapporto aveva il narratore quand'era bambino? Di conseguenza come occupava le sue giornate?
4. Indica l'itinerario percorso dal padre del protagonista.
5. Perché la sua integrazione non è stata facile? Giustifica con elementi del testo.
6. Quali dei quattro sensi sono sollecitati dai ricordi d'infanzia?
7. Rileva i dettagli osservati nel paese paterno che incuriosivano il narratore quando era bambino e spiegane il perché.

LV1

8. Come si manifestano i pregiudizi e gli stereotipi sottolineati in questo testo?

Expression écrite

1. Expression semi-guidée
Il padre del protagonista scrive una lettera al cugino rimasto nel paese natale e gli racconta il suo arrivo. *(entre 10 et 18 lignes suivant les séries)*

2. Expression libre
Talvolta gli stereotipi possono generare un comportamento irrazionale e delle reazioni incomprensibili. Spiega perché secondo te.

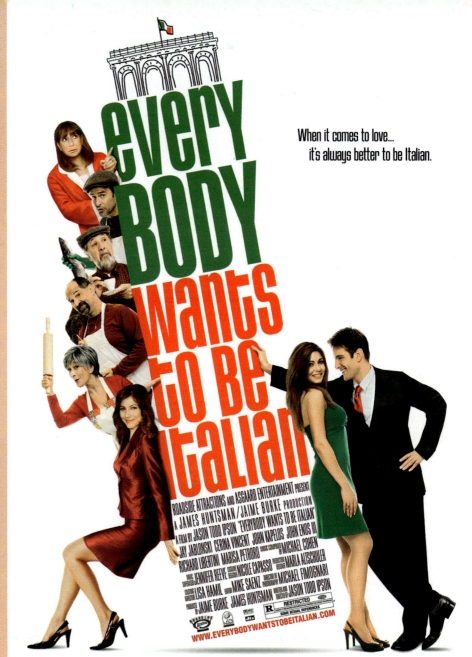

When it comes to love...
it's always better to be Italian.

Compréhension orale

« Stereotipi Italia in Francia »

1. Écoute une première fois le document et prends des notes (relevé d'informations principales).

2. Écoute une deuxième fois et prends des notes (relevé d'informations complémentaires).

3. Écoute une troisième fois et prends des notes (en t'assurant que tu as bien compris l'ensemble du ou des document(s)).

Tu disposes de 10 minutes pour rendre compte en français et par écrit de ce que tu as compris.

Expression orale

Spazi e scambi
En t'appuyant sur ces documents et ceux de l'unité, dis ce que tu sais des stéréotypes sur l'Italie et les Italiens : définis une problématique et présente le fruit de ta réflexion à l'examinateur.

1. Prépare-toi pendant 10 mn.

2. Tu disposes de 5 ou 10 mn (selon ta série) pour faire part de ta réflexion.

3. I tratti caratteristici di un popolo conducono inevitabilmente alla costruzione di stereotipi? Hanno sempre un valore negativo?
L'entretien avec l'examinateur peut porter, entre autres, sur cette question (5 ou 10 mn selon ta série).

Unità 3 — Progetto finale

Preparazione

1. **Dividetevi in gruppi di tre o quattro alunni.** Il vostro insegnante vi consegnerà una busta all'interno della quale troverete uno degli stereotipi su cui avete lavorato maggiormente in questa unità.

2. **Preparate a gruppi una piccola scenetta** per illustrare questi preconcetti. Ogni membro deve dire almeno quattro battute.

Ricordatevi di:
– contestualizzare la scenetta (luogo, situazione,...);
– definire i ruoli in base alla situazione scelta;
– riflettere sui tratti caratteristici degli stereotipi scelti;
– accentuare i tratti (tanto dal punto di vista facciale e espressivo, che linguistico);

3. Alla fine, dopo aver assistito alle messe in scena dei compagni, **organizzate un dibattito sui vari stereotipi** e criticateli. Cercate di spiegare qual è l'origine di questi stereotipi e denunciate le interpretazioni rigide e eccessive che se ne fanno nella società.

Per aiutarti

- Puoi ispirarti ai film seguenti:
– *I Mostri*, Dino Risi
– *Il Padrino*, Francis Coppola
– *Il pranzo di ferragosto*, Gianni Di Gregorio
– *Benvenuti al Sud*, Luca Miniero

Un americano a Roma (1954), film di Stefano Vanzina con Alberto Sordi

Per autovalutarsi

 Scegli un tema dell'unità (gli stereotipi, i mammoni, l'immagine dell'Italia all'estero…) sul quale hai un punto di vista chiaro, scegli due o tre compagni e organizza con loro una discussione. Dopo verifica i punti seguenti:

Je suis capable de…	Niveau de référence du Cadre européen
… exprimer de façon brève mon point de vue sur un sujet étudié à l'aide de phrases simples, en utilisant de temps en temps des connecteurs logiques.	
– De quel thème avais-je l'intention de parler ? – Quelle problématique était liée à ce thème ? – Quelle était mon opinion sur ce sujet ?	A2
… développer, sans préparation, deux ou trois arguments et réagir devant le discours de mon (mes) interlocuteur(s) en exprimant mon accord ou mon désaccord.	
– Quels arguments ai-je pu développer pour défendre cette opinion ? – Quelle était l'opinion de mon (mes) interlocuteur(s) ? – Quels arguments ai-je réussi à comprendre ?	B1 (1er niveau)
… exprimer ma pensée sur un sujet même abstrait et commenter le point de vue de mes camarades en reprenant parfois à mon profit leurs arguments.	
– Quelle idée était dominante dans mon argumentation ? – Sur quels arguments de mon (mes) interlocuteur(s) me suis-je appuyé(e) pour rebondir dans la discussion ?	B1 (2e niveau)
… exprimer et exposer mes opinions dans une discussion et les défendre avec pertinence en fournissant explications, arguments et commentaires.	
– Quelles ont été les différentes stratégies de mon discours ? – Quelles explications m'ont semblé convaincantes ? – Quels arguments de mon (mes) interlocuteur(s) m'ont semblé particulièrement pertinents ?	B2

L'angolo della lettura

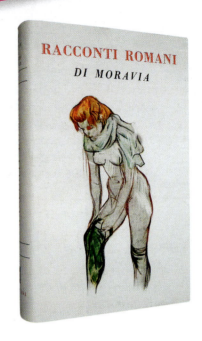

40 po' di tutto: compassione per lei, soggezione, desiderio di sistemarmi, novità di una donna che mi dimostrava lo stesso affetto che sinora avevo pensato che soltanto mia madre potesse avere per me.

Beninteso, ne parlai a mia madre, non avevo segreti per lei. Le dissi che Gesuina sapeva tutto e mi condannava; che mi voleva bene, però; che mi aveva
45 proposto di entrare al negozio con lei, in sostituzione dei genitori ormai troppo vecchi; che anch'io, forse forse, volevo bene a Gesuina. A misura che parlavo, vedevo sul viso di mia madre un'espressione che mi faceva pena; come se, tutto ad un tratto, qualcuno le avesse detto che lei non era vestita ma nuda e lei si fosse accorta che era vero e non avesse avuto sottomano niente con cui coprirsi.
50 Il vestito finora era stato l'amore che io provavo per lei e lei provava per me; e adesso Gesuina con la sua morale gliel'aveva strappato e lei sentiva che Gesuina ci aveva ragione e per la prima volta si giudicava e, soprattutto, temeva che io la giudicassi. Disse, però, alla fine, gli occhi bassi: «figlio d'oro, tu lo sai, per me fai bene tutto quello che fai… se sei contento tu, sono contenta anch'io.» Adesso,
55 non so perché, avrei voluto che anche lei mi dicesse, come Gesuina: «Quello che fai è male, devi cambiare vita, devi sistemarti;» ma capii che sarebbe stato chiederle troppo; sarebbe stato come farle ammettere che lei non era stata una buona madre perché mi aveva favorito invece di condannarmi. Finí dunque in silenzio, come tutte le nostre serate.

60 Cosí mi fidanzai, e non pensai più alle automobili, e, non so come, mi ritrovai insieme con Gesuina, dietro il banco della merceria. Volevo bene a Gesuina e cercavo di convincermi tutto il tempo che era meglio assai vendere fettucce e gomitoli di refe[7] che mettere le gomme a terra alle macchine abbandonate. Ma non ero convinto; e spesso m'incantavo, dietro il banco del
65 negozietto buio, a guardare la strada, di fuori, rimpiangendo i giorni di una volta, la vita stradarola, lo scappa e fuggi dopo il colpo, l'arrivo a casa con la refurtiva[8] e il silenzio di mia madre, senza morale e senza consigli, tutto affetto e comprensione. Insomma, mi annoiavo.

Il negozio chiudeva all'una e riapriva alle quattro. Uno di quei giorni,
70 verso le due, presi, soprapensiero, per il lungotevere Flaminio, con l'intenzione di fare quattro passi e riflettere ai casi miei. Era l'ottobre romano, tutto sole e azzurro; nessuno per le strade, tutti a pranzo; e le automobili ferme davanti ai portoni. Ecco, davanti uno di quei palazzi, una macchina qualsiasi, di serie, che, però, fermò la mia attenzione: ci aveva la gomma a terra, come quella con
75 la quale avevo incominciato. Mi avvicinai, cosí, senza intenzione; e appunto in quel momento uscí dal palazzo il proprietario: un tizio calvo e rosso in faccia, la sigaretta in bocca, congestionato e sazio, proprio il signore che, dopo pranzo, va a prendere una boccata d'aria prima di recarsi all'ufficio. D'improvviso, come quell'altra volta, per simpatia, ebbi l'impulso di avvertirlo: «Ehi, lei, ci
80 ha la gomma a terra.»

Ma nello stesso momento guardai dentro la macchina, vidi una bella borsa di cuoio grasso sul sedile e mi sorpresi a pensare: «Ora la prendo e la porto a mia madre e da Gesuina non ci torno un accidente e non c'è che mia madre che può capirmi e ricomincio la vita con mia madre.» Ero cosí assorto
85 in questa riflessione che non mi ero accorto che quel tizio, intanto, mi si era avvicinato, minaccioso: «Fuori lo spuntone.» Rimasi di stucco: «Ma quale spuntone?» «Lo spuntone, il ferro col quale mi hai messo la gomma a terra.»

- Che cosa capiamo subito sulla natura delle relazioni madre-figlio? Che cosa esprimono le reazioni della mamma di fronte alle rivelazioni del figlio?

- Che tipo di vita piace al narratore? Quali parole esprimono più particolarmente il rimpianto e la nostalgia?

- Quali particolari ci mostrano che il narratore ha conservato alcuni riflessi della sua vita precedente?

«Ma lei è scemo...» «No, cocco bello, lo scemo sei tu. Ti piaceva, eh, la mia borsa. Su, poche storie, fuori il ferro.» Gli dissi: «Guardi come parla;» e allora lui mi acchiappò per il bavero e disse tra i denti, senza togliersi la sigaretta dalla bocca: «Ringrazia il cielo che non sono cattivo. E adesso cambiami la ruota se non vuoi che chiami una guardia.» Insomma, abbozzai; e per una volta, dopo tante gomme a terra, mi toccò rimettere la gomma buona in sostituzione di quella che non avevo bucato. Mi sporcai le mani e il vestito; lui intanto mi sorvegliava. Finito che ebbi, risalí dicendo: «Bravo, la prossima volta, però, la ruota vai a cambiarla a Regina Cœli⁹.»

Tornai al negozio che era già tardi e Gesuina che stava arrancando dietro il banco per tirar giù certi nastri a una cliente, mi lanciò una sola occhiata ma cosí intensa e cosí inquieta che io capii che lei, forse, aveva capito. Quella stessa sera, quando tornai a casa, dissi a mia madre che ormai era deciso: mi sarei sposato dentro il mese. Lei mi abbracciò, veramente contenta, poveretta, le lacrime agli occhi. E io, dentro di me, mi dissi ancora una volta che la madre è tutto e non c'è al mondo che la madre.

Alberto Moravia, *Il mammarolo in Nuovi racconti romani*, 1959

• Come possiamo spiegare la reazione del proprietario della macchina? Perché egli non ha nessun dubbio sulla colpevolezza di Gigi?

1. impicciarmi: *(ici) m'embêter* – **2.** slentato– **3.** punto sul vivo: *piqué au vif* – **4.** furieux – **5.** arrancare: *boîter, avancer péniblement* – **6.** appiccicoso – **7.** il gomitolo di refe: *la pelote de fil* – **8.** quello che è stato rubato – **9.** Regina Cœli: principale carcere di Roma

1. Che cosa rappresenta Gesuina per il narratore? Lui la ama profondamente? Giustifica la tua risposta.
2. Che cosa ci permette di affermare che la madre di Gigi ha commesso certi errori nell'educazione del figlio? Come avrebbe dovuto reagire davanti a certi atti disonesti?
3. Spiega il titolo del racconto: Il mammarolo.
4. Un detto popolare afferma: «Di mamma ce n'è una sola». Alcuni aggiungono: «per fortuna!». Dopo aver letto questo testo, come si può interpretare questa battuta?

Per saperne di più

– Il film *Racconti romani* (1955) ispirato all'omonima opera di Moravia. Diretto da Gianni Franciolini e interpretato, fra l'altro, da Totò.
– *I vitelloni* di Federico Fellini, 1963

Activité langagière dominante :
Expression orale en continu

Progetti

Lezione prima: Vendere ad ogni costo........ 72-73
- ▶ **Progetto intermedio:** Creare uno spot radiofonico.

Lezione seconda: Una pubblicità per riflettere................................. 74-75
- ▶ **Progetto intermedio:** Convincere *Pubblicità Progresso* di creare una campagna.

Lezione terza: Credere, obbedire............... 76-77
- ▶ **Riflettiamo insieme:** Le strategie della propaganda.

- ▶ **Progetto finale**.. 84
  Inventare una pubblicità di utilità sociale.

Utilizzare

Grammatica.. 78
Pronoms personnels, verbe andare, *suffixes, impératif, forme impersonnelle, imparfait, préposition* da

Lessico.. 79

Pronto per l'esame .... BAC 82-83
Forme del potere: pubblicità e propaganda

Scoprire

Società e cultura 80-81

Lo sguardo dell'artista 86
Manifestazione interventista, Carlo Carrà

L'angolo della lettura 87-89
La parola ebreo, Rosetta Loy

Per autovalutarsi 85
Descrivere e commentare un'immagine di propaganda ed esprimere la propria opinione.

Unità 4 — Miti e eroi • Spazi e scam... **Luoghi e forme del potere** ...a di progresso

Vendere ad ogni costo

Lezione prima

Per cominciare
- In base all'affermazione di Marinetti rileva le caratteristiche che deve avere la pubblicità.
- Fa' un legame tra le frasi di Marinetti e la pubblicità del cellulare Brondi.

> La massima originalità,
> la massima sintesi,
> il massimo dinamismo,
> la massima simultaneità
> e la massima portata mondiale.
> Ecco che cos'è la pubblicità.
>
> Filippo Tommaso Marinetti (1876-1944) poeta, scrittore e drammaturgo italiano

Vocabolario
- reclamizzare, promuovere, lanciare un prodotto
- l'utente/il target/la fascia d'età
- scattare le foto
- visione di filmati
- collegarsi a internet
- scambiarsi delle mail
- permettere/consentire

1. Osserva e parla

1. Descrivi l'oggetto reclamizzato e le sue caratteristiche.
2. In che cosa la pubblicità suscita l'idea di un oggetto funzionale e moderno?
3. Qual è lo slogan? Fa' un legame con l'immagine e giustifica.
4. Che cosa possiamo osservare a proposito del linguaggio usato?
5. Tutte queste funzioni si rivelano utili per ogni tipo di utente?
6. Su che cosa punta la pubblicità per sedurre?

2. Osserva, ascolta e parla

Prima visione
1. Cita la marca del prodotto reclamizzato. Sotto che forma si presenta questa pubblicità?
2. Spiega: • chi è il narratore • chi sono i protagonisti • in quale epoca si situa la narrazione.
3. In che modo si mette in evidenza il tempo che scorre?
4. Quali sono le varie epoche evocate e che cosa mettono in luce?

Seconda visione
5. Rileva le parole su cui insiste il messaggio del narratore.
6. Verso che cosa deve tendere l'impresa per realizzare questo progetto?
7. In che modo si mettono in risalto l'evoluzione dell'impresa e il suo successo?
8. Attraverso quali valori tradizionali la pubblicità veicola un modello positivo? In che cosa la musica scelta contribuisce a creare un'atmosfera particolare?
9. Questa perfezione ti sembra reale, autentica o eccessiva, per questo tipo di pubblicità?

① Pubblicità Brondi

Aiuto
- **il grano**: *le blé*
- **provare (la pasta)** = assaggiare
- **tenere in mente** = ricordarsi

Le armi per convincere

3. Leggi e scrivi

Una vita da rimodernare

Avevo appena parcheggiato la macchina, quando un tizio[1] con occhiali neri e capelli rasati mi viene incontro e si presenta: dottor Niù, consulente[2] di aggiornamento tecnologico per famiglie.

È un tipico esemplare Mediaset[3], un uomo per cui il tempo si è magicamente fermato. Ha sessant'anni ma ha il fisico di un quarantenne, l'han condannato a vent'anni di galera, ma non ne ha fatto neanche uno. Mi spiega che la sua è una *new profession* nata insieme alla *new economy* per una *new way of life*. Devo solo avere un *old* conto corrente con un pò di *old fashion money* per pagargli l'*old onorary*.

Travolto dal suo garbo e dal suo eloquio[4], firmo un contratto di consulenza. Diamoci subito da fare, dice il dottor Niù, la sua vita va ottimizzata e rimodernata. Cominciamo dalla sua auto, è un vecchio modello superato e ridicolo. Ma ha solo tre anni, dico io. Tre anni sono tre secoli nella *new economy*, spiega. La sua auto non ha il navigatore satellitare, i vetri bruniti, l'altimetro, le sospensioni antialce[5]. Però funziona bene, dico io. Si vede che non guarda la pubblicità, ride il dottor Niù. Cosa vuol dire "funziona"? L'auto non è fatta per funzionare, ma per mostrarla, per esibirla, per parlarne con gli amici, il funzionamento è un puro optional. Insomma in meno di tre ore ho il nuovo modello di auto, una specie di ovolone azzurro a dodici posti. Peccato che in famiglia siamo in tre.

Il giorno dopo il dottor Niù piomba a casa mia per organizzare un *new restyling*. Per prima cosa dice che la mia porta in legno è roba medioevale. La sostituisce con un lastrone[6] blindato d'acciaio che sembra la lapide di Godzila. [...]

Poi scuote la testa rimproverandomi perché ho ancora la vecchia televisione col vecchio videoregistratore e la vecchia playstation. Obietto che ho comprato tutto l'anno scorso. Mi rispiega che per la *new economy* un anno è un secolo, e subito mi fa comprare la playstation due, dove si può giocare a Pokémon, vedere i film in Dvd e ascoltare la musica, insomma la macchina perfetta per fare litigare mio figlio videogiocomane, mia moglie cinefila e io che amo i Beatles.

Cerco di telefonare a un fabbro[7] perché intanto la *new* porta blindata si è bloccata col *new alarm system*, ma rapidissimo il dottor Niù mi strappa il telefonino di mano. Ma non si vergogna, mi dice? Questo cellulare è un modello vecchissimo, pesa come un mattone[8], non ha il collegamento infrarossi, non ha il Wap, non ha il comando vocale, non ha i games e il *grafic system* per spedire i cazzi agli amici Ma l'ho comprato solo due mesi fa, mi lamento, e ci telefono benissimo. In due mesi i telefonini hanno enormemente mutato le loro funzioni, dice Niù. Dopo che si sarà collegato alla rete, avrà mandato un fax, avrà riempito la rubrica con novecento nomi, avrà comprato i biglietti della partita e avrà giocato al serpentone mangiacoda, pensa di avere ancora il tempo di telefonare? Forse ha ragione, dico io. [...] Il giorno dopo torno a casa e non trovo più mia moglie. Il dottor Niù mi spiega che era un vecchio modello, e che bisognava rimodernarla. Me la riporta dopo una settimana liftata, siliconata e liposuzionata.

Stefano Benni, *Il dottor Niù*, Feltrinelli 2001

1. una persona – 2. *un expert* – 3. gruppo privato di canali televisivi – 4. il modo di parlare – 5. *les amortisseurs anti-élan* – 6. *une grosse plaque* – 7. *un forgeron* – 8. *une brique*

1. Fà un ritratto fisico e morale del *dottor Niù*.
2. Rifletti sul mestiere che esercita e spiega:
   • in che cosa consiste • qual è il suo scopo • come lo raggiunge.
3. Spiega quali sono i criteri con cui ogni protagonista valuta le qualità dei vari modelli rimodernizzati.
4. In che modo il dottor Niù convince il narratore che il suo intervento è necessario?
5. Cita gli oggetti che verranno mano a mano sostituiti.
6. Perché possiamo affermare che il narratore diventa una vittima?
7. Osserva le tecniche narrative e le scelte lessicali e spiega:
   • l'assenza totale del discorso diretto • l'uso della lingua inglese.
8. In che cosa la comicità del finale conferisce un aspetto drammatico?

Quanto è importante l'apparenza veicolata dai modelli pubblicitari?

Grammatica

Les pronoms personnels → p. 150

per mostrar**la** ~ per esibir**la** ~ per parlar**ne**
la sostituisce ~ riproverando**mi**....

Le verbe *andare* comme auxiliaire → p. 150

Va ottimizzata e rimodernata.

Les suffixes (augmentatifs) → p. 150

un lastr**one** ~ ovol**one** ~ vecch**issimo**...

Progetto intermedio

Crea uno spot radiofonico di una durata di 30 secondi per un prodotto a tua scelta e registralo. Pianifica una strategia di marketing indicando il target adeguato e gli slogan d'effetto.

settantatré - 73

Unità 4 — Lezione seconda

Miti e eroi • Spazi e scambi • Luoghi e forme del potere • **Idea di progresso**

Una pubblicità per riflettere

Per cominciare
- Oltre allo scopo commerciale, quali possono essere gli altri obiettivi della pubblicità?
- Secondo te, quali sono le cause nobili che la pubblicità può servire?
- Conciliare etica e pubblicità ti sembra possibile?

Vocabolario
- la sedia a rotelle
- il cimitero
- le tombe
- il mazzo di fiori
- l'occhio pesto
- picchiare

① Pubblicità sociale

② Pubblicità Regresso

1. Osserva e parla

1. Ciascuna di queste due pubblicità denuncia un problema. Quale?
2. Quali elementi mostrano che le due persone ritratte sono delle vittime?
3. Rileva gli elementi del documento n°2 che esprimono la provocazione e la parodia.
4. Di' quale pubblicità ti sembra più efficace e spiega perché.

2. Ascolta e parla

Ascolta lo spot del ministero della sanità «Aiutare i bambini».
1. Quali personaggi si esprimono?
2. Cita l'associazione per la quale loro agiscono.
3. Chi si propone di aiutare quest'associazione?
4. In che modo si può sostenere questo tipo di azione?
5. Praticamente che cosa finanzieranno le somme raccolte?

 Utilizzare un mito per incitare i cittadini alla generosità ti sembra adatto per una pubblicità di utilità sociale?

Lo sapevi?
La **Pubblicità sociale** (o **campagna di utilità sociale**) è una forma di pubblicità che ha lo scopo di sensibilizzare il pubblico su problematiche di carattere morale e civile. Questa forma di pubblicità appare con successo in Italia nel 1971 grazie alla fondazione di **Pubblicità Progresso**. In seguito, altri enti si sono ispirati alla fondazione, seguendone l'esempio. Anche **Pubblicità Regresso** cerca di sensibilizzare il pubblico su temi importanti come la povertà, il disagio sociale e le diversità, usando però come forma espressiva, la parodia o la caricatura.

3. Leggi e parla

Aids, rifiuti, razzismo e pirateria
40 anni d'Italia nelle campagne sociali

PORDENONE – Ci sono spot e fotografie che sono rimasti nell'immaginario di milioni di italiani: ideati[1] dai migliori professionisti in circolazione, creativi e art director, per decenni hanno fatto riflettere il Paese sui principali temi di attualità. Razzismo e intolleranza, rispetto verso anziani, disabili e bambini, tutela del verde e del patrimonio pubblico sono solo alcuni degli argomenti affrontati dalle immagini della Pubblicità Progresso.

TRENT'ANNI DI ITALIA IN MOSTRA – A volte divertente, a volte buia[2], impressionante o tenera, dal 1971 Pubblicità Progresso dipinge l'Italia con tutte le sue sfaccettature[3], le sue paure, le aspirazioni, gli ideali. E sorprende il fatto di ritrovare, negli archivi del 1970, temi come la raccolta dei rifiuti e il risparmio idrico: passano trent'anni, ma di certi problemi non si riesce proprio a liberarsi. [...]

«MASSIMA PROFESSIONALITÀ» – «In quasi quarant'anni di lavoro la soddisfazione più grande è accorgersi che ci sono vecchie campagne che la gente ricorda ancora oggi» commenta il presidente della Fondazione Pubblicità Progresso, Alberto Contri. «Ciò significa – aggiunge – che il lavoro fatto in questi anni riflette i massimi livelli di creatività, grazie all'impegno dei più famosi talenti creativi e testimonial». Un compito non facile, quello di comunicare il sociale, per molti versi più complicato del profit: «Per questo non basta la buona volontà, ma occorre il massimo della professionalità».

I TEMI – Le emergenze, le fratture sociali, le difficoltà dell'Italia in trentacinque anni della sua storia sono tutte qui: negli anni Settanta, agli esordi[4] della Pubblicità Progresso, c'era urgente bisogno di donatori di sangue, si tentava una sensibilizzazione sulla tutela dei beni artistici e si promuoveva la libertà di pensiero altrui. Negli anni Ottanta invece si combatteva contro il maltrattamento dei minori, contro gli infortuni[5] domestici e a favore di un'informazione libera, senza dimenticare il problema dell'inserimento lavorativo dei giovani e la protezione dall'Aids. Gli anni Novanta erano a favore dell'ascolto, del volontariato e dell'educazione civica, mentre al Duemila appartengono le campagne più fresche nella memoria, come quella sulla pirateria informatica e il valore dell'ascolto.

Giorgia Gay, 17 marzo 2008. www.corriere.it

1. progettati – 2. sombre, (ici) inquiétante
3. i suoi molteplici aspetti – 4. all'inizio – 5. gli incidenti

---

1. In che cosa consiste la mostra evocata nel testo?
2. Cita gli argomenti che affronta, da quarant'anni, la Pubblicità Progresso.
3. In che modo la Pubblicità Progresso dipinge la realtà italiana?
4. Secondo Alberto Contri a cos'è dovuto il successo delle campagne Pubblicità Progresso?
5. Associa ad ogni decennio i temi che la pubblicità Progresso ha voluto mettere in avanti.
6. Secondo la giornalista Giorgia Gay, qual è stata l'utilità delle diverse campagne della Pubblicità Progresso per l'Italia?
7. Mostra che, secondo Alberto Contri, certe problematiche sociali non hanno trovato, con il tempo, alcuna soluzione.

Pensi anche tu, come Alberto Contri, che comunicare il sociale sia più complicato del *profit*?

Grammatica

L'impératif → p. 78

Non bere ~ *Passa* a Neropesto 2 in 1 ~
Dona a i tuoi occchi il glamour del nero ~
Regalati une sguardo da sogno

La forme impersonnelle → p. 78

Si tentava una sensibilizzazione ~
Si promuoveva la libertà di pensiero

Per saperne di più
www.pubbliprogresso.it

Progetto intermedio

Scegli un argomento di cui vorresti informare i tuoi compagni (diversità, disuguaglianze sociali, disabilità, protezione dell'ambiente...).
Immagina di poter incontrare il presidente di *Pubblicità Progresso* e tenta di convincerlo a creare una campagna intorno a tale argomento.

Credere, obbedire...

Per cominciare
- Qual è lo scopo della propaganda politica?
- Quali sono le diverse forme di propaganda?

Vocabolario
- il culto della personalità
- il fascino
- incutere paura
- il carisma/carismatico
- la povertà, la miseria
- la pietà/impietosire
- la tenerezza

1 Celebre motto fascista (manifesto del 20 giugno 1940)

2 Propaganda fascista: manifesto del 193

1. Guarda e parla

Guarda il documento 1.
1. Che cosa esprime il viso di Mussolini?
2. Qual è la logica di questo montaggo con Mussolini in primo piano (e i soldati sullo sfondo)?

Guarda il documento 2.
3. Quali sentimenti ispira questo bambino?
4. Quale aspetto della propaganda fascista mette in rilievo il manifesto?

Che cosa puoi dire a proposito di questi slogan? Quali sono gli effetti ricercati?

2. Osserva, ascolta e parla

Ascolta il discorso di Mussolini *Vincere e vinceremo*.
1. Che cosa mostrano i diversi piani del filmato? Che cosa suggeriscono?
2. Come si comporta la folla? Quali parole provocano una reazione forte da parte della gente?
3. Che cosa esprime l'atteggiamento di Mussolini? Quali sono le caratteristiche del suo discorso?
4. Quale effetto producono le diverse pause?
5. Su quali idee insiste il discorso?
6. Quali parole o espressioni esprimono l'enfasi e l'esagerazione?
7. Formula delle ipotesi sul contesto storico in cui è stato pronunciato questo discorso.

Lo sapevi?
Le leggi «fascistissime»: si tratta delle leggi adottate tra il 1925 e il 1926 che stabiliscono le basi del regime totalitario fascista. Con queste leggi:
– i poteri del capo del governo vengono rafforzati (Mussolini, il «Duce», non deve più rendere conto al Parlamento),
– lo sciopero viene proibito,
– le associazioni non fasciste e i partiti di opposizione sono sciolti,
– viene instaurata la censura (tutti i giornali di opposizione sono proibiti),
– è condannato alla pena di morte chiunque attenti alla vita del re o del capo del governo.

3. Leggi e scrivi

Belli!

Gli italiani erano tutti belli. Bello Mussolini che da un numero di *Tempo,* rivista illustrata, appariva in copertina a cavallo con la spada tesa (era una foto, vera, non un'invenzione allegorica – andava dunque in giro con la spada?) a celebrare l'entrata in guerra; bella la camicia
5 nera che proclamava vuoi *Odiate il nemico,* vuoi *Vinceremo!*, belle le spade romane protese verso il profilo della Gran Bretagna, bella la mano rurale che piegava il pollice verso una Londra in fiamme, bello l'orgoglioso legionario che si stagliava[1] sulle rovine dell'Amba Alagi[2] distrutta rassicurando: *Ritorneremo!* […]
10 Ma soprattutto erano belle su tante riviste e manifesti pubblicitari le ragazze di pura razza italiana, dal seno grosso e dalle curve morbide[3], splendide macchine per far figli opposte alle ossute e anoressiche miss inglesi, e alla donna-crisi di plutocratica memoria. Belle erano le signorine che apparivano impegnate nella gara *Cinquemila lire per un*
15 *sorriso,* belle le signore procaci, col sedere ben sagomato dalla gonna galeotta, che attraversavano con passo falcato un manifesto pubblicitario mentre la radio mi assicurava che saran belli gli occhi neri, saran belli gli occhi blu, ma le gambe, ma le gambe, a me piacciono di più. Bellissime erano le ragazze delle canzoni, vuoi bellezze italiche e
20 molto rurali, «le prosperose campagnole», vuoi belle urbane come la «bella piccinina» milanese che col visino mezzo incipriato[4] girava per il corso più affollato, o le bellezze in bicicletta, simbolo di una femminilità ardita e scapigliata dalle gambe snelle tornite e belle.
Brutti ovviamente i nemici e su alcune copie del *Balilla,* il settimanale
25 per i ragazzi della Gioventù Italiana del Littorio, apparivano le tavole di De Seta con le storie che irridevano al namico, sempre animalescamente caricaturale: *Per paura della guerra – Re Giorgetto d'Inghilterra – chiede aiuto e protezione – al ministro Ciurcillone,* e poi intervenivano gli altri due cattivi, Rusveltaccio e il terribile Stalino, l'orco rosso
30 del Cremlino.

Umberto Eco, *La misteriosa fiamma della regina Loana,* Bompiani 2004

1. stagliarsi: *se découper* – **2.** nome di un'alta montagna dell'Etiopia dove l'Italia ha subito una sconfitta durante la guerra d'Abissinia (1895) – **3.** *les courbes mœlleuses* – **4.** *poudré*

③ Copertina di *Tempo,* 13 giugno 1940

④ Pubblicità per la Fiat 508 Balilla, 1934

1. Perché si può dire che la propaganda fascista sia essenzialmente manicheista?
2. Che ritratto di Mussolini viene proposto dalle riviste dell'epoca?
3. Quale immagine della società italiana il regime voleva dare, in particolare attraverso la rappresentazione della donna?
4. Quali sentimenti dovevano suscitare queste rappresentazioni?
5. Chi erano identificati come i principali nemici? Rileva le diverse descrizioni caricaturali.
6. Come e dove si esprime l'ironia del narratore in questo testo?

Questo testo contiene i valori fondamentali dell'ideologia fascista. Ritrovali tutti e fanne una breve sintesi.

Grammatica

L'imparfait → p. 150

er**ano** ~ appar**iva** ~ and**ava** attraversa**vano** ~ interveni**vano**...

La préposition *da* → p. 150

dal seno grosso e **dalle** curve morbide ~ **dalla** donna galeotta

💭 Riflettiamo insieme

Quali strategie ritroviamo (ancora oggi) in tutte le forme di propaganda? Perché, spesso, queste strategie si rivelano efficaci?

Grammatica

→ Précis grammatical p. 150
→ Exercices p. 174

L'impératif

Dans cette unité, tu as rencontré des formes à l'impératif : *Non bere ~ Passa a Neropesto ~ Regalati uno sguardo da sogno (Lezione 2)* ; *Non togliete il pane ai figli ~ Acquistate prodotti italiani (Lezione 3)*.

→ Dans le langage publicitaire et dans les discours de propagande, l'impératif est très souvent utilisé pour convaincre le public d'adopter tel comportement ou telle idée. Pour mener à bien la réalisation du **Progetto finale**, tu devras le maîtriser.

1 Transforme à l'impératif sur le modèle suivant.

Dovete comprare questo telefono. → *Comprate questo telefono!*

1. Devi adottare le nuove tecnologie.
2. Dovete rimodernare la vostra vita.
3. Non dovete lasciarvi influenzare dalla propaganda.
4. Devi sentirti libero. Non devi seguire i modelli pubblicitari.
5. Devi comprare la macchina con il navigatore satellitare.
6. Devi farlo subito.
7. Dobbiamo vivere con il nostro tempo.
8. Non dobbiamo restare indietro.
9. Dovete avere la scelta.
10. Devi dirmi dove l'hai comprata.
11. Signore, deve fidarsi di noi.
12. Signora, non deve accettare le violenze.
13. Signore, deve raggiungerci.
14. Signorina, deve essere la più bella.

2 Traduis.

1. *N'ayez pas peur de vieillir ! Restez jeunes pour toujours en achetant nos produits !*
2. *Changez de téléphone portable, Monsieur ! Choisissez notre dernier modèle !*
3. *Ne sois pas le dernier ! Sois toujours le premier !*
4. *Combattons tous ensemble ! Ayons confiance !*
5. *Soyez fiers de la patrie ! Protégez-la de l'ennemi !*
6. *Ne laissons pas mourir nos idées, soyons prêts à mourir pour les sauver !*
7. *Faites une pause, Madame ! Venez vous détendre dans notre institut !*

Pour aller plus loin

3 À partir des éléments donnés (tu peux en ajouter d'autres), crée des slogans sérieux ou amusants en utilisant l'impératif.

1. profumo Seducochivoglio ~ solitudine ~ aver paura...
2. Fiat Formula Uno ~ famiglia ~ viaggiare...
3. videotelefonino ~ lezioni ~ seguire...
4. arrivare a destinazione ~ bere ~ guidare...
5. collegato ~ amici ~ Smartphone Sempreconte...

La traduction de « on »

Au cours de la leçon 2, tu as rencontré la traduction de « on » en italien (ou forme impersonnelle) : *Si tentava una sensibilizzazione ~ Si promuoveva la libertà di pensiero*.

→ Comme l'impératif, la forme impersonnelle est parfois utilisée dans la publicité pour traduire une idée collective et donner l'impression que chacun de nous est concerné.

1 Transforme à la forme impersonnelle.

Facciamo pubblicità. → *Si fa pubblicità.*

1. Possiamo aiutare i bambini.
2. Faremo un dono all'associazione Aiutare i bambini.
3. Utilizziamo la pubblicità per scopi sociali.
4. Eravamo sensibili al discorso pubblicitario.
5. Abbiamo tentato di sensibilizzare il pubblico.
6. Parteciperemo a un mondo più equo.
7. Dovremmo combattere i pregiudizi.
8. Non dobbiamo accettare la violenza.
9. Possiamo riflettere anche con la pubblicità.
10. Subimmo la propaganda.
11. Ci siamo ribellati contro le idee imposte.

2 Traduis.

1. *On doit réfléchir au sens de la publicité.*
2. *On ne partage pas la même opinion sur son utilité.*
3. *On devrait développer les publicités à caractère social.*
4. *Sous le régime fasciste, on n'était pas libre.*
5. *On dut obéir au Duce.*
6. *On a obéi, on n'a pas eu le choix.*
7. *On combattra. On vaincra.*

Pour aller plus loin

3 En utilisant la forme impersonnelle, récapitule les caractéristiques propres à la publicité et à la propagande.

Si tenta di vendere un prodotto a ogni costo. / Si impongono idee...

Lessico

Per approfondire e arricchire

1 Complète le texte avec les mots proposés.

comprare ~ pubblicitarie ~ contenustica ~ comunicazione ~ convincere ~ persuasiva ~ vendere ~ reclamizzato ~ ad ogni costo ~ il reddito ~ campagne ~ influenzare ~ consumatori ~ progresso

La pubblicità è una forma di .... il cui scopo è .... i comportamenti dei .... e incitarli a ....
La principale preoccupazione delle agenzie .... è .... e .... il pubblico che il prodotto .... è essenziale. Ma alcune .... pubblicitarie non hanno per sola motivazione .... : da qualche anno si è sviluppata la pubblicità .... chiamata anche Pubblicità ....

2 Cherche l'intrus.
1. pubblicità ~ slogan ~ spot ~ prodotto ~ negozio
2. vendere ~ informare ~ convincere ~ sedurre ~ persuadere
3. propaganda ~ influenza ~ proselitismo ~ suggerimento ~ promozione
4. caricatura ~ esagerazione ~ enfasi ~ realtà ~ euforia
5. collettività ~ educazione ~ moralità ~ comunità ~ lucro

3 Trouve des dérivés des mots suivants.
1. consulente
2. ottimizzato
3. pubblicità
4. funzione
5. vocale

4 Explique avec tes mots les expressions suivantes.
1. un modello superato
2. pesare come un mattone
3. una roba medievale
4. mutare le funzioni
5. travolto dal suo eloquio

5 Dans les verbes suivants, dis quand *ri-* est un préfixe iteratif (c'est-à-dire quand il indique la répétition). Justifie ta réponse.
1. riempire
2. rispiegare
3. rimodernare
4. ridicolizzare
5. ridere

6 Parmi ces slogans très connus, certains ont été créés pour la propagande fasciste; d'autres sont purement commerciaux. Essaie de les identifier.
1. «Irradio la voce che incanta.»
2. «Metti un tigre nel motore.»
3. «Chi osa vince.»
4. «Vim senza pietà contro lo sporco più sporco.»
5. «Chi non mangia la Golia o è un ladro o è una spia.»
6. «Marciare per non marcire.»
7. «Molti nemici, molto onore.»
8. «Altissima, purissima, levissima.»
9. «Mangia sano e vivi meglio.»
10. «Vivere senza confini.»
11. «Non basta essere bravi, bisogna essere i migliori.»

Per allenarti

1 Penses-tu que la publicité commerciale a tendance à exagérer les vertus des produits ? Justifie ta réponse en utilisant le vocabulaire rencontré dans l'unité.

2 Quels aspects de la publicité dénonce le document ci-contre ?

Lo sapevi?

La parola «slogan» designa una frase breve che esprime in modo sintetico ed efficace un concetto usato nella propaganda o nella pubblicità.
Deriva dal gaelico *sluagh* (nemico) – *ghaim* (urlo) che significa «grido di guerra di una tribù o di un clan».

Società e cultura

Unità 4

> "La pubblicità è vecchia come il mondo. Infatti, come tutti sanno, cominciò il serpente a decantare a Eva le virtù della sua frutta."
> **Cesare Marchi** (1922-1992) scrittore, giornalista e personaggio televisivo italiano

PUBBLICITÀ E PROPAGANDA.
Ceramica e grafica futuriste

Manifesto della mostra

La Wolfsoniana di Genova presenta dal 5 dicembre 2009 all'11 aprile 2010 [...] la mostra "Pubblicità e propaganda. Ceramica e grafica futuriste". [...] L'esposizione si concentra sulla presenza della persuasione pubblicitaria e politica all'interno della produzione ceramica e grafica futuriste degli anni Venti e Trenta.

La straordinaria stagione della ceramica e della grafica futuriste viene analizzata mettendo in rilievo come, attraverso le sue peculiari e innovative sperimentazioni linguistiche e iconografiche, queste specifiche ricerche contribuirono alla diffusione di messaggi pubblicitari e alla celebrazione di quei motivi propagandistici che, peraltro, la retorica del regime elaborò in parte attraverso gli stessi modelli poetici del movimento futurista.

La mostra [...] rappresenta un momento di riflessione sulle dinamiche espressive di quella sottile linea di demarcazione che separa la persuasione pubblicitaria e la propaganda politica, a cui i principali esponenti del movimento adattarono i temi precipui[1] della loro originaria poetica: il culto della velocità e della modernità, dell'aggressività e della guerra, l'idolatria della macchina, l'ideale di un uomo nuovo, sportivo e ardimentoso.

www.bitculturali.it

1. *principal*

1. Qual è il rapporto tra la retorica del regime fascista e la poetica del movimento futurista?
2. Su che cosa in particolare vuol farci riflettere questa mostra?

Manifesto futurista, 1941

Tullio Crali Grafiche Chiesa, 1933

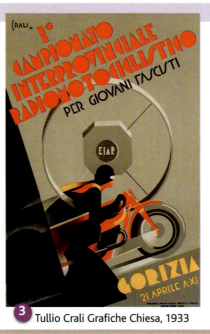
Lino Severi, 1932 «L'arciere dell'ala italiana»

1. Individua alcuni temi del movimento futurista in questi documenti.
2. Ci sono punti in comune tra i documenti? Quali sono?
3. Quali ti sembrano essere propagandistici? Perché?

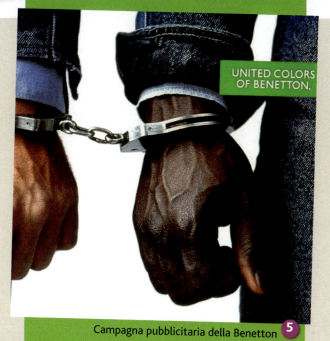
Campagna pubblicitaria della Benetton 5

TOSCANI TORNA A FAR DISCUTERE

Più che un semplice fotografo, Oliviero Toscani è un sociologo che, nelle campagne pubblicitarie da lui realizzate, ha denunciato vizi – secondo lui, virtù – che gli italiani preferiscono nascondere, sollevando polemiche ogni volta che appare un suo scatto sui muri delle città. [...] Ma è proprio questo lo scopo: stupire, sciocccare, far pensare e fare parlare dei problemi. Memorabili sono le campagne realizzate per United Colors of Benetton, in cui Oliviero mostrava, senza pudori, un neonato con il cordone ombelicale ancora attaccato o un prete e una suora che si baciano, e molte sono le immagini «al di fuori degli schemi». [...]

L'idea di trattare il tema dell'omosessualità l'avevi già in mente e hai colto l'occasione per metterla in pratica oppure ti è stato chiesto espressamente dall'azienda che ti ha commissionato il lavoro?

«Io non uso quasi mai modelli prefissati. Il tema della bisessualità in Italia è ancora un tabù. Ecco perché ho voluto trattarlo. [...] Ho voluto sollevare la questione [...].»

Hai sollevato la questione come del resto hai sempre fatto. Vedi per esempio le tue campagne sull'Aids, sulla pena di morte, sul razzismo ecc., tutti argomenti di grande attualità quando li hai affrontati.

«Io sono per il riconoscimento delle libertà, delle minoranze e dei diritti civili. Bisogna cercare di capire e apprezzare le minoranze. Sollevare un problema vuol dire iniziare a discuterne. Noi italiani siamo abituati a fare quello che ci dicono le mamme: questo va bene, quell'altro invece no. Siamo fatti così. [...]»

Intervista a Oliviero Toscani realizzata da Ilaria Santi, foto.virgilio.it

Campagna pubblicitaria della Benetton 6

Campagna pubblicitaria della RA-RE 7

@ Per saperne di più
www.toscani.com
www.olivierotoscanistudio.com

---

1. Spiega il pensiero di Toscani secondo cui «gli italiani sono abituati a fare quello che dicono le mamme».
2. Secondo te, perché la provocazione può costituire una strategia commerciale?

Pronto per l'esame

Forme del potere: pubblicità e propaganda

Compréhension de l'écrit | Expression écrite | Compréhension orale | Expression orale

Vendere ad ogni costo

La narratrice lavora come telefonista in un call center. Lavora per la Kirby, una società che vende aspirapolveri.

La tecnica era esattamente quella che mi aspettavo.
Una telefonata studiata nei minimi dettagli, di cui mi danno il testo, insieme ad alcune indicazioni.
«Sorridi, dall'altra parte del telefono si capisce. Se devi fare una domanda fuori testo, fa' in modo che non cominci
5 mai per "non" e che la risposta non possa mai essere "no". Altrimenti ti seghi da sola.»
Hai capito. Chiamale sceme.
«Buongiorno signora, sono Camilla de Camillis della Kirby di Paperopoli, lei non mi conosce.
«Le spiego subito il motivo della mia telefonata, <sorriso> lei è stata sorteggiata, lì nel paese di Chissàdove, per ricevere un buono <enfasi> gratuito di <veloce> igienizzazione completa (la signora non deve capire con esat-
10 tezza cosa le si sta proponendo) o di un suo divano, o di un suo tappeto, o ADDIRITTURA di un suo materasso. In cambio di questo servizio lei dovrà semplicemente esprimere un parere sul macchinario che eseguirà l'igienizzazione e sulla persona che glielo mostrerà. Quando preferisce, signora, domani alle 15 o dopodomani alle 18?»
Diabolico. La casalinga non ha tregua[1]. Ci sono anche le risposte predefinite per le obiezioni che possono sorgere.
«Non ho tempo.»
15 «Ma signora, è solo un'orettamassimo[2], un'orettaemezza (pronunciato con la virgola dopo "massimo", in modo che la signora percepisca che la durata è massimo un'ora, mentre invece è di un'ora e mezza, quasi due) del suo tempo.»
Implicito è il messaggio che il tempo della signora non valga un soldo bucato, dato che può regalarcelo così, a gratis.
«Non compro niente.»
«Signora, non c'è nulla da comprare, non è una vendita, ma solo una campagna pubblicitaria. Siamo noi che le
20 stiamo facendo un omaggio[3].»
Come se lo scopo di una campagna pubblicitaria non fosse vendere... ovviamente non verrà presa per il collo per acquistare, ma dopo un turlupinamento[4] di quella durata, può darsi che sia proprio lei a chiedere:
«E quanto costa questo coso?»
Non ci credereste, ma questo sistema funziona. Moltissime povere casalinghe, strappate ai loro lavoretti quo-
25 tidiani da questa invasione telefonica, non sanno opporre resistenza al bulldozer-telefonista e dicono sì, fosse anche solo per chiudere la telefonata.
Alcune, smaliziate[5], dicono no senza tregua. Davanti alle resistenze, c'è anche il ricatto morale:
«Guardi, non mi interessa proprio».
30 «Signora, lei ci darebbe una mano a lavorare, perché noi <enfasi> GIOVANI siamo pagati dalla nostra azienda <enfasi> SOLO per far vedere questo macchinario. Se ci riceve ci darà la possibilità di lavorare e in cambio noi le chiediamo solo un giudizio a voce. Che ne dice di merco-
35 ledì all'una di notte? O preferisce sabato mattina all'alba?»
A quel punto anche il cuore più duro si scioglie. Quale mamma non si intenerirebbe al pensiero di poveri giovani senza lavoro, pagati solo per fare pubblicità? Dopotutto si tratta solo di sorbirsi un mostruoso spot dal vivo
40 della durata di un'ora e trenta minuti, poveri giovani. Il sì è già dietro l'angolo. Sorridi, la signora lo percepisce.

Michela MURGIA, *Il mondo deve sapere,* Isbn Edizioni 2006

1. *(ici) répit* – 2. *une petite heure maximum* – 3. *un'offerta* –
4. *une arnaque* – 5. *plus avisées*

LV2
1. In che cosa consiste il lavoro della narratrice?
2. Quali elementi indicano che non si tratta di un lavoro improvvisato?
3. Su quali argomenti insiste la narratrice perché la conversazione non sia interrotta dalla cliente?
4. Su che cosa si basa la strategia di vendita? Giustifica con elementi del testo.
5. Concretamente, che cosa vuole ottenere la telefonista attraverso questo metodo?
6. Quale reazione e sentimenti intende suscitare la protagonista evocando il problema della gioventù/facendo allusione ai giovani?
7. Spiega in che termini la narratrice si esprime a proposito della sua attività e quale immagine vuole suggerire con queste parole.

LV1
8. Come si può capire il disprezzo per le casalinghe attraverso questo testo?

Expression écrite

1. Expression semi-guidée
Immagina un dialogo tra la telefonista e una cliente reticente. (Entre 10 et 18 lignes suivant ta série)

2. Expression libre
La pubblicità al giorno d'oggi è onnipresente e si manifesta in mille modi diversi. Secondo te quando diventa davvero invadente?

Il piacere di un buon bicchiere. Il piacere della guida. Alfa Romeo li sostiene entrambi. A patto di non mischiarli mai.

Compréhension orale

Doc. 1 «Leggere. Un'avventura del pensiero.»
Doc. 2 «Dicono che leggere i libri fanno bene»

CD classe 1
piste 29

1. Écoute et regarde une première fois le (ou les) document(s) et prends des notes (relevé d'informations principales).
2. Écoute et regarde une deuxième fois et prends des notes (relevé d'informations complémentaires).
3. Écoute et regarde une troisième fois et prends des notes (en t'assurant que tu as bien compris l'ensemble des documents).

Tu disposes de 10 minutes pour rendre compte en français et par écrit de ce que tu as compris.

Expression orale

Forme del potere
En t'appuyant sur les documents de la double-page et de l'unité, dis ce que tu sais de la publicité et de la propagande : définis une problématique et présente le fruit de ta réflexion à l'examinateur.

1. Prépare-toi pendant 10 mn.
2. Tu disposes de 5 ou 10 mn (selon ta série) pour faire part de ta réflexion.
3. La pubblicità deve necessariamente essere aggressiva o provocatoria per essere efficace?
   L'entretien avec l'examinateur peut porter, entre autres, sur cette question (5 ou 10 mn selon ta série).

Unità 4 — Progetto finale

Attività di gruppo:
Il tuo liceo organizza una giornata di solidarietà. Per quest'occasione devi inventare una pubblicità di utilità sociale. La pubblicità più pertinente sarà premiata.

Preparazione

1. Dividetevi in gruppi.
2. Scegliete una pubblicità commerciale creata a partire da un'immagine, una vignetta o una foto.
3. Modificatela, personalizzatela, facendo un fotomontaggio e aggiungendo una parte scritta (un messaggio pubblicitario, uno slogan, un logo) che contenga un messaggio morale. Vi potete ispirare a una Pubblicità Progresso o a una Pubblicità Regresso per difendere una causa che vi sta a cuore.

Presentazione orale

4. Presentate il vostro progetto alla classe e giustificate le vostre scelte organizzando i vostri interventi in modo equilibrato.

Per aiutarti
- www.nerogiardini.it
- www.bialetti.it
- www.mulinobianco.it
- www.pubbliprogresso.org

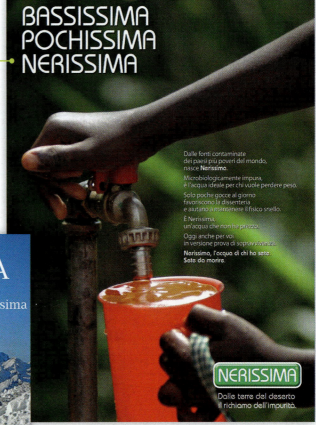

Per autovalutarsi

Copertina di un quaderno, anni '30

"Ama la tua patria, studiane la storia, perchè nulla al mondo vi è di più bello, di più interessante, di più grande della nostra Italia"

Descrivi e commenta il seguente documento.
Esprimi poi la tua opinione sull'efficacia di questo tipo di propaganda.

Je suis capable de…	Niveau de référence du Cadre européen
… présenter et décrire dans les grandes lignes le document.	
– De quoi s'agit-il exactement ? À qui est destiné cet objet ? – À quelle époque appartient-il ? – Quels éléments permettent de le deviner ?	A2
… repérer les éléments caractéristiques qui en font un document historique et les présenter sous forme d'une suite de points.	
– Que présente la scène exactement ? – Que peut-on déduire de l'attitude et des vêtements des enfants ? – Quelles valeurs sont véhiculées par le dessin ?	B1 (1er niveau)
… formuler, de manière organisée, des explications plausibles sur les choix stratégiques de l'auteur du document.	
– Quels éléments de l'image suggèrent la grandeur et la puissance de l'Italie ? – Quels sentiments la légende est-elle censée susciter ?	B1 (2e niveau)
… faire une présentation détaillée du document en développant et justifiant les idées par des exemples pertinents.	
– Quelle volonté se cache derrière cette vision idéalisée de l'Italie ? – Quels éléments traditionnels de la propagande des régimes totalitaires retrouve-t-on ici ?	B2

L'angolo della lettura

1 Negozio nei dintorni del ghetto, Roma, 1938-1939

45 cui lo ritiene un esperto; e salgo con lui in ascensore. È un uomo alto e magro, il quadro avvolto nella carta e legato con uno spago gli pende dalla mano, in testa porta il cappello e non posso sapere se è vero che è calvo come dice Italia. I capelli, dice ancora Italia, li ha persi tutti per via del casco e del sudore durante la guerra di Libia.

50 Fino a quelle urla nell'androne: il contendere è l'ascensore. La portiera Elsa è appena sbucata dalla porticina ai piedi delle scale, e urla. Suo marito, Domenico, non c'è, la guardiola è vuota. Ha occhi azzurro scuro Elsa, limpidi e feroci, e si sta ancora asciugando nel grembiule le mani umide di bucato. Non l'ho mai sentita gridare così, la sua voce è acuta, aggressiva. Giorgio
55 Levi è appena entrato reggendo la bicicletta e fermo sul pianerottolo aspetta l'ascensore. Lei gli urla che la bicicletta non può metterla nell'ascensore, e neanche nella guardiola o da qualsiasi altra parte, e ancora urla che comunque sarebbe meglio che l'ascensore, lui, non lo prendesse per niente, intanto perché non ne ha diritto, e poi perché glielo sporca sempre di fango. Senza parlare
60 il ragazzo solleva allora la bicicletta e comincia faticosamente a salire le scale: vedo i suoi capelli ricci, i calzoni alla zuava. Elsa lo segue con lo sguardo finché non scompare, solo allora, rassicurata, se ne torna giù nel buio antro della sua casa con le finestre a pelo del marciapiede. Anche se portiera, lei è ariana, e quello un miserabile giudeo.

• Che cosa puoi dedurre dall'aneddoto della bicicletta di Levi?

• Spiega la frase : «Anche se portiera, lei è ariana, e quello un miserabile giudeo.»

65 Io e Italia siamo rimaste inchiodate sul pianerottolo e appena l'ascensore arriva, mi infilo dentro. Aspetto con ansia che Italia richiuda la porta e prema il bottone del nostro piano: il secondo. E mentre Italia mi slaccia il paltò con il viso vicinissimo al mio, mai il suo odore di pollo mi è sembrato più confortante, confortante e rassicurante la visione della sua pelle pallida e
70 porosa. Un balsamo il cigolio lamentoso dell'ascensore che allontana la paura, la incolla alle spalle del «ragazzo dei Levi», e nel tonfo della porta che si richiude la intrappola dentro insieme alla bicicletta portata su, gradino dopo gradino.

Quando la sera raccontiamo a casa quello che è successo, papà si mostra indignato. La riprovazione per Elsa è aspra mentre compiange i Levi,
75 «bravissime persone, anche se ebree...», costrette a subirne le prepotenze. Elsa non mi appare più come la solerte guardiana della nostra sicurezza ma come una delatrice che dal suo antro spia e controlla ogni gesto, ogni parola. L'indignazione di papà stinge poi sui fascistissimi inquilini del piano alto, quel giovanotto sempre in camicia nera, di sicuro un informatore dell'Ovra[5]. Fino
80 a coinvolgere con mio grande scandalo anche il Re, definito un «tanghero[6] senza scrupoli».

Rosetta Loy, *La parola ebreo*, Einaudi, 1997,
per gentile concessione di Rosetta Loy

• Commenta la riflessione del padre: «bravissime persone, anche se ebree...»

Lo sapevi?
Le leggi razziali fasciste erano rivolte prevalentemente contro gli ebrei. Comprendevano tra l'altro:
– il divieto di matrimonio tra italiani ed ebrei,
– il divieto di iscrizione dei ragazzi ebrei nelle scuole pubbliche,
– il divieto di lavoro nella pubblica amministrazione (scuola) e per molti professionisti (medici, avvocati, banchieri, notai, giornalisti).

1. cognome ebraico – 2. le leggi razziali fasciste promulgate nel 1938-1939 – 3. stella gialla che dovevano portare in evidenza gli ebrei – 4. movimento politico-militare per le bambine italiane – 5. organizzazione di vigilanza e repressione dell'antifascismo (polizia politica fascista) – 6. rustre, plouc

Per saperne di più
Molti film sono ambientati nello stesso periodo storico del romanzo di Rosetta Loy. Tra i più interessanti, citiamo:
– *La vita è bella* (1997) di Roberto Benigni
– *Gli occhiali d'oro* (1987) di Giuliano Montaldo
– *Una giornata particolare* (1977) di Ettore Scola
– *Il giardino dei Finzi-Contini* (1970) di Vittorio De Sica
– *Cronache di poveri amanti* (1954) di Carlo Lizzani
Buona visione!

2 Immagine di propaganda nella rivista *La Vita nella Scuola*, n°1 (Anno 11, 1933)

1. Quali sono nel testo gli elementi che dimostrano gli effetti delle leggi razziali contro gli ebrei?
2. Come la scrittrice presenta i cambiamenti di vita degli ebrei?
3. Quali riflessioni della narratrice indicano che una tragedia è imminente?
4. Come qualificare questo brano: documento storico, romanzo, saggio? Giustifica la tua scelta.

Unità 5 — Lezione prima

Miti e eroi • azi e scambi • Luoghi e forme del potere • Idea di progresso

Buono, brutto e cattivo...

Per cominciare
- È necessario avere un fisico particolare per fare cinema?
- Che cosa significa essere un bravo attore secondo te?

Vocabolario
- recitare una parte
- girare
- la ripresa
- la smorfia
- immedesimarsi nella parte di
- un bel film
- un bravo attore

1. Osserva e parla

1. Quali attori o attrici riconosci? Cita uno dei loro film.
2. Tra questi, chi fa anche il mestiere di regista?
3. Se fossi regista, per quale tipo di film sceglieresti questi attori o queste attrici? Spiega perché.

2. Ascolta e parla

Ascolta l'intervista a Filippo Timi che spiega come si è preparato per il film *Vincere* di Marco Bellocchio.

1. Quale problema di elocuzione ha l'attore Filippo Timi?
2. Quale ruolo doveva interpretare?
3. In che modo si è preparato per interpretare questa parte?
4. Quale oggetto è stato importante per lo studio del suo personaggio? Perché?
5. Come spiega il fatto che il giorno del provino il suo difetto sia scomparso?
6. Paragonando il suo stato con quello della gazzella (che sta per morire), che cosa vuole indicare?
7. Dopo l'incontro con il regista Marco Bellocchio, Filippo Timi era molto agitato: che cosa ce lo indica?
8. Oggi Filippo Timi è un attore di successo: quale espressione utilizza per indicarlo?
9. Ti sembra organizzato il suo discorso? Che cosa indica sulla sua personalità?

In che modo il fatto di recitare un ruolo permette di superare le proprie «debolezze»?

Aiuto
- **balbettare:** *bégayer*
- **Offside:** *nom d'une société de production*
- **fare un provino:** *passer un bout d'essai*
- **ovattato:** *(ici) apaisé*
- **Termini** = la stazione di Roma
- **le chiappe:** *les fesses*

3. Leggi e scrivi

La magia del personaggio

Come si fa a dire in che modo nasce l'idea di un film? Quando e da dove viene, gli itinerari spesso sconnessi[1] o dissimulati che percorre?
Sono passati venticinque anni da quando ho girato *La strada* e mi è difficile ricordare. Un film, quand'è finito mi sembra che se ne vada per sempre da me, portandosi via tutto, compresi i ricordi [...].
Perché faccio quel film, proprio quello invece di un altro? Io non lo voglio sapere. Le ragioni sono oscure, inestricabili, confuse. L'unica ragione onestamente dichiarabile è la firma di un contratto: firmo, prendo un anticipo[2], poi siccome non voglio restituirlo sono obbligato a fare il film. E cerco di farlo così come mi pare che il film voglia essere fatto.
All'inizio della *Strada* c'era solo un sentimento confuso del film, una nota sospesa che mi procurava soltanto un'infinita malinconia, un senso di colpa diffuso come un'ombra; vago e struggente[3], fatto di ricordi e di presagi. Questo sentimento suggeriva con insistenza il viaggio di due creature che stanno insieme fatalmente, senza sapere perché.
La storia nacque con molta facilità: i personaggi apparivano spontaneamente, se ne tiravano dietro altri, come se il film fosse pronto da tempo e aspettasse soltanto di essere ritrovato. Cos'è che me lo ha fatto ritrovare? Prima di tutto, credo, Giulietta. Era un pezzo che volevo fare un film per Giulietta: mi sembra un'attrice singolarmente dotata per esprimere con immediatezza gli stupori, gli sgomenti[4], le frenetiche allegrezze e i comici incupimenti[5] di un clown. Ecco, Giulietta è appunto un'attrice-clown, un'autentica clownesse. Questa definizione, per me gloriosa, è accolta con fastidio dagli attori che vi sospettano forse qualcosa di riduttivo, di poco dignitoso, di rozzo[6]. Sbagliano: il talento clownesco di un attore, a mio avviso è la sua dote più preziosa, il segno di un'aristocratica vocazione per l'arte scenica.
Così, dunque, mi apparve Gelsomina: nelle vesti di un clown, e subito accanto a lei, per contrasto, un'ombra massiccia e buia, Zampanò. E naturalmente la strada, il circo con i suoi stracci colorati, la sua musica minacciosa e spacca cuore[7], quell'aria da fiaba feroce... [...]
Credo che il film l'ho fatto perché mi sono innamorato di quella bambina-vecchia un po' matta e un po' santa, di quell'arruffato[8], buffo, sgraziato e tenerissimo clown che ho chiamato Gelsomina e che ancora oggi riesce a farmi ingobbire[9] di malinconia quando sento il motivo della sua tromba.

Federico Fellini, *Fare un film,* Einaudi Editore, 1980

13 Giulietta Masina, attrice e moglie di Federico Fellini

1. (ici) che non hanno rapporto tra di loro – 2. un acompte – 3. poignant – 4. les différentes expressions du désarroi – 5. les assombrissements (du visage) – 6. grossier – 7. che suscita una grande emozione – 8. ébouriffé – 9. se voûter

---

1. Quali sono le ragioni che spingono Federico Fellini a girare un film?
2. Quali furono le tappe creative del film *La strada*?
3. Che cosa ha permesso a Fellini di «ritrovare il film» che era già nato nella sua fantasia?
4. Cita le qualità che aveva Giulietta Masina, l'attrice del film.
5. Come viene generalmente considerato «il talento clownesco»? E Fellini come lo considera?
6. Come possiamo definire i sentimenti che Fellini prova per i suoi personaggi?

La scelta di un attore può essere determinante nel concepire un film? Giustifica dando esempi che conosci.

Grammatica

Le subjonctif présent → p. 98

mi sembra che se ne **vada** ~ *mi pare che il film* **voglia**

Le subjonctif imparfait → p. 98

come se il film **fosse** *pronto da tempo e* **aspettasse**

Progetto intermedio

Partecipi a un casting: devi presentarti (nome, cognome, età...) ma anche convincere il regista e il produttore che sei l'attore o l'attrice che loro ricercano. Scegli un tono per farlo (comico, drammatico, seduttore...). Il regista e il produttore del film daranno la loro opinione sulla tua prestazione.

Unità 5 — Lezione terza

Miti e eroi · **Spazi e scambi** · Luoghi e forme del potere · **Idea di progresso**

Riso amaro

Per cominciare
- Come interpreti questa citazione?

> « Il comico e la tragedia. Semplicemente due volti di un'unica faccia. »
> **Franco Nonnis**, compositore, pittore e scenografo (1926-1989)

Vocabolario
- la classe sociale/ il ceto
- squallido
- fare, stendere il bucato
- ballare
- fingere di/fare finta di
- la guardia/il poliziotto
- tonto
- sdrammatizzare

① *Ladri di biciclette* (1948) di Vittorio De Sica

② *I soliti ignoti* (1958) di Mario Monicelli

③ *I mostri* (1963) di Dino Risi

1. Osserva e parla

1. Descrivi i tre documenti e individua in ognuno i segni della miseria.
2. Individua gli elementi comici nei documenti 2 e 3.
3. Ti sembra che ogni documento rappresenti la società del periodo indicato nelle didascalie? Perché?
4. Quale può essere la funzione della comicità in questo contesto?

2. Osserva, ascolta e parla

Guarda la sequenza di *Roma città aperta* (1945) di Roberto Rossellini.
Dei soldati tedeschi rastrellano un quartiere di Roma in cerca di partigiani e di armi nascoste dagli abitanti; un prete tenta di aiutare questi ultimi.

1. Quale atmosfera regna nelle prime immagini?
2. Come sono presentati i protagonisti? (soldati tedeschi, abitanti del palazzo, il prete)
3. Qual è l'elemento comico? Come viene rafforzato?
4. Come convivono tragico e comicità in questa sequenza?

Lo sapevi?

Il **«neorealismo»** è un periodo del cinema italiano nato alla fine della seconda guerra mondiale (anni 43/45) e che prosegue fino alla fine degli anni '50. È caratterizzato dall'ambiente per lo più misero o/e popolare (operai, disoccupati, poveri...). Molto spesso, gli attori non sono professionisti e i film sono girati con pochi mezzi finanziari in esterno. Tutti questi film trattano della povertà economica e morale che corrisponde alla realtà dell'Italia della guerra e del Dopoguerra. Fra i grandi registi del neorealismo: Rossellini, De Sica. *Rocco e i suoi fratelli* (1960) di Luchino Visconti è uno degli ultimi film di questa corrente cinematografica.
La realtà quotidiana rimarrà presente nella commedia all'italiana il cui esordio avviene alla fine degli anni '50 con il regista Mario Monicelli. Altri registi rappresentativi di questa corrente sono Dino Risi, Luigi comencini...

3. Leggi e scrivi

La commedia umana

Il regista Mario Monicelli (1915-2010), comunemente chiamato «il padre della commedia all'italiana» risponde alle domande dello scrittore e giornalista Sebastiano Mondadori.

SM: […] L'impronta della povertà ha lasciato tracce indelebili nella comicità come spesso ricordava Totò: «la miseria è il copione[1] della comicità».

MM: La miseria ha costituito una fonte inesauribile di comicità. La comicità diventava una possibilità di riscatto[2], una forma liberatoria, la voce dei perdenti che si leva contro le regole sociali. […]

SM: C'è una tua frase, da molti letta come un paradosso, ma che per te mantiene una verità profonda, vista la coerenza con cui l'hai onorata in più di sessanta film: «lo stadio espressivo drammatico corrisponde alla fase infantile della produzione di un artista, mentre è molto più matura l'espressione comico-umoristica». Leggendola come provocazione, sembrerebbe che la commedia all'italiana rappresenti la maturità del neorealismo…

MM: È un'affermazione coerente con il mio modo di fare cinema, che non ha mai tradito la comicità, anche se i toni si sono fatti inevitabilmente più cupi[3]. La comicità è la misura giusta con cui raccontare il mondo. Senza eccessi sentimentalistici, fa luce sul senso dell'umanità filtrandola con un occhio disincantato. Ingrandendo magari un particolare, spostando l'attenzione su un dettaglio secondario che portato al primo piano cambia il senso della scena. […]

SM: In più occasioni hai citato come gesto iniziatico della commedia all'italiana la padellata[4] di Fabrizi in testa al vecchio malato in *Roma città aperta* (1945) di Rossellini. Dietro l'aneddoto simbolico, si pone il problema di chiarire il rapporto e il debito con il neorealismo, di cui la commedia – dopo un lungo tragitto – diventa il naturale proseguimento e in un certo senso la forma compiuta[5].

MM: In un momento drammatico di *Roma città aperta* assistiamo al gesto più farsesco del cinema italiano: la padellata in testa. Un gesto indelebile che simboleggia la discendenza diretta dal neorealismo alla commedia. Anche la commedia all'italiana è nata sulle strade, per necessità e per scelta.
I soliti ignoti è tutto girato in esterni: l'unica scena girata in teatro è quella in cui i ladri devono sfondare il muro. Ma soprattutto è nata dalla voglia di raccontare storie, di raccontare quanto accadeva davanti ai nostri occhi.
Questa curiosità non ci ha mai abbandonato. Sempre animata dalla libertà di deridere tutto e tutti. Anche questa è una forma di denuncia che il neorealismo […] perseguiva semplicemente con uno sguardo diverso: la commedia è prima di tutto un modo di guardare la realtà.

Sebastiano Mondadori, *La commedia umana, Conversazioni con Mario Monicelli,* Il Saggiatore editore, 2005

1. fascicolo contenente il testo del film da girare – **2.** revanche – **3.** sombres – **4.** coup de poêle – **5.** forme aboutie

---

1. Qual è una delle fonti della comicità secondo il regista?
2. Che cosa la comicità permette di fare in un contesto di miseria?
3. Per Monicelli, a quale fase corrisponde lo stadio espressivo drammatico della produzione di un artista? E l'espressione comico-umoristica?
4. In che modo la comicità permette di raccontare il mondo con la misura giusta?
5. Che cosa simboleggia la «padellata in testa» per Monicelli? Perché?
6. Quali sono i punti in comune tra il neorealismo e gli esordi della commedia? Giustifica la tua risposta con elementi del testo.
7. Nel modo di guardare la realtà, che cosa distingue fondamentalmente la commedia dal neorealismo?

Quali sono le caratteristiche delle due grandi correnti cinematografiche: il neorealismo e la commedia all'italiana?

Grammatica

Les pronoms relatifs → p. 150

la comicità è la misura giusta **con cui** raccontare … ~ è quella **in cui** i ladri… ~ ha dimostrato che si poteva raccontare… ~ una forma di denuncia **che** il neorealismo…

Riflettiamo insieme

Che cosa significa: «la commedia è prima di tutto un modo di guardare la realtà»?

Grammatica

→ Précis grammatical p. 150
→ Exercices p. 174

Le subjonctif

Dans cette unité, tu as rencontré des formes au subjonctif : *mi sembra che se ne **vada**, come se il film **fosse** pronto da tempo e **aspettasse**…*

→ Le subjonctif est un mode très utilisé en italien. En plus des cas communs à l'usage français (après des conjonctions de subordination, après des expressions impersonnelles, après certains verbes – voir précis grammatical p.150), le subjonctif est aussi le mode de l'expression de l'opinion et de l'incertitude.
Au cours de cette unité, tu vas souvent être amené à formuler des hypothèses, à exprimer ton avis… La maîtrise du subjonctif (présent et passé) t'est par conséquent indispensable.

1 Conjugue le verbe au subjonctif présent.
1. Ritengo che si (dovere) riconsiderare la distribuzione dei film all'estero.
2. Il ministro stima che si (spendere) troppo per aiutare il cinema.
3. Siamo numerosi a pensare che gli attori (essere) troppo pagati.
4. Molti cittadini credono che la televisione (avere) favorito il declino del cinema italiano.
5. I giovani credono che il successo al cinema (dipendere) dal fisico.
6. Sembra che la musica (fare) parte degli elementi fondamentali di un film.
7. Non credo che i critici (bastare) a fare il successo di un film.
8. Riteniamo che la colonna sonora (costituire) un elemento fondamentale di un film.
9. Ignori che il festival (rimanere) aperto a tutti gli studenti.

2 Traduis les phrases suivantes en employant, si besoin est, le subjonctif.
1. Il ignore qu'il s'agit d'un film publicitaire.
2. Je ne sais pas si cette actrice est capable d'interpréter ce rôle.
3. Nous pensons que le cinéma italien peut être à la hauteur de son glorieux passé.
4. De nombreuses personnes croient que la musique du film n'intervient pas dans le jugement des spectateurs.
5. Les critiques estiment que les films comiques n'appartiennent pas au domaine du grand cinéma.
6. Il ne semble pas certain que le festival du cinéma de Rome poursuive sa carrière.
7. Il est important que le public vienne à cette manifestation.
8. Je crois que le succès du film est dû à son originalité.
9. Le producteur estime que son film n'enthousiasme pas le public.

3 Complète les phrases en choisissant le temps et le mode du verbe.
1. Non pensavo che questo film (essere) un capolavoro del neorealismo.
2. Immaginavo che la commedia italiana non (dipingere) la realtà sociale.
3. Ignoravo che la maggior parte dei film neorealistici (denunciare) la vita quotidiana.
4. Non sapevo che il regista (scegliere) sconosciuti per le sue riprese.
5. Credeva che la commedia (raccontare) solo storie divertenti.
6. Speravamo che la recensione (dare) una visione obiettiva del film.

4 Traduis les phrases suivantes.
1. Le réalisateur craignait que son film ne connaisse aucun succès.
2. L'acteur pensait que son rôle était digne d'un grand prix.
3. Tous les spectateurs espéraient que le film se termine bien.
4. Il avait fait en sorte que l'on ne puisse reconnaître les lieux du tournage.
5. Il jouait son rôle comme s'il se trouvait à l'époque du cinéma muet.
6. Le jury pensait que ce film dépassait tous les autres par son audace.

Pour aller plus loin

5 Tu fais le compte-rendu d'une séance de cinéclub. Rédige dix lignes sur le film que tu viens de voir en utilisant les verbes d'opinion aux modes et temps voulus.

Lessico

Per approfondire e arricchire

1 Trouve tous les dérivés possibles des mots suivants.

1. regista   2. scena   3. interprete   4. comico   5. drammatico   6. realismo

2 Retrouve la définition correspondant aux mots proposés. Comment traduirais-tu ces mots ?

1. La colonna sonora
2. la sceneggiatura
3. il doppiaggio
4. gli effetti speciali
5. il regista
6. il copione
7. la carrellata
8. la recensione
9. la ripresa
10. la comparsa
11. i titoli di testa
12. i titoli di coda
13. il provino
14. il produttore
15. l'inquadratura

a. descrizione dettagliata di tutte le scene di un film
b. espedienti usati per simulare un evento o una situazione
c. colui che coordina artisticamente e tecnicamente la realizzazione di un film
d. registrazione di rumori e di musica
e. procedimento che consiste nel sovrapporre alla voce originale dell'attore nuovi dialoghi, tradotti di solito in un'altra lingua
f. esame critico di un film sotto forma di un articolo
g. interprete anonimo utilizzato di solito nelle scene di massa
h. introducono un film indicando i nomi del cast tecnico e artistico
i. sono la parte finale del film, danno tra l'altro informazioni sulle persone che hanno partecipato alla realizzazione
j. assume il finanziamento di un film e partecipa alla scelta degli attori
k. prova sostenuta da un attore per verificarne le attitudini di interprete
l. spostamento della macchina da presa che permette di riprendere un'azione in movimento
m. stesura definitiva della sceneggiatura
n. il fatto di filmare una scena cinematografica
o. è la ripresa di un paesaggio o di una persona secondo una certa angolazione

3 Observe les photos et dis à quel type de plan elles correspondent.

1.

2.

3.

4.

5.

6.

7.

8.

9.

a. il particolare
b. il primissimo piano
c. il primo piano
d. il mezzo busto
e. il piano medio
f. il piano americano
g. il campo medio
h. il campo lungo
i. il campo lunghissimo

Per allenarti

1 «La mia invenzione è destinata a non aver alcun successo commerciale», Louis Lumière. Commenta questa frase.

2 «Attore: uno che per essere se stesso finge di essere un altro», Dino Risi. Commenta questa frase.

Società e cultura

Unità 5

> *Il cinema è il modo più diretto per entrare in competizione con Dio.*
> Federico Fellini

NOTIZIE INTERVISTE CINEMA INDIPENDENTE
SPECIALI FESTIVAL SCHEDE FILM DOCUMENTARI

cinemaitaliano.info

SOTTODICIOTTO 2011
400 titoli per il festival torinese

Dall'8 al 17 dicembre il festival Torino Schermi Giovani: ospiti speciali Marco Risi e Andrea Segre, Alan Parker, Jaco Van Dormael e Jimmy Murakami.

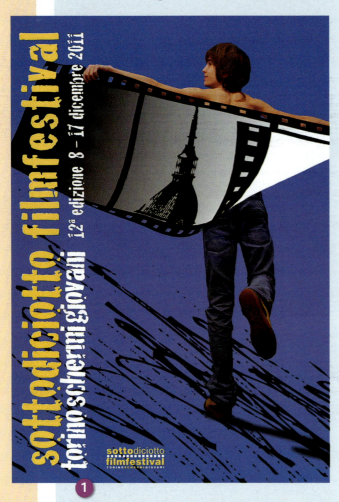

[…] Si è tenuta stamattina la conferenza stampa di presentazione di Sottodiciotto Filmfestival – Torino Schermi Giovani […] Con *oltre 400 titoli tra anteprime, retrospettive, omaggi, programmi speciali* torna, dall'8 al 17 dicembre, Sottodiciotto Filmfestival – Torino Schermi Giovani, manifestazione unica e originale nel panorama nazionale e internazionale, il cui focus è da sempre la rappresentazione cinematografica dell'universo giovanile. Un festival di cinema fatto da e per i più giovani – seguito lo scorso anno da oltre 36mila spettatori – che ha come *principale obiettivo quello di valorizzare la creatività degli under 18 e intrecciare incroci e rimandi tra sensibilità, fruizione, costruzione delle immagini della "generazione 2.0" con quelle "giovani" che l'hanno preceduta.* La XII edizione è dedicata al tema della legalità declinato nelle sue molteplici sfaccettature, e naturalmente indagato dall'osservatorio dei giovani e dei ragazzi.

Saranno ospiti del festival: Alan Parker – al regista, autore di film di culto *(Saranno famosi, Fuga di mezzanotte, Mississippi Burning, Pink Floyd: The Wall)* è dedicata la prima retrospettiva in Italia; Jaco Van Dormael – al suo cinema visionario (vent'anni fa il folgorante esordio con *Toto le Héros*) è dedicata la prima retrospettiva italiana; Jimmy Teruaki Murakami – il festival festeggia uno dei più grandi autori dell'animazione, in occasione dei suoi 50 anni di carriera. Ospiti del festival anche i registi italiani Marco Risi e Andrea Segre.

http://www.cinemaitaliano.info

---

1. Descrivi la locandina del festival Sottodiciotto. Che cosa suggerisce?
2. Ti sembra interessante per un giovane realizzare un cortometraggio sul tema della legalità e della lotta alla mafia?
3. Se tu dovessi partecipare a un festival di questo tipo, su quale argomento ti starebbe a cuore lavorare? Perché?

A quale categoria di film appartengono queste locandine (neorealismo, fantascienza, propaganda, commedia all'italiana, poliziesco, western all'italiana, orrore, sentimentale…)? Giustifica le tue risposte.

Unità 5 — Progetto finale

La tua classe partecipa a un festival del cortometraggio che propone due temi:
- i giovani e le differenze (sociali, economiche, etniche...),
- i senzatetto.

Puoi trattare questi argomenti in vena umoristica. Il filmato girato non dovrà superare cinque minuti. Fate 5 gruppi di 4 o 5 alunni circa.

I gruppi sono costituiti dai candidati selezionati per il festival.

1. Preparare
   - Stabilite chi farà il regista, lo sceneggiatore, il compositore...
   - Scrivete la sinopsi di una scena.
   - Scegliete gli attori, (non necessariamente nel vostro gruppo) secondo criteri fisici, espressivi e capacità di recitazione.
   - Date un titolo al vostro cortometraggio.

2. Recitare la scena
   - Gli attori recitano la parte attribuita dal regista.
   - Il regista dirige gli attori.
   - Il compositore applica la musica adatta alla scena.

La giuria è costituita da un membro di ogni gruppo e vota per attribuire i premi.

1. Guardare e deliberare
   - Guardate le quattro scene.
   - Deliberate per attribuire i seguenti premi: migliore sinopsi, migliore regista, migliore attore/attrice protagonista, migliore musica e in fine: migliore cortometraggio.

2. Premiare
   - Trovate un nome per i premi (leone, nastro d'argento, d'oro...).
   - Durante la premiazione:
     – Fate un breve riassunto di ogni filmato citato.
     – Giustificate le vostre scelte dandone le motivazioni.
     – Potete anche esprimere critiche a scopo costruttivo.

> Secondo i mezzi messi a vostra disposizione, potete anche girare e montare il vostro cortometraggio.

Per aiutarti
- www.sottodiciottofilmfestival.it
- http://www.youtube.com/watch?v=V2hZMOOvUTw
- http://cinefestival.blogosfere.it/2009/12/tutti-i-vincitori-del-sottodiciotto-2009.html
- http://creareuncortometraggio.blogspot.com

1. Locandina per Concorso Film Festival 2011

Per autovalutarsi

① Luca Marinelli e Alba Rohrwacher in *La solitudine dei numeri primi* (2010) di Saverio Costanzo

② Locandina del film

Ascolta l'intervista e valuta la tua comprensione.

Je suis capable de…	Niveau de référence du Cadre européen
… comprendre les informations générales concernant le cadre de l'interview.	
– À quelle occasion a-t-elle lieu ? – Où se déroule-t-elle ?	A2
… affiner ma compréhension et saisir des informations plus précises sur le cadre de l'interview.	
– Quelle est la profession de la personne interrogée ? – De quel film parle-t-elle ? – Quel prix lui a été décerné ?	B1 (1er niveau)
… identifier les éléments importants et l'articulation du discours dans les réponses de la personne interviewée.	
– Qu'est-ce que le travail fourni sur ce tournage a permis de découvrir sur les personnages ? – Quelle a été la dynamique entre préparation et improvisation pendant le tournage ? – Qui est à l'origine de cette dynamique ?	B1 (2e niveau)
… appréhender les sentiments de la personne interviewée.	
– Quels souvenirs la personne interrogée a-t-elle conservé du tournage ? – Quels sentiments semblent être attachés à ce souvenir ?	B2

L'angolo della lettura

Molti chiesero chi era Adults Only e il padrone del cinema rispose che era un regista americano specializzato in film porno e c'era il suo nome su moltissime pellicole. [...]

Il debutto col film sentimentale americano ebbe un grande successo, ma poiché erano intervenute tutte le vecchiette mezzo sorde del paese, ogni tanto qualcuna si alzava in piedi e diceva: – Non ho capito cosa hanno detto, torni indietro per favore. – E l'operatore ripeteva la scena. Così *Breve incontro* durò esattamente cinque ore e mezza.

Anche per *Missione disperata* ci fu qualche problema. Dovete sapere che a quei tempi non era possibile che sullo schermo apparisse un aereo senza che tutti cercassero di abbatterlo con la bocca. I più famosi rumoristi da cinema, allora, erano i tre fratelli Miti, i quali erano in grado di emettere qualsiasi suono dalla mietitrebbia[3] al grillotalpa[4]. Perciò appena sullo schermo apparve la squadriglia giapponese, dalla sala partì una controffensiva che fece tremare il soffitto e schiantare quattro globi.

Cominciarono a volare bottiglie e scarpe, e quando apparve l'ammiraglio Yamamoto dall'ultima fila si alzò tale[5] Bigattone, ex partigiano[6], e tirò un gran fucilata sullo schermo. All'uscita, a chi chiedeva com'era finito il film, il pubblico unito rispose «Non lo so, ma abbiamo vinto noi.»

Al film del martedì c'era un pubblico misto. Gli intellettuali della zona, e anche molti salumieri e commercianti, perché era girata la voce che il film si chiamava «i sette salumai», vita amore e morte nel sordido mondo dei prosciutti.

Quando Bigattone vide di nuovo i giapponesi, si lamentò perché non lo avevano avvertito di riportare lo schioppo. Inizialmente la spaccatura in sala fu netta. Dalla fila dei salumieri volavano pernacchie come sciabolate e da quella degli intellettuali dei «Zitti!» astiosi[7]. Poi, poco alla volta, il film conquistò tutti. Finì con il pubblico in piedi a roteare sedie e a incitare Toshiro Mifune. Seguirono due mesi di giapponesizzazione della zona. Tutte le volte che si andava a comprare un etto di mortadella i salumieri si esibivano in numeri di spada con l'urlo e ce n'era uno, Maramotti, che cambiò il nome in Maramoto e obbligò la moglie a mangiar polenta con i bacchettini.

Riposo fu un grande successo perché in trenta pagarono il biglietto e andarono dentro a dormire.

Giovedì *Bambi* fece sessanta spettatori e trecento gelati.

Venerdì per *Maciste* c'era il tutto esaurito. Qualcuno era venuto addirittura vestito da Maciste, cioè senza maglietta. Sudavamo come bestie, perché c'era vera partecipazione allora, e tutte le volte che Maciste alzava la clava[8] partiva l'urlo «Giù l'asso di bastoni», e quando tirava su un macigno metà sala si alzava in piedi, gonfiava il collo e sollevava per solidarietà chi una sedia, chi la moglie. Alla fine del primo tempo parecchi non ce la facevano più dal mal di schiena, e c'era ancora da affrontare il Minotauro. [...]

Alla scena più importante, l'entrata nell'antro del Minotauro, non si sentiva volare una mosca. Quando il mostro apparve ci fu però una certa delusione. Chi diceva che assomigliava alla mucca di Alfredo, chi ad Alfredo stesso. Soprattutto non si era d'accordo sul modo di eliminarlo. Alcuni proponevano il verderame[9], altri un grosso amo con esca a granoturco. Quando Maciste lo fece fuori a randellate[10], venne lungamente fischiato perché una bestia non la si ammazza così. [...]

• Come si può qualificare il comportamento del pubblico durante le proiezioni?

• Quale funzione aveva il cinema per la gente?

2 *Maciste all'inferno* (1962)

Poi venne il giorno fatale: il pornosabato che cambiò la storia del nostro paese. Alle due del pomeriggio già una cinquantina di uomini si aggiravano nei paraggi del cinema dove si sarebbe proiettato *Giochi proibiti di ragazze per bene*.

Alcuni portavano sciarpe fino sul naso nonostante fosse maggio inoltrato. La metà fu catturata e riportata a casa dalle consorti[11]. Ad altri nove mancò il coraggio e una volta arrivati davanti alla cassa cambiarono idea e dissero: – Ha mica visto Enea, che avevo appuntamento con lui qui davanti? – e fuggirono. Di modo ché quando Enea Baruzzi per primo entrò nel cinema, gli chiesero se non si vergognava a fare aspettare tutti quegli amici. Dopo che Enea ebbe rotto il ghiaccio, entrò un manipolo di arditi: io, Bigattone, Ettore, Dante, l'idraulico Talpa, il geometra Portogalli, i fratelli Miti, Spiedino, nonno Celso e per ultima la giornalaia Iris con il figlio Cesarino, perché era convinta che dessero ancora Bambi e nessuno ebbe il coraggio di dirle la verità.

• Spiega il comportamento degli uomini il sabato sera.

Calò il buio nella sala e fin dalla prima scena, il famoso duetto tra l'idraulico e la cameriera, fioccarono i commenti. [...]

Finì il primo tempo, segnalato da un fittissimo lancio di birre dalla finestra del bar.

Quando cominciò il secondo tempo da dentro al cinema salirono urla disumane e applausi. Si radunò un po' di gente in strada e Ritona la barista commentò che, dal casino che stava succedendo, doveva essere proprio un gran bel film. E poco dopo, lei e le altre quattro amiche entrarono dentro.

Dopo un minuto dalla finestra del cinema fecero segno agli altri di venire subito perchè era roba dell'altro mondo. Ed entrarono i vecchi e anche le vecchie e i bambini, tanto che il notaio e la sarta democristiana andarono a chiamare il prete.

– Don Calimero, gridarono, Sodoma e Gomorra! Tutto il paese è a vedere il film porcografico. Sono entrate anche le donne e i minori!

Don Calimero si precipitò davanti allo Splendor e con orrore sentì provenire dall'interno una canea di fischi, urla ed esclamazioni di incitamento «Vai vai, vai così che ce la fai».

• Qual è l'intenzione di Don Calimero quando si precipita nel cinema con il turibolo? Che cosa rivela sulla società dell'epoca?

– Dio mio, cosa è mai diventata la mia parrocchia, pensò, tornò di corsa in chiesa, prese il turibolo[12] più grosso che aveva e si apprestò a sgomberare la sala con i lacrimogeni.

Apparve sulla porta del cinema roteando il sacro attrezzo e gridando:
– Porci, mi meraviglio di voi! Tutti fuori di qui! Non permetterò nella mia parrocchia questa ignobile esibizione di glutei[13] e cosce e...

Di colpo Don Calimero ammutolì, guardando lo schermo. Da verde divenne bianco poi rosso congestionato. Un'espressione di rapimento gli si dipinse sul volto. Poi con tutto il fiato che aveva in gola urlò:
– Forza Coppiiiiiiii!

Era successo che, per sbaglio, l'operatore aveva proiettato, al posto del secondo tempo, il cinegiornale con la vittoria di Coppi al giro d'Italia. Ce lo facemmo proiettare tre volte, e sei volte l'arrivo allo Stelvio.

• Come viene finalmente spiegato il successo del film del sabato?

Stefano Benni, *Il Pornosabato* in *Il bar sotto il mare*, Feltrinelli Editore, 1987

1. senza scrupoli – 2. l'ouvreur – 3. la moissonneuse-batteuse – 4. la courtilière (sorte de grillon) – 5. un certain – 6. le résistant – 7. rancuniers – 8. la massue – 9. le vert-de-gris – 10. à coups de gourdin – 11. le mogli – 12. l'encensoir – 13. les fesses

1. Rileva nel testo qualche parola o qualche espressione che ti sembra comica e spiega perché.
2. Come appare la società di allora attraverso il racconto di Benni?

Unità 6 — Lezione prima

Miti e eroi • azi e scambi • Luoghi e forme del potere • **Idea di progresso**

L'eccellenza italica

Per cominciare

- Potresti citare alcuni nomi di grandi scienziati italiani?
- Qual è stato il loro contributo al progresso scientifico e tecnologico?

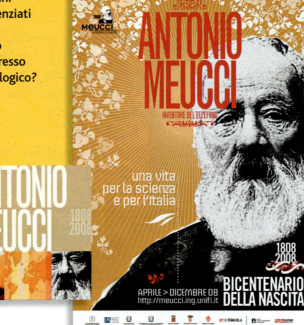

1 Manifesti per il bicentenario della nascita di Antonio Meucci

OLIVETTI PORTA IL COMPUTER SUL VOSTRO TAVOLO

«Sognavo una macchina amichevole alla quale delegare quelle operazioni che sono causa di fatica mentale e di errori, una macchina che sapesse imparare e poi eseguire docilmente, che immagazzinasse dati e istruzioni semplici e intuitive, il cui uso fosse alla portata di tutti, che costasse poco e fosse delle dimensioni degli altri prodotti per ufficio ai quali la gente era abituata.»

2 L'Olivetti Programma 101

1. Leggi, osserva e parla

Guarda la foto 1.
1. Quali sono gli elementi presenti nei manifesti?
2. Che cosa ha inventato Antonio Meucci?
3. Come si può spiegare la presenza del planisfero?
4. In che cosa questa invenzione italiana ha cambiato la nostra quotidianità?

Guarda la foto 2 e leggi la citazione.
5. Che cosa ha inventato l'ingegnere italiano, Pier Giorgio Perotto?
6. Che cosa sa fare la macchina che lui ha progettato?
7. Mostra come questa invenzione, ancora oggi, facilita la vita della gente.

2. Ascolta e parla

Ascolta il documento «Come nasce un'invenzione?».
1. Qual è il grande sogno di Leonardo da Vinci?
2. Rileva le date in cui si dedica a questo progetto.
3. Dove egli trascrive i suoi studi?
4. Qual è il principio della meccanica scoperto da Leonardo?
5. Che cosa costruisce Leonardo mentre prosegue i suoi studi sulla resistenza dell'aria?
6. Quale invenzione nasce dai suoi studi?
7. Rileva nella registrazione tutti i verbi che hanno un rapporto con l'approccio scientifico di Leonardo. Che osservazioni puoi fare?
8. Rileva una delle teorie di Leonardo presente nella registrazione e tenta di spiegarla.

Volare è stato un sogno diventato realtà grazie alla scienza.
Quali sono oggi i sogni per i quali la gente nutre tante speranze?

Lo sapevi?

Il **premio Nobel** è un'onorificenza annuale attribuita mondialmente a tutti coloro che si distinguono per qualità o attività d'eccellenza nei campi delle lettere, delle scienze e della pace fra i popoli. Numerosi sono gli italiani che hanno ricevuto nei secoli questo premio. Eccone alcuni illustri:
Medicina: Rita Levi Montalcini, 1987
Fisica: Enrico Fermi, 1938
Letteratura: Dario Fo, 1997
Economia: Franco Modigliani, 1985
Pace: Ernesto Teodoro Moneta, 1907

3. Leggi e scrivi

Gli USA ammettono: Meucci è l'inventore del telefono

*La decisione per acclamazione su richiesta di un deputato italo-americano:
la Western Union gli «rubò» i prototipi e vi fece lavorare Bell.*
Washington, dopo 113 anni la Camera riabilita l'immigrato fiorentino: non aveva i soldi per pagare il brevetto.

WASHINGTON – Ci sono voluti 113 anni, ma adesso è ufficiale: l'inventore del telefono non è Alexander Graham Bell, come continuano a insegnare i libri di testo delle scuole, bensì Antonio Meucci, l'immigrato fiorentino che morì in povertà a New York nel 1889 dopo essere stato defraudato del brevetto. Lo ha decretato per acclamazione la Camera a Washington, su iniziativa del deputato italo-americano Vito Fossella: «La Camera – dice la risoluzione – intende dare riconoscimento alla vita e alle conquiste di Meucci, prendendo atto del lavoro da lui svolto nell'invenzione del telefono». Dopo la riabilitazione di Sacco e Vanzetti, i due anarchici ingiustamente condannati a morte per terrorismo negli Anni Venti, è un altro trionfo, peraltro ancora più tardivo, per la generazione degli immigrati italiani che furono spesso vittime di pregiudizi e discriminazione.

La motivazione della Camera apre uno squarcio[1] straordinario su uno dei capitoli più vergognosi del business americano, e riassume l'odissea dello sfortunato fiorentino nella terra promessa. Rileva che, arrivato a New York, «Meucci continuò a lavorare senza posa a un progetto avviato all'Avana a Cuba, un'invenzione che chiamò teletrofono, basato sulle comunicazioni elettroniche»; e che nella sua casa di Staten Island «allestì[2] un collegamento permanente tra il laboratorio nello scantinato[3] e la stanza della moglie, che soffriva di un'artrite deformante, al secondo piano». La motivazione aggiunge che «avendo dato fondo ai risparmi, Meucci non poté commercializzare l'invenzione, pur avendone fornita una dimostrazione nel 1860 e avendola pubblicata sul giornale italiano di New York». La povertà e la scarsa conoscenza dell'inglese e del mondo degli affari, prosegue la Camera, «impedirono a Meucci, che viveva ormai dell'assistenza sociale, di finanziare il processo del brevetto, costringendolo a limitarsi a una notifica[4] nel 1871». L'inventore consegnò alcuni prototipi alla Western Union, la società dei telegrafi, ma questa disse di averli persi, e gli rifiutò i soldi per rinnovare la notifica nel 1874. In questo modo, due anni dopo la Western ottenne il brevetto, attribuendo l'invenzione a Bell, che aveva lavorato sui prototipi di Meucci. Indignata, la comunità italiana fece quadrato attorno all'immigrato fiorentino, e dopo un decennio ottenne l'intervento del governo. «Il 13 gennaio 1887», conclude la motivazione «il brevetto di Bell venne annullato per frode e dichiarazione del falso, annullamento poi sancito[5] dalla Corte suprema». Ma Meucci morì nel 1889 e il brevetto Bell, che scadeva[6] nel 1893, non fu più contestato.

Giubilante, il deputato Fossella, dello stato di New York, ha dichiarato che «si è finalmente fatta giustizia» e ha attribuito parte del merito alla direttrice del Museo Garibaldi-Meucci di Staten Island, Emily Gear. La Gear, una giovane combattiva, studiosa di storia, lamenta che ancora oggi «molti immigrati negli Usa siano condannati al fallimento». Ha rilanciato il piccolo museo, da un secolo dedicato ai due personaggi che divennero intimi amici a Long Island, dove Giuseppe Garibaldi, da lei definito «il George Washington italiano» visse per un paio d'anni lavorando nella fabbrica di candele di Meucci. Nella parte di Meucci c'è il teletrofono da lui sperimentato per la prima volta nel 1849, quando Alexander Graham Bell, sottolinea la Gear, aveva appena due anni.

Ennio Caretto, *Il Corriere della Sera*, 16 Giugno 2002

1. aprire uno squarcio: *ouvrir une brêche* – 2. allestire: *aménager* –
3. *le sous-sol* – 4. un avviso – 5. sancire = approvare –
6. scadere = non essere più valido

---

1. Quale falsa informazione contengono i libri di scuola a proposito dell'inventore del telefono?
2. Cita tutte le persone che si sono impegnate nel tempo per ristabilire la verità.
3. Rintraccia le grandi tappe della vita di Antonio Meucci, a partire dal suo arrivo a New York fino alla sua morte.
4. Quali sono le difficoltà che impediscono a Meucci di commercializzare la sua invenzione?
5. Mostra che la Western Union si è impossessata in modo fraudolento del brevetto.
6. Che tipo di ingiustizie pesavano in quell'epoca sugli immigrati? Quale altro evento maggiore, citato nel testo, lo dimostra?

Gli Stati Uniti possono ancora essere considerati come la «terra promessa» per chi vuole fare carriera?

Grammatica

Le passé simple régulier et irrégulier → p. 150

Meucci **continuò** a lavorare senza posa. ~ l'immigrato fiorentino che **morì** nel 1886 ~ **visse** per un paio d'anni lavorando nella fabbrica di candele

Progetto intermedio

Come Leonardo, Meucci o più recentemente Pier Giorgio Perotto, hai come missione di inventare un oggetto che che potrebbe cambiare la vita quotidiana di ciascuno di noi.
Descrivilo e spiega la sua funzione.

Unità 6 — Lezione seconda

Miti e eroi • Spazi e scambi • Luoghi e forme del potere • **Idea di progresso**

Il genio della semplicità

Per cominciare
- L'invenzione è una cosa del tutto nuova o solo il miglioramento di un concetto che esisteva già? Giustifica la tua risposta.

1 Uno strano insetto, ideato da Corradino D'Ascanio

2 Locandine della mostra itinerante «150 anni di genio italiano. Innovazioni che cambiano il mondo»

1. Osserva e parla

Guarda la foto 1.
1. Che cosa puoi dire a proposito di quest'invenzione?
2. Perché, secondo te, sono stati scelti questi oggetti per simboleggiare «il genio italiano»?
3. Come si può spiegare il loro successo a livello nazionale e internazionale?

Guarda le locandine (doc. 2).
4. Quali punti in comune hanno le invenzioni presenti nelle locandine per il Festival della Scienza?
5. Perché, secondo te, sono stati scelti questi oggetti per simboleggiare «il genio italiano»?
6. Quali oggetti avresti scelto per illustrare le locandine?

2. Ascolta e parla

Ascolta il servizio sulla mostra di Genova durante il Festival della Scienza: «150 anni di genio italiano».
1. Rileva tutte le informazioni che puoi trovare sulla mostra presentata nel servizio (nome, numero dell'edizione, luogo preciso, concetto).
2. Quali invenzioni italiane sono citate nel servizio? Associa alcune di queste scoperte al nome degli autori evocati.
3. Secondo uno degli animatori, che cosa non è la mostra? E in che cosa consiste veramente?
4. Qual è, secondo la giornalista, l'interesse principale di queste invenzioni e della ricerca scientifica italiana?

> Quali altre invenzioni, negli ultimi anni, hanno profondamente cambiato la vita quotidiana della gente?

Vocabolario
- la motorizzazione delle masse
- la caffettiera (moka)
- il design
- lo spostamento
- il miglioramento (delle condizioni di vita)
- l'ammodernamento

Lo sapevi?
Alcune invenzioni italiane
1280 – Alessandro della Spina inventa gli occhiali da vista.
1498 – Ottaviano Petrucci stampa la musica a caratteri mobili.
1856 – Giovanni Caselli inventa il pantelegrafo, precursore del fax.
1880 – Alessandro Cruto realizza la lampadina a incandescenza con filamento di carbonio.
1937 – Marcello Creti inventa l'amplitele, antenato del telefono a vivavoce.
1945 – Egidio Brugola inventa la vite a brugola.

3. Leggi e scrivi

COSTUME
21/10/2011 - ANTEPRIMA

Il genio degli italiani in 150 grandi idee

*Dalla Vespa all'ombrello, dalla caffettiera all'aliscafo[1].
In un libro i retroscena dei brevetti che hanno fatto storia.*

La Vespa, la caffettiera Bialetti, la Cinquecento, lo sappiamo; la lampada Parentesi di Castiglioni, la macchina da scrivere Olivetti, certo. Ma anche cose ignote e decisive come l'ombrello, il forno da cottura o, scusate, la nervatura[2] che rende possibile la costruzione delle scarpe da donna con i tacchi[3] alti [...].

Cos'è, più precisamente, il «genio italiano», se non forse la capacità di truccare delle carte, sparigliare[4], e aprire altri giochi? In un libro appena uscito, Vittorio Marchis, professore di Storia dell'industria italiana al Politecnico, racconta «150 (anni di) invenzioni italiane» (Codice edizioni), cose che effettivamente hanno a che fare con la proiezione della nostra immagine di italiani, i desideri, i consumi, le ambizioni realizzate e frustrate, il ciò che siamo e quello che, a cavallo del secolo, eravamo. Guardiamo queste «cose» e constatiamo che non sono, appunto, cose, ma «oggetti», cioè relazioni. Parlano di noi.

Ognuna ha dietro di sé vicende fantasmagoriche, al limite dell'incredibile. A volte, come suggerisce Marchis, «il nostro genio consiste nella proiezione adulta di una capacità di gioco quasi infantile», per questo siamo così propensi a costruire oggetti semplici, a volte giocattoli. Tra gli inventori ci sono sì premi Nobel come Fermi e Marconi, ma soprattutto oscuri operai, soldati, ingegneri, profughi, fuggitivi, imboscati[5]. Siamo davvero questo, ammesso che siamo un popolo.

L'inventore dell'ombrello, per dire, era Giovanni Gilardini, semplice lavoratore del Verbano arrivato negli Anni Quaranta dell'Ottocento a Torino. Capì che l'abbigliamento poteva passare dalla semplice cucitura a mano alla standardizzazione. Divenne il fornitore principale di calzature per alpini e vestiario per l'esercito italiano nella Grande Guerra. Se avete presente Monicelli[6], ecco, dietro c'è Gilardini.

Enrico Forlanini, nato dalla borghesia intellettuale milanese, nel 1912 inventò l'«idrottero», base dei moderni aliscafi: era partito producendo dirigibili, se oggi andiamo velocemente al mare sulle isole lo dobbiamo a lui. Salvatore Ferragamo era un calzolaio avellinese che ebbe la pensata di applicare elementi di scienza delle costruzioni alle scarpe da donne: è stato lui a inventare l'elemento irrigidente per le scarpe da donne, nel '23 si spostò a Hollywood, aprì il «Boot Shop» e si fece calzolaio delle stelle. Ma abbiamo anche inventato il missile giocattolo con l'apertura automatica, che tanti di noi ha fatto felici, bambini, e stupirà anche i nostri figli: bene, Alessandro Quercetti, che lo brevettò, era un ex pilota di guerra. Scopriamo, o ricordiamo, che la macchina del film «Ritorno al futuro» – quella che si apre quasi con le ali è di Giugiaro. Sarebbe stato facile, pensando agli «oggetti italiani», fermarsi al design industriale vanto del Moma[7], la sedia di Cassina, le cose di Sottsass, le lampade di Castiglioni, i maestri dello stile Munari e Giò Ponti. Ma siamo stati molto di più, bambini, narcisisti, geniali, esperti nel desiderare, sempre aperti all'innovazione, e questo è il nostro autoritratto.

Jacopo Iacoboni, *La stampa,* 25 settembre 2011, http://www.lastampa.it

1. l'aéroglisseur – **2.** la nervure – **3.** le talon – **4.** (ici) mélanger – **5.** quelli che si sottraggono al proprio dovere – **6.** regista italiano. Nel 1959 ha girato un film intitolato *La grande guerra* – **7.** museo di arte moderna, New York

---

1. Elenca le invenzioni italiane citate nell'articolo classificandole in diverse categorie di tua scelta: le più famose, le meno conosciute, quelle più utilizzate ecc.
2. Qual è, secondo l'autore dell'articolo, la fonte d'ispirazione principale del genio italiano?
3. Gli inventori sono tutti degli scienziati? Giustifica la tua risposta citando elementi del testo.
4. Che cosa caratterizza la maggior parte delle invenzioni italiane?
5. Spiega la frase: «Il nostro genio consiste nella proiezione adulta di una capacità di gioco quasi infantile».
6. Che cosa dimostrano gli esempi di Giovanni Gilardini, Enrico Forlanini, Salvatore Ferragamo e Alessandro Quercetti?

Fa' una ricerca sui nomi citati nell'ultimo paragrafo e scrivi tre o quattro righe per ognuno di loro precisando la loro origine e alcune delle loro invenzioni o creazioni.

Grammatica

Les formes impersonnelles → p. 118

Oggi, **è indispensabile** *navigare in Internet per lavoro.*

Progetto intermedio

Scegli una delle invenzioni evocate nella lezione e presenta, all'orale: la sua funzione, le sue caratteristiche, le istruzioni per l'uso, la sua utilità nella vita di tutti i giorni.

Unità 6

Lezione terza

Miti e eroi • **Spazi e scambi** • Luoghi e forme del potere • Idea di progresso

L'Italia del Sapere

Per cominciare
- Il genio italiano ha un impatto solo in Italia? In quali campi o settori? Cita degli esempi.

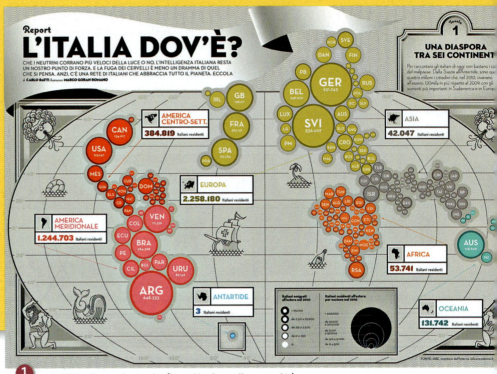

1 I cervelli italiani nel mondo. (http://italianvalley.wired.it)

1. Osserva e parla

Guarda la foto 1.
1. A quale tipo di emigrazione fa riferimento questa cartina?
2. A che cosa ti fanno pensare le bollicine di tutti i colori?
3. Rileva i paesi in cui si registra un maggiore afflusso di italiani.
4. Quale valore attribuisce il testo alla presenza così massiccia degli italiani all'estero?

Guarda il documento 2 p. 117.
1. Che cosa osservi in questo documento?
2. Quale fenomeno evoca quest'immagine?
3. Con quali elementi viene illustrato?
4. Osserva l'atteggiamento di questi uomini e spiega come possiamo interpretarlo.

Confronta le due immagini e dì su quale aspetto vogliono mettere l'accento.

Vocabolario
- le bollicine
- l'esodo
- il boccale
- il pesciolino
- la fuga
- le braccia conserte
- tuffarsi
- svuotare
- trattenere

2. Ascolta e parla

CD classe 2 – pistes 13-14

Ascolta l'intervista a un cervello in fuga (trasmissione «Le Iene» di Italia1, canale Mediaset).
1. Indica le tappe che hanno reso quest'esperienza incredibile.
2. Ascolta l'intervista e rileva le cifre e i dati che:
   – permettono di capire che si tratta di un fenomeno molto diffuso in Italia;
   – indicano il successo di quest'azienda.
3. Rileva le informazioni che insistono sul grande valore di questa collaborazione e giustificale.

Ascolta l'intervista a Mario Capecchi.
1. Raccogli tutte le informazioni che hai a proposito della persona intervistata.
2. In che modo la nazione dovrebbe trattare i giovani ricercatori italiani per valorizzare le loro idee e il loro talento?
3. Cita la qualità che il professore attribuisce all'Italia.
4. Qual è il consiglio che viene dato ai giovani ricercatori? Spiega perché.

Analizza queste due esperienze e spiega quali insegnamenti si possono trarre da entrambe le testimonianze.

Aiuto
- **sfruttarti** = approfittare di te
- **una fregatura**: une arnaque
- **rispuntare** = riapparire
- **una mazzetta**: un pot-de-vin

3. Leggi e scrivi

Genio a Londra si dice in italiano

Riuniti a Westminster i "cervelli" che hanno lasciato il nostro Paese

LONDRA.– L'appuntamento è per lunedì mattina, nella sala della vecchia chiesa metodista di Westminster. Ed è sicuro, già adesso, che i posti saranno esauriti. Uno dice: cervelli italiani all'estero, ma quanti potranno essere: dieci, venti, cinquanta? Invece si scopre che nel solo Regno Unito, e in gran parte a Londra e dintorni, ci sono settecento italiani, giovani e di successo, che fanno lustro a un paese come il nostro, ma nel quale, quasi certamente, non potranno mai tornare a lavorare. [...]

Si somigliano, le storie di questi trenta-quarantenni, molti dei quali hanno ormai un look anglofilo, giacche di tweed e pantaloni di velluto colorato. All'inizio c'è sempre una buona laurea, l'invito del proprio relatore a fare un'esperienza fuori, una borsa di studio e l'idea di un viaggio, magari un po' più lungo di una vacanza. Poi, arrivati all'estero, la scoperta di un diverso modo di fare ricerca, la sorpresa di sentirsi adeguati, l'ambizione, il successo che o arriva o ti cacciano via.

«A me è andata proprio così – racconta il professor Luigi Gnudi, 43 anni, di Parma, diabetologo, da 15 anni da dieci anni a Londra dopo un'esperienza in Usa – Dopo la specializzazione in endocrinologia a Padova, il mio maestro mi ha proposto di andare a Boston. Lì, con mia moglie, siamo rimasti quattro anni. Tornati in Italia, all'università stavano per assumere come ricercatore uno che aveva dieci anni più di me. Avrei dovuto aspettarne altri dieci: così, dopo un po' di mesi come precario, tra guardie notturne, borse di studio e paghe a gettoni, quando un mio collega mi ha detto che c'era una possibilità a Londra non ci ho pensato due volte».

Intervistato, selezionato tra concorrenti di diverse nazionalità e assunto, Gnudi oggi è primario di un reparto al Guy's Hospital del Kings college, uno dei quattro maggiori atenei londinesi, l'anno prossimo diventerà ordinario. Tra un convegno in America e uno in Sudafrica, sul rientro a casa ogni tanto ci riflette, per dirsi subito dopo: «Ho moglie e due figli, una casa di proprietà, un buon incarico e uno stipendio superiore a quello di tanti miei colleghi di corso. In Italia chi mi dà un posto così?». [...]

Se si scende un po' d'età, e s'approda a una fascia in cui magari il successo è alle viste, ma non è ancora arrivato, le opinioni cambiano. Triestina, 35 anni, ingegnere elettronico e ricercatrice in materia di nanotecnologie, Cristina Bertoni da cinque anni e mezzo lavora all'Università di Cranfield, quaranta minuti da Londra, un piccolo ateneo con tremila studenti e professori di cento diverse nazionalità del mondo. Spiega: «Sono arrivata con una borsa di studio europea finanziata, tra gli altri, da Fiat e Magneti Marelli. Sono stata confermata dopo un primo ciclo di tre anni. Adesso avrei la possibilità di tornare ed entrare al Centro ricerche dell'Elettrolux di Pordenone: anche se l'industria è una cosa diversa dall'università, credo che accetterò». [...]

«Un ritorno di massa è impossibile – spiega Amendolia –. Ma dai dati in nostro possesso risulta che il sistema inglese giudica per il settanta per cento superiori come formazione i laureati italiani che approdano nel Regno Unito. Ne facciamo pochi insomma, ma molto buoni, soggetti ben preparati, che da noi non trovano prospettive e diventano risorse in regalo per altri paesi». [...]

Marcello Sorgi, *La Stampa*, 20/1/2007

1. Rileva le informazioni che dimostrano che si tratta di un appuntamento di notevole importanza.
2. Quali motivazioni spingono i giovani ricercatori italiani ad andare all'estero?
3. Fa' un breve ritratto (nome, specializzazione, esperienza professionale...) di ogni italiano citato in quest'articolo.
4. Che cosa intende il giornalista con l'espressione «fanno lustro a un paese come il nostro»?
5. Analizza, in base alle testimonianze, la relazione che queste persone stabiliscono con l'Italia.
6. Come il sistema inglese valuta la formazione degli italiani?

Attraverso questo articolo spiega come viene percepita «la fuga dei cervelli italiani all'estero».

2 La fuga dei cervelli

Grammatica

Futur → p. 118

*i posti **saranno** esauriti ~ ma quanti **potranno** essere ~ l'anno prossimo **diventerà** ordinario*

Conditionnel → p. 118

*adesso **avrei** la possibilità*

L'usage du participe passé absolu → p. 160

Tornato in Italia ~ Intervistato, selezionato e assunto

Riflettiamo insieme

L'esodo dei cervelli dev'essere considerato più una perdita o una ricchezza per un paese? Giustifica la tua opinione.

Grammatica

Unità 6

→ Précis grammatical p. 150
→ Exercices p. 174

Le futur

Dans la leçon 3 de cette unité, tu as rencontré des verbes conjugués au futur : *i posti saranno esauriti ~ quanti potranno essere...*
→ Tu seras amené à employer ce temps pour faire part de tes projets sur l'avenir.

1 Transforme les phrases suivantes au futur.
1. Il mondo intero **parla** di questa invenzione così geniale.
2. I giovani **prendono** esempio dal rigore degli scienziati.
3. Molta gente **attribuisce** l'invenzione del telefono a Meucci.
4. Il suo progetto non **dorme** in un cassetto.
5. La sua osservazione della natura l'**ha** ispirato molto.
6. La ricerca nel mondo **va** a gonfie vele.
7. L'inventore non **deve** prendere il rischio di farsi rubare le proprie idee.
8. Quando **ottiene** il brevetto l'inventore **può** stare tranquillo.

Pour aller plus loin

2 Tu reçois une bourse d'étude qui te permet d'aller étudier un an dans le pays de ton choix. Indique quels bénéfices tu tireras de cette expérience. Rédige un court texte et emploie dix verbes au futur.

Le conditionnel présent

Au cours des leçons, tu as rencontré le conditionnel : *avrei la possibilità...*
→ Tu seras amené à l'employer ici pour évoquer le potentiel de nouvelles découvertes.

3 Transforme les phrases suivantes au conditionnel présent.
1. Una ditta internazionale **commercializza** questa nuova invenzione.
2. Questo ricercatore **svolge** un lavoro con colleghi stranieri.
3. Senza ricerche accanite, il suo lavoro **finisce** nel nulla.
4. Con il fenomeno della fuga dei cervelli molti scienziati **partono** soprattutto negli Stati Uniti.
5. I paesi non **vedono** di buon occhio la partenza dei loro scienziati più noti.
6. L'inventore non **vuole** vendere la sua idea.
7. **Possono** dedicarsi un anno a questo progetto, ma non vogliono.

Pour aller plus loin

4 Imagine une invention géniale et précise ce qu'elle changerait pour l'humanité. Rédige un petit texte en employant dix verbes au conditionnel présent.

Les formes impersonnelles

→ Pour réaliser le *progetto intermedio* tu seras amené(e) à évoquer les qualités d'un objet que tu auras inventé. Pour énumérer ses caractéristiques et pour donner des conseils sur son utilisation, tu auras recours à différentes expressions impersonnelles.

5 Traduis les phrases suivantes en respectant l'emploi des formes impersonnelles
1. Il est nécessaire de lire la notice pour faire fonctionner cet appareil.
2. Il est indispensable de l'utiliser correctement.
3. Pour réduire les risques, il serait mieux de manipuler cet objet avec prudence.
4. Il est préférable de débrancher la prise.
5. Il convient de recharger la batterie.
6. Il vaut mieux privilégier un usage correct pour préserver les qualités de cet appareil.
7. Un nettoyage à sec servirait à prolonger la durée de vie de cette invention.
8. Il est recommandé de remplacer les piles assez souvent.

Pour aller plus loin

4 Imagine une invention géniale et précise ce qu'elle changerait pour l'humanité. Rédige un petit texte en employant dix verbes au conditionnel présent.

Lessico

Per approfondire e arricchire

1 Sur le modèle suivant, cherche tous les dérivés possibles.

Exemple : *l'inventare → l'inventore, l'invenzione, l'inventiva, inventivo…*

1. la scienza
2. la ricerca
3. il genio
4. l'idea
5. il sapere
6. innovare
7. l'esperimento
8. conoscere

2 Complète ce texte avec des mots que tu as rencontrés dans l'unité.

Archimede nacque a Siracusa nel 287 a.C. Diventò un grande _____.

L'interesse per le _____ gli fu trasmesso dal padre che era un astronomo. Sin da piccolo dimostrò un grande _____ che mise al servizio delle sue geniali _____.

_____ soprattutto per il principio che porta il suo nome: «Ogni corpo immerso in un fluido subisce una spinta verticale, diretta dal basso verso l'alto, pari al peso del fluido spostato».

Noto anche per le sue macchine da guerra (la catapulta, gli specchi ustori) Archimede si distinse per le sue brillanti _____; aveva _____ e costruito dei congegni militari che aveva potuto _____ durante una battaglia contro i romani.

3 Trouve à quelle définition correspondent le mieux les expressions ou proverbes suivants.

a. Dare riconoscimento
b. Chi dà retta al cervello degli altri butta via il suo.
c. Montarsi la testa
d. Ti sei bevuto il cervello!

1. Diventare orgogliosi
2. Attribuire un valore monetario, morale, onorifico
3. Sei diventato matto!
4. Chi si fida dell'opinione degli altri perde la propria

4 Relie les mots de droite à l'une des catégories suivantes.

1. la fuga dei cervelli
2. la scienza
3. il campo
4. l'invenzione
5. il progresso

gli esperimenti, cambiare, la macchina, l'approccio, l'estero, la caffettiera, innovare, la meccanica, il laboratorio, migliorare, il computer, la ricerca, l'abbandono, fuggire, svuotare, il paracadute, la chimica, sviluppare, la tecnologia, l'esodo, il rigore, emigrare, il prototipo

5 Quel(s) adjectifs ou verbe(s) ne peut-on pas utiliser devant les mots proposés ?

1. una scoperta
   - ❏ brevettare
   - ❏ fare
   - ❏ offrire
   - ❏ ispirare
   - ❏ vantare

2. un'invenzione
   - ❏ commercializzare
   - ❏ decretare
   - ❏ dedicarsi a
   - ❏ sognare
   - ❏ scontare

3. un'ispirazione
   - ❏ geniale
   - ❏ audace
   - ❏ banale
   - ❏ rigorosa
   - ❏ interessante

Per allenarti

1 Tu collabores à la rédaction d'un site qui propose l'achat d'objets destinés à faciliter le quotidien (les tablettes numériques, les robots ménagers, les aspirateurs, la machine à laver…). Choisis-en 2 et pour chacun énumère les qualités et les limites avec les améliorations à apporter.

2 Rédige quelques phrases pour convaincre les parents de l'utilité de ces jeux éducatifs.

Società e cultura

Unità 6

> L'Italia è spesso considerata come il paese della moda, del design, dell'arredamento, dell'alimentazione; tuttavia, non è solo questo. È anche e soprattutto un Paese in cui la tradizione si concilia con l'innovazione.
>
> **Beniamino Quintieri**, economista, ex presidente dell'Istituto per il commercio estero

RITA LEVI MONTALCINI. I MIEI PRIMI CENTO ANNI

Cento anni tondi. Rita Levi Montalcini li compirà il 22 aprile.

La incontro a Roma, nella sede della sua Fondazione che in più di dieci anni ha assegnato 7.000 borse di studio a ragazze africane, dall'istruzione elementare alla formazione universitaria e post-universitaria. Elegante come sempre, la schiena ingobbita, cammina a piccoli passi. Ma la sua stretta di mano è decisa. La grande vecchia della scienza, della cultura e, da quando Ciampi la nominò senatrice a vita, anche della politica, ha fretta.

Sono le sei e mezzo del pomeriggio e vuole andare a casa, «ho tante cose da fare». La sua giornata come sempre è cominciata all'alba, dorme poco, due-tre ore per notte, ha trascorso la mattinata all'Ebri, European Brain Research Institute, l'Istituto da lei voluto per la ricerca sulle neuroscienze, e nel pomeriggio è venuta a lavorare alla Fondazione. Giuseppina Tripodi, da oltre 40 anni la sua più stretta collaboratrice, la informa sui problemi burocratici che stanno bloccando fondi molto attesi per l'Ebri. Il suo viso è sinceramente addolorato, non capisce perché si possa rischiare di fermare una ricerca che interessa tutta l'umanità. Come darle torto.

In questi giorni tutti la vogliono festeggiare. Piovono gli inviti, ma l'appuntamento più prestigioso, il giorno del compleanno, sarà la conferenza in suo onore sul fattore di crescita nervoso, noto come Ngf, che lei scoprì nel 1952 e per il quale ha ricevuto il Nobel per la medicina nel 1986. Ci saranno i più noti scienziati internazionali, fra i quali altri tre Nobel. Lei è lusingata, ovvio, ma è come se volesse già archiviare i festeggiamenti. Ha urgenza di fare e di comunicare Rita Levi Montalcini. Si sofferma sempre meno a raccontare la sua gioventù a Torino, le persecuzioni antisemite che l'hanno costretta a vivere per mesi nascosta in una camera da letto, a concentrarsi nella ricerca sugli embrioni di pollo (e fu lì che cominciò la scoperta dell'Ngf). Ora pensa ai giovani, soprattutto alle giovani. Non a caso nel suo istituto lavorano una quindicina di donne. La sua Fondazione si occupa di sostenere agli studi ragazze di diversi Paesi dell'Africa. Fra i tanti suoi libri, due sono dedicati proprio ai ragazzi. *Eva era africana* e *Le tue antenate*. Quest'ultimo racconta 70 pioniere del passato, esempio di emancipazione, genio e perseveranza. Donne che hanno dovuto lottare contro i pregiudizi per poter utilizzare le loro capacità intellettuali.

A n° 16, RcS Periodici, 22 aprile 2009

1. Chi sostiene Rita Levi Montalcini con la sua Fondazione? In che modo?
2. Come possiamo spiegare il suo impegno?

| HOME | CHI SONO | SCRIVIMI | ARCHIVIO | RESTIAMO IN CONTATTO   *Lascia la tua e-mail*   **INVIA**

27.01.2011
NASCE PER L'ITALIA.COM

NICOLA ZINGARETTI

Nasce Per l'Italia.com, la rete dei talenti italiani all'estero. Da molti decenni l'Italia è abituata a esportare nel mondo l'eccellenza delle sue merci. Il suo made in Italy. Ma da alcuni anni a questa tradizionale forza se ne è aggiunta sempre di più un'altra: l'eccellenza dei talenti e delle idee. Gli italiani nel mondo sono, sempre di più, apprezzati ricercatori, professionisti, creativi, manager, funzionari e dirigenti di grandi istituzioni sovrannazionali. Uomini e donne che hanno deciso di stabilirsi all'estero in modo temporaneo o permanente perché richiesti e apprezzati per le loro qualità e la loro preparazione.

In un mondo in cui le cose, le persone, le idee circolano sempre più velocemente, e in cui la vivacità del capitale umano è, sempre più, il parametro fondamentale per misurare la competitività di una nazione, è importante imparare a considerare questo patrimonio non solo come una fuga di cervelli, uno spreco di risorse e intelligenza, ma come una ricchezza su cui puntare. Una ricchezza che l'Italia deve valorizzare e non abbandonare. Una ricchezza di cui l'Italia ha bisogno per crescere.

Un tempo le rimesse[1] degli emigranti erano soldi immessi nell'economia italiana. Oggi le rimesse di cui abbiamo bisogno sono idee, proposte, competenze.

Abbiamo voluto promuovere questo sito per dare vita a una rete aperta, chiamando tanti talenti italiani nel mondo a confrontarsi e essere protagonisti di una battaglia di idee su quattro grandi temi fondamentali per il futuro del loro Paese.

Come tornare a crescere, dopo un decennio di stagnazione, immobilità sociale e aumento delle disuguaglianze.
Come far funzionare lo Stato per garantire un contesto civico competitivo con quello dei grandi Paesi del mondo.
Come dare cittadinanza ai tanti che non si sentono più rappresentati da una Repubblica che non riesce più a soddisfare bisogni e ad offrire opportunità.
Come fare spazio al talento, per stare nella competizione mondiale scommettendo sull'innovazione e la qualità.
Nello spazio libero della Rete, vogliamo discutere di economia, politiche sociali, politiche urbane, ambiente, territorio, creatività, tecnologie, infrastrutture, diritti, pubblica amministrazione…
Sono i temi di una nuova agenda di priorità di cui il nostro Paese ha bisogno per essere più forte e più rispettato nel mondo. Sono i temi su cui vogliamo confrontarci per dare voce, insieme, a un'Italia nuova.

http://www.nicolazingaretti.it/giornopergiorno/nasce-per-litalia-com

1. *les versements*

---

1. A chi si rivolge questo sito? Qual è il suo obiettivo?
2. Quali sono i temi su cui ci si deve confrontare?

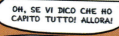

1. Nadia Ioli Pierazzini, Francesca Riccioni, Vittoria Balandi, *Galileo! Un dialogo impossibile*, Felice Editori 2009

1. Osserva il fumetto e indica gli elementi anacronistici per l'epoca di Galileo.
2. Qual è lo scopo di un fumetto di questo tipo?

Unità 6
L'angolo della lettura

1 Ettore Majorana.
Questo annuncio della famiglia Majorana apparve sulla *Domenica del Corriere* del 17 luglio 1938

calcolarlo? Ci deve essere in questo numero – undici – un qualche mistero, un qualche messaggio. Forse un matematico, un fisico, un esperto di cose marittime, potrebbero tentare di decifrarlo. A meno che Majorana non l'avesse messo lì appunto perché si credesse a un'intenzione, a un messaggio: e per un po' noi abbiamo creduto che lui avesse calcolato l'ora in cui, per i movimenti del mare nel golfo di Napoli, il suo corpo non si sarebbe più ritrovato.

- Perché l'ora indicata da Majorana nella sua lettera lascia l'autore perplesso? Qual'è ipotesi a proposito della scomparsa del giovane scienziato che quest'indicazione gli permette di escludere?

BRANO 2: CHE COSA SAPEVA MAJORANA?

Ha precisamente visto la bomba atomica? I competenti, e specialmente quei competenti che la bomba atomica l'hanno fatta, decisamente lo escludono. Noi non possiamo che elencare dei fatti e dei dati, che riguardano Majorana e la storia della fissione nucleare, da cui vien fuori un quadro inquietante. Per noi incompetenti, per noi profani.

Nel 1931, Irène Curie e Fréderic Joliot[4] *come un effetto Compton sui protoni* avevano interpretato i risultati di certi loro esperimenti.

Leggendo questa loro interpretazione, Majorana aveva detto subito - concorde[5] la testimonianza di Segrè e di Amaldi[6] – quello che Chadwick il 17 febbraio del '32 scriveva in una lettera alla rivista *Nature*. Solo che Chadwick[7], se il titolo della lettera non ci inganna, proponeva la sua interpretazione come possibile *(Possible existence of a neutron)*, mentre Majorana con sicurezza e ironia aveva immediatamente detto: *Che sciocchi, hanno scoperto il protone neutro e non se ne sono accorti.* Nel 1932, sei mesi prima che Heisenberg[8] pubblicasse il suo lavoro sulle «forze di scambio», Majorana, come abbiamo visto, aveva enunciato la stessa teoria tra i colleghi dell'Istituto romano e respinto la loro esortazione a pubblicarla. Quando Heisenberg la pubblica, il suo commento è che aveva detto tutto quel che si poteva dire sull'argomento *e probabilmente anche troppo*. Un «troppo» scientifico o un «troppo» diciamo morale?

Nel 1937 Majorana pubblica una *Teoria simmetrica dell'elettrone e del positrone* che, ci par di capire, non è entrata in esatta circolazione se non dopo vent'anni, con la scoperta di Lee e Yang delle *elementary particles and weak interaction*.

- Come si comporta Majorana mentre tutti i grandi scienziati europei dell'epoca pubblicano i risultati delle loro ricerche? Come si potrebbe spiegare quest'atteggiamento?

Questi tre dati mostrano una profondità e prontezza di intuizione, una sicurezza di metodo, una vastità di mezzi e una capacità di rapidamente selezionarli, che non gli avrebbero precluso[9] di capire quel che altri non capiva, di vedere quel che altri non vedeva – e insomma di anticipare, se non sul piano delle ricerche e dei risultati, sul piano della intuizione, della visione, della profezia. Amaldi dice: *alcuni dei problemi da lui trattati, i metodi seguiti nella loro trattazione e, più in generale, la scelta dei mezzi matematici per affrontarli, mostrano una naturale tendenza a precorrere i tempi che in qualche caso ha quasi del profetico.* E Fermi, conversando con Giuseppe Cocconi nel 1938, dopo la scomparsa: *Perché, vede, al mondo ci sono varie categorie di scienziati.*

Persone di secondo e terzo rango, che fan del loro meglio ma non vanno molto lontano. Persone di primo rango, che arrivano a scoperte di grande importanza, fondamentali per lo sviluppo della scienza. Ma poi ci sono i geni, come Galileo e Newton. Ebbene, Ettore Majorana era uno di quelli. Majorana aveva quel che nessun altro al mondo ha; sfortunatamente gli mancava quel che invece è comune trovare negli altri uomini: il semplice buon senso. […]

È storia ormai a tutti nota che Fermi e i suoi collaboratori ottennero senza accorgersene la fissione (allora scissione) del nucleo di uranio nel 1934. Ne ebbe il sospetto Ida Noddack[10]: ma né Fermi né altri fisici presero sul serio le sue affermazioni se non quattro anni dopo, alla fine del 1938. Poteva benissimo averle prese sul serio Ettore Majorana, aver visto quello che i fisici dell'Istituto romano non riuscivano a vedere.

Leonardo Sciascia, *La scomparsa di Majorana,* 1975

- Quali erano le qualità di Majorana? Che cosa lo distingueva dagli altri scienziati?

- Secondo Leonardo Sciascia, che cosa poteva aver capito Majorana prima degli altri? Perché questa sua intuizione può avere un rapporto con la sua scomparsa?

1. la migraine – 2. le sommet – 3. realizzare – 4. Coppia di chimici francesi (Premio Nobel per la chimica nel 1935 per la loro scoperta sulla radioattività artificiale). – 5. conforme a – 6. Enrico Fermi formò un gruppo di ricerca con Emilio Segrè, Edoardo Amaldi, Bruno Pontecorvo e Ettore Majorana. – 7. fisico inglese (Premio Nobel per la fisica nel 1935 per la scoperta dell'esistenza del neutrone) – 8. fisico tedesco (Premio Nobel per la fisica nel 1932) – 9. precludere: vietare, escludere – 10. chimica e fisica tedesca, fu la prima a elaborare l'idea della fissione nucleare nel 1934.

1. Fare un ritratto del giovane scienziato a partire dalle informazioni presenti nel testo (personalità, qualità, rapporto con gli altri).
2. Perché la sua scomparsa fa inevitabilmente nascere dei sospetti?
3. Quali ipotesi si possono formulare a proposito delle circostanze reali di questa scomparsa?
4. Leggere la conclusione dell'articolo giornalistico proposto qui sotto sulla scomparsa dello scienziato e confrontare le diverse ipotesi formulate a quelle della giornalista. Quale sembra più verosimile per la giornalista? Per quali ragioni?

Per saperne di più

– Il film di Gianni Amelio sul gruppo di Fermi *I ragazzi di via Panisperna* (1988)
– L'articolo: «È il volto di Majorana, 10 punti uguali» http://www.corriere.it/cultura/11_giugno_07/sarzanini-majorana-dieci-punti-uguali_aef0de96-90f0-11e0-9c7b-81ce3178052c.shtml

La scomparsa di Majorana

Per spiegare la scomparsa di Majorana esistono diverse ipotesi; la meno credibile resta quella del suicidio (la famiglia non crederà mai a questa tesi e nemmeno i suoi collaboratori). In un libro del 1987 il fisico Ernesto Recami sostiene che Majorana si sia imbarcato verso il Sud America e lì si sia ritirato a vita privata, pur mantenendo la sua identità. C'è chi invece sostiene che egli abbia preso l'identità di un barbone, tale Tommaso Lipari, conosciuto da tutti a Mazzara del Vallo o addirittura chi ipotizza che Majorana sia stato eliminato affinché le cose andassero come dovevano andare. Resta il mistero su che fine abbia fatto davvero Ettore Majorana. A mio avviso la tesi più suggestiva, nonché quella più in linea con la personalità così complessa di questo grande scienziato, resta proprio quella di Sciascia: nel suo libro ipotizza che Majorana abbia intuito le tremende potenzialità della scoperta della fissione dell'uranio e abbia in un certo senso abiurato alle sue conoscenze da scienziato, scegliendo deliberatamente di isolarsi dal resto del mondo e chiudendosi in qualche remoto convento italiano.

Maria Cristina Onorati, 11 luglio 2007, www.psicoanalisi.it

Unità 7

Miti e eroi • Spazi e scambi • Luoghi e forme del potere • **Idea di progresso**

Lezione prima

Arte per gioco

Per cominciare
- Ci sono opere d'arte che occupano un posto importante nella tua vita? In che senso?

Vocabolario
- I fanciulli
- accarezzare
- appoggiato
- una roccia
- profanare
- il manto, il mantello, il vestito
- il volto, il viso

1 Raffaello Sanzio, *La Madonna del Cardellino* (1507)

2 Giovanni Veneziano, *La madonna del pipistrello* (20

1. Osserva e parla

1. Cerca i punti in comune e le differenze tra queste due opere.
2. Rileva gli elementi ironici presenti nell'opera rivisitata.
3. Confronta i personaggi (atteggiamento ed espressione del viso) e spiega in che cosa sono differenti.
4. Quale atmosfera regna nei due quadri?
5. Che senso ha, per te, un'opera classica rivisitata in chiave moderna? Potresti citare esempi concreti per illustrare la tua opinione?

2. Osserva, ascolta e parla

Ascolta il servizio sulla mostra ZeitGeist di un artista contemporaneo italiano.

1. Qual è il ruolo dell'arte secondo Alda Merini?
2. Cita tutte le informazioni che riguardano l'artista.
3. A proposito dell'esposizione rileva:
   - il luogo in cui avviene,
   - gli orari di apertura,
   - in che cosa consiste,
   - alcuni personaggi messi in mostra.
4. Spiega da cosa prende spunto l'artista e precisa qual è il suo scopo.
5. Qual è stata la risposta del comune di Pietrasanta?
6. Come ha reagito l'ex sindaco?

Secondo te un artista può esprimere tutto quello che desidera in nome dell'arte?

Due opere di Giovanni Veneziano

3

4

L'arte è una cosa seria?

3. Leggi e scrivi

Mecenate per passione

È tornato poco meno di un anno fa a Roma, per la seconda volta nel ruolo di ambasciatore in Italia della Repubblica Federale di Germania. Michael H. Gerdts non fa misteri della sua passione per la città e per l'arte. È facile incontrarlo per mostre e vernissage. [...]

Che cosa si prova a trasformare la propria residenza in galleria?

Io e mia moglie, Stefanie Rau Gerdts, viviamo con l'arte. Andiamo spesso alle esposizioni, conosciamo gli artisti. La residenza è soprattutto un luogo di comunicazione, qui si incontrano Italia e Germania. Elvira Bach è un'artista molto speciale, e un'amica di vecchia data. Siamo affascinati dalla sua opera, e felici di averla potuta ospitare.

Come ha trovato la città dopo qualche anno di assenza?

Mi ha fatto piacere che siano stati creati grandi musei come il MAXXI e il Macro, ambedue interessanti presentazioni dell'arte moderna. Altrettanto interessanti sono le gallerie, molto più vivaci di un tempo. Roma è Barocco e Rinascimento: mancava questo elemento di arte moderna e contemporanea.

Perché tanto interesse per l'arte contemporanea?

Il motivo è che mi coinvolge direttamente. L'arte è sempre l'espressione dello spirito del tempo e delle sfide del presente. E io, nel mio lavoro di diplomatico, dialogo con il presente. Nell'arte contemporanea, poi, troviamo risposte e domande provocatorie.

Che cosa le mancava di Roma?

Il mio percorso da Villa Almone alla sede dell'ambasciata passa sempre attraverso i Fori Imperiali. Tiro giù il finestrino e inspiro l'aria dell'antica Roma, immagino le battaglie nel Colosseo fra gladiatori. Un altro luogo magico per me e per mia moglie è l'Appia Antica. Ci andiamo in bicicletta, e al tramonto godiamo della sua magnifica vista.

Il futuro dell'arte è nel mecenatismo?

Credo che i mecenati e gli sponsor privati abbiano la stessa importanza oggi che nel passato. Senza i papi non ci sarebbero state figure come Michelangelo e Bernini. In Germania abbiamo un'ottima struttura pubblica di donazione e finanziamento a sostegno dell'arte. Il sostegno pubblico è il primo pilastro del sistema. Ogni grande città ha un teatro lirico, un museo di arte classica e un museo di arte contemporanea. Il secondo pilastro è il sostegno privato dei grandi mecenati, imprenditori che hanno creato fondazioni per sostenere il mondo dell'arte.

Intervista di Roberta Petronio, da *Il Giornale dell'Arte* numero 311, luglio 2011

1. Quale elemento segna il passaggio da ambasciatore a mecenate?
2. Rileva gli aspetti che hanno cambiato il volto della Capitale.
3. Quale legame esiste tra questo diplomatico e l'arte contemporanea?
4. Quale ruolo ha l'antichità nella quotidianità dell'ambasciatore tedesco?
5. Cita le fonti che permettono di sostenere e di far vivere l'arte.

Aiutandoti con il *Lo Sapevi?* spiega quali sono le differenze sostanziali che esistono tra il mecenatismo di oggi e quello di ieri.

Grammatica

La personne de politesse → p. 138

Come **ha** trovato la città... ~ Che cosa **le** manc**ava** di Roma

Lo sapevi?

I mecenati

Con il termine «mecenatismo» si indica quel fenomeno con il quale personaggi ricchi e potenti proteggevano e finanziavano le arti e le lettere. Questa parola deriva da Gaio Mecenate, un influente ministro che durante l'impero di Augusto aveva protetto, aiutato, incoraggiato scrittori noti, come Virgilio e Orazio. Nel passato ci furono mecenati ecclesiastici (uomini di Chiesa che commissionavano opere religiose) e mecenati laici (principi, mogli di signori, associazioni). Ognuno provvedeva al sostentamento dell'artista con una remunerazione o garantendogli vitto, alloggio, vestiti, denari e proprietà. Tra questi ricordiamo Lorenzo il Magnifico (De'Medici), Ludovico Sforza, Isabella d'Este, Papa Giulio II. Oggi il mecenatismo viene incarnato da imprenditori che sponsorizzano l'arte o da associazioni come il FAI (Fondo Ambiente Italiano) che tutelano, conservano i beni pubblici considerati di interesse storico.

Progetto intermedio

Proponi una versione moderna e personale del capolavoro di un artista italiano. Giustifica le tue scelte per convincere uno sponsor o un mecenate a finanziare il tuo progetto.

Unità 7 – Lezione seconda

Miti e eroi • **Spazi e scambi** • Luoghi e forme del potere • Idea di progresso

Forza lirica

Per cominciare
- In quale contesto possiamo sentire arie famose di lirica?
- Potresti citare alcune di queste arie?

① Stadio di Torino, 10 febbraio 2006

② Spettacolo lirico nello stadio

1. Osserva e parla

1. Quale evento è rappresentato nella prima immagine?
2. Osserva le foto e rileva gli elementi che dimostrano che si tratta di un evento sportivo di grande importanza.
3. Quale funzione può avere la lirica in questo tipo di manifestazione?

Vocabolario
- i cerchi olimpici
- le gradinate
- lo spalto
- il palcoscenico
- il cantante lirico

2. Ascolta e scrivi
piste 23

Ascolta la parte finale della cerimonia d'apertura dei XX Giochi olimpici invernali che si è svolta a Torino, il 10 febbraio 2006.

1. Quale pezzo famoso della lirica interpreta Luciano Pavarotti?
2. Secondo i giornalisti, come viene accolta dal pubblico la sua esibizione? Giustifica la tua risposta.
3. Con quale parola, ripetuta tre volte, si chiude l'aria interpretata da Luciano Pavarotti?
4. Nell'ambito di una competizione sportiva, quali sentimenti prova il pubblico ascoltando queste parole?
5. Alla fine dell'esibizione si sente il clamore del pubblico, come possiamo spiegare questa reazione?

Citando esempi concreti, mostra che la musica associata a un evento sportivo maggiore può avere un ruolo determinante.

Vocabolario
- l'entusiasmo
- il fervore
- vibrare per l'emozione
- sentirsi coinvolto

L'arte è una cosa seria?

3. Leggi e scrivi

Nessun dorma!

Nel brano che segue, tratto dal terzo atto dell'opera Turandot *di Giacomo Puccini, il principe Calaf aspetta il momento in cui potrà finalmente conquistare l'amore della principessa Turandot.*

La folla:
Nessun dorma! Nessun dorma!

Calaf:
Nessun dorma! Nessun dorma!
5 Tu pure, o Principessa,
nella tua fredda stanza
guardi le stelle
che tremano d'amore e di speranza…
Ma il mio mistero è chiuso in me,
10 il nome mio nessun saprà!
No, no, sulla tua bocca lo dirò,
quando la luce splenderà!
Ed il mio bacio scioglierà[1]
il silenzio che ti fa mia.

Le donne: 15
Il nome suo nessun saprà…
E noi dovrem, ahimè, morir, morir!

Calaf:
Dilegua[2], o notte! Tramontate[3], stelle!
Tramontate, stelle! All'alba vincerò! 20
Vincerò! Vincerò!

1. *(ici) brisera* – 2. *dissipe-toi* – 3. *(ici) dispersez-vous*

Aiutandoti con la parte *Lo sapevi?*, rispondi alle domande seguenti.
1. Quale momento della giornata attende il principe Calaf?
2. Cita le parole che esprimono la sua impazienza.
3. Spiega i versi seguenti: «Ma il mio mistero è chiuso in me, il nome mio nessun saprà!» (r. 8).
4. Mostra che il principe nutre sentimenti di amore verso la principessa Turandot. Giustifica con elementi del testo.
5. Metti in rilievo l'importanza del registro poetico in quest'opera, illustrando con esempi precisi.

Lo sapevi?

Nessun dorma è una celebre composizione musicale tratta dall'opera *Turandot* di Giacomo Puccini. La prima rappresentazione ha luogo al Teatro alla Scala di Milano il 25 aprile 1926.
L'azione si svolge a Pechino, in una Cina immaginaria. Turandot, una principessa fredda e sanguinaria, decide di sposare colui che risolverà tre enigmi da lei dettati. Ma nessuno dei pretendenti riesce a trovarne la soluzione e viene decapitato per volere della principessa.
Un ennesimo pretendente, il principe Calaf, attirato dalla sublime bellezza di Turandot decide di tentare, anch'egli, la risoluzione dei tre enigmi e ci riesce. Ma la principessa minaccia Calaf di mostrarsi astiosa e crudele. Calaf, sicuro di sé, propone, a sua volta, alla principessa una sua sfida che egli stima insolubile: se la principessa, prima dell'alba, riuscirà a scoprire il suo nome, egli accetterà la morte allo stesso modo degli altri pretendenti. Ma in cuor suo Calaf è sicuro di vincere la sfida e quindi di poter sperare di essere amato dalla principessa.

③ Locandina (1926) dell'opera lirica

Grammatica

Aimer, ses dérivés et ses contraires → p. 150

Mi piace (≠ *non mi piace*) la musica lirica.
Adoro (≠ *detesto*) ascoltare la musica classica.
Vado pazzo (≠ *odio/non lo posso soffrire*) per Pavarotti.
Boccelli ha una voce che **mi fa impazzire** (che **mi infastidisce**).

Progetto intermedio

Molte cerimonie per eventi sportivi usano come base delle arie tratte da opere liriche famose. Allo stesso modo scegli l'aria o la musica che preferisci (puoi anche riprendere quella di *Nessun dorma!*) e scrivi un breve testo per adattare il ritornello all'evento scelto.

Unità 7

Lezione terza

Miti e eroi · azi e scambi · Luoghi e forme del potere · Idea di progresso

Artisti o vandali?

Per cominciare
- Che cosa evoca per te l'espressione «arte di strada»?

Vocabolario
- Il graffista/il writer
- il grafico
- i graffiti/le scritte
- il videogioco
- la bomboletta spray

 Street Art, Napoli, 2011

1. Osserva e parla

Osserva le due foto e da' il tuo parere.
1. Quale parola ti sembra più adatta per parlare di queste foto: arte o vandalismo? Spiega perché.
2. Quali elementi della foto 1 sono caratteristici di un'espressione artistica moderna?
3. Che cosa cerca di esprimere un graffitista attraverso le sue scritte? Che tipo di reazioni possono provocare i suoi disegni?
4. Che cosa rappresenta la scena della foto 2? Chi dovrebbe trovarsi al posto del personaggio di Super Mario?
5. Che cosa dà una dimensione comica al fotomontaggio? Si tratta di un insulto o di un omaggio all'opera di Michelangelo? Giustifica la tua risposta

L'aspetto estetico costituisce, secondo te, il criterio più importante per giudicare il valore di un'opera?

 Il famoso idraulico Super Mario e...

2. Ascolta e parla

CD classe 2 · piste 25

 Ascolta l'intervista ad un giovane writer di Roma e rispondi.
1. Quali sono le tre domande formulate dalla giornalista?
2. Come e quando nasce un writer?
3. Come il giovane intervistato definisce la sua attività? Quali concetti separano secondo lui le nozioni di arte e di vandalismo?
4. Come egli interpreta l'atteggiamento di quelli che scrivono sui palazzi storici? Secondo lui si tratta di veri writer?

L'arte è una cosa seria?

3. Leggi e scrivi

Writing/graffitismo, arte o vandalismo?

Molti collegano la parola arte ai musei… musei a quadri… quadri a grandi artisti internazionali. Io ad arte collego tutto. Tutto è arte, dalla musica, ai quadri, alle poesie, alla grafica, ai writer. I writer, artisti di strada, artisti di grande talento, sono distinti dal fatto che non usano una tela come base, ma i muri delle nostre città. E questo è un reato[1]? È un reato decidere di creare qualcosa di eccezionale in luoghi da tutti
5 visibili? Per alcuni si… Il writing, o anche detto graffitismo, è una manifestazione sociale, culturale e artistica diffusa in tutto il pianeta, che si basa sull'espressione della propria creatività attraverso interventi su materiale urbano. Questo fenomeno viene spesso considerato un atto di vandalismo, poiché spesso i supporti utilizzati sono mezzi pubblici o edifici di interesse storico e artistico. La differenza tra atti di vandalismo e il writing la si trova nelle motivazioni che spingono a dipingere. Il fenomeno del writing ci colpisce
10 con un tale impatto da non poter esser frainteso[2]. Il confine fra l'Arte e il Vandalismo e tra Fascino e Illegalità non è altro che una serie di sfumature, e a illuminare il pubblico (spesso, ma non sempre capace di interpretare correttamente i concetti proposti) ci hanno pensato artisti di fama internazionale. Tra questi si ricorda Banksy, Haring, Blu, Julian Beever *(Pavement Drawings)* ecc. Ogni writer, indipendentemente da dove proviene, ricerca e studia la propria evoluzione personale, per raggiungere un certo stile, così da
15 distinguersi dagli altri ed essere maggiormente notato. L'obiettivo che ogni writer si propone è raggiungere una certa fama all'interno del mondo dei graffiti, e far conoscere il proprio nome a chiunque; per questo è di fondamentale importanza la visibilità delle opere, ottenuta spesso grazie alla imponente presenza di tag (firme). Oltre alla fama vi è un altro elemento: la soddisfazione personale di vedere la propria opera in un contesto urbano, al di fuori dagli schemi che il sistema impone. La tag è lo pseudonimo di ogni graffitista,
20 una specie di alter-ego. La tag viene scelta dal writer , partendo, per esempio, da giochi di parole, o semplicemente scegliendo la parola che più lo rappresenta. La tag corrisponde quindi in tutto e per tutto ad una firma. Con la tag ogni writer segna la propria zona, la zona in cui lui realizzerà le proprie opere, così che gli altri writer non possano «portargliela via». Da quando esistono i graffiti i pensieri si dividono tra chi vuole che la città resti pulita da ogni tipo di scritta e tra chi invece ha reso disponibili zone urbane, così che i
25 graffitari possano esprimere la propria arte. Per esempio ci sono comuni che organizzano manifestazioni e rendono disponibili spazi per realizzare le loro opere, che in alcuni casi non possono non essere considerati opere d'arte vere e proprie. […] La *Street Art* è il nome dato dai media per comprendere quelle forme di arti che si manifestano in luoghi pubblici. Ogni artista che pratica *Street Art* ha delle motivazioni personali, che possono essere varie. Alcuni la praticano come forma di sovversione, critica o come tentativo di
30 abolire la proprietà privata, rivendicando le strade e le piazze; altri invece vedono le città come un posto in cui poter esprimere le proprie emozioni ed esperienze, la propria arte attraverso le loro creazioni. La *Street Art* infatti vanta un pubblico vastissimo, spesso più ampio di quello di una tradizionale galleria d'arte.

Jessica Marani, http://www.flashgiovani.it

1. delitto – **2.** non capito

1. In che modo l'autore dell'articolo definisce l'arte?
2. Come giustifica l'uso della parola "arte" per definire l'attività dei graffitisti?
3. Che cosa permette di fare la distinzione tra il writing e il vandalismo?
4. Che cosa ricerca innanzitutto un graffitista? Perché la scelta della sua firma è fondamentale per la sua attività?
5. Come reagiscono i comuni di fronte a questo fenomeno?
6. Quali sono le diverse motivazioni di un graffitista? Sono compatibili con il principio di una mostra in una galleria d'arte?

Ritrova e metti a confronto gli argomenti favorevoli e quelli sfavorevoli al fenomeno del graffitismo.

Grammatica

Les pronoms relatifs → p. 138

in cui lui realizzerà ~ *comuni che* organizzano…

Riflettiamo insieme

La distinzione tra «arti maggiori» e «arti minori» ha un senso per voi? Che cosa può giustificare questa divisione?

Grammatica

→ Précis grammatical p. 150
→ Exercices p. 174

La forme de politesse

Dans la première leçon, tu as rencontré des expressions employant la forme de politesse : *Come ha trovato la città... ~ Che cosa le mancava di Roma...*

→ Comme tu le sais, en italien, on exprime la forme de politesse à la 3ᵉ personne du singulier. Sois attentif à l'usage des verbes mais aussi des pronoms et des adjectifs possessifs.

1 Transforme les phrases suivantes à la formule de politesse.
1. Vai spesso alle esposizioni d'arte organizzate nella tua città ?
2. Che cosa ti interessa di più di un'opera: il messaggio artistico o la composizione pittorica ?
3. Se vuoi ti accompagnerò di nuovo al museo, ma promettimi che non ci resterai tanto.
4. Per andare alla mostra d'arte contemporanea passi dai fori imperiali ?
5. Non pensavamo affatto di vederti così in estasi davanti alle opere di Michelangelo !
6. Che cosa provi di fronte a un'opera così famosa come la Gioconda ?
7. Ti sei lasciato influenzare dai tuoi amici e non vieni più con noi all'inaugurazione del Maxxi, che peccato...
8. Ammiro la tua passione per l'arte !
9. Vieni anche tu per favore, vedrai che trascorrerai un momento davvero piacevole.

2 Choisis la forme correcte dans cette lettre adressée à la Directrice du Centre culturel français de Rome.

Cara/---/ Egregia Signora,

Sono lieta di invitarti/invitarLa all'inaugurazione della mostra che si terrà Venerdì 11 Maggio 2012 alle ore 19:00.

Con questa mia lettera Le/le/ti scrivo per chiederti/chiederLe/chiederLa se intendi/intende accettare il nostro invito. Sarebbe un vero onore per noi accoglierti/accoglierLe/accoglierLa nella nostra galleria.

Viene/Venga/Vieni pure accompagnata dalla tua/Sua/Vostra famiglia : abbiamo organizzato un ricevimento per Voi/Tu/Lei. Speriamo che sarà di Tuo/Suo/Vostro gradimento.

A Lei/A te/A sé piacerà tanto la nuova collezione che occuperà tutto il primo piano. Potrai/Potrà assistere ad un percorso guidato dagli studenti dell'Accademia delle Belle Arti. Deciderà/Deciderai in loco se portare con te/con Sé l'audioguida che mettiamo a disposizione dei nostri visitatori.

Nell'attesa di accoglierLa/accoglierti, Ti/La prego di accettare l'espressione della mia profonda stima.

Dottor Mario Rossi

Les pronoms relatifs

Dans l'unité, tu as lu des phrases comportant des pronoms relatifs : *la zona in cui lui realizzerà le proprie opere ~ Per esempio ci sono comuni che organizzano manifestazioni...*

→ Souviens-toi que tu peux avoir recours à plusieurs formes : *che, cui* et *quale* toujours précédé d'un article défini.

3 Remplace le pronom *cui* par *il/la quale, i/le quali*.
1. I musei di cui ti ho parlato sono chiusi.
2. Non ci sono più posti liberi per andare a vedere la mostra per cui sei venuto fin qui.
3. La guida con cui intendi fare la visita della Pinacoteca è la mia professoressa di storia.
4. I musei in cui intendi andare sono chiusi eccezionalmente il lunedì 14 maggio 2012.
5. Le date per cui ho prenotato sono destinate a dei gruppi scolastici.
6. L'audioguida più interessante è stata quella con cui ho fatto la visita del Palazzo Ducale.
7. Ecco l'opera per cui Cattelan è stato tanto criticato dal pubblico.
8. Non riesco a spiegarti le ragioni per cui questa scultura non m'ispira per niente.

4 Complète les phrases suivantes avec les pronoms relatifs qui conviennent. Tu proposeras la solution de ton choix.
1. Non mi piacciono i quadri astratti .... ci sono in quella galleria d'arte.
2. Ecco la guida .... ti ho parlato.
3. Le persone .... conto non sono mai disponibili per farci visitare i musei.
4. Nell'articolo di giornale .... ti parlo si dibatte sull'interesse dimostrano i giovani d'oggi per l'arte.
5. Gli sponsor di oggi hanno la stessa funzione .... ebbero i mecenati del passato.
6. Non mi piace il modo .... l'artista affronta questo tema. Preferisco un'opera meno ermetica.
7. Se consegni il biglietto del museo .... arrivi hai uno sconto per visitare un monumento a tua scelta.
8. L'autobus .... viaggi è convenzionato con i musei della tua regione quindi il biglietto ti sarà rimborsato.

Lessico

Per approfondire e arricchire

1 Insère chaque mot dans la catégorie à laquelle il appartient. Retrouve ensuite à partir de quel <u>nom propre</u> ce nom commun ou cet adjectif a été créé. Tu peux faire une recherche sur la personnalité/le personnage qui est à l'origine de ce nom.

mecenate ~ macchiavellico ~ dantesco ~ volt ~ paparazzo ~ pantalone ~ sacripante ~ casanova ~ vespasiano

Cinema	Arte	Letteratura	Scienza	Politica

2 Relie les mots suivants au champ lexical auquel ils se rapportent
a. la pittura
b. la musica lirica
c. le arti figurative/visuali

3 Trouve tous les dérivés possibles des mots suivants.

a. arte
b. sponsor
c. musica
d. pittura
e. scritta
f. vandalo
g. figura
h. creare

4 Associe les mots suivants à leur définition.

a. un capolavoro
b. uno schizzo
c. un ritocco
d. una cornice
e. un quadro
f. un palcoscenico
g. travisare
h. colto

1. il luogo dove si esibiscono gli artisti, i cantanti e gli attori
2. massima espressione artistica
3. tutto ciò che circonda, che contorna qualcosa
4. alterare il valore di qualcosa
5. persona che ha un'ampia cultura
6. primo abbozzo di un'opera
7. una variazione che tende a correggere e abbellire
8. opera pittorica su un supporto di tela o di legno

Per allenarti

1 La Mairie de ta commune veut financer un projet visant à décorer un mur situé en face de ton immeuble. Exprime ton opinion sur cette initiative et défends tes idées auprès de ton voisin qui ne partage pas du tout ton point de vue.
(À l'oral ou à l'écrit : 5 à 6 arguments à développer. Tu peux envisager un dialogue avec un camarade dans le rôle du voisin.)

centotrentanove - 139

Unità 7 — Società e cultura

| Home page | Game Art Gallery | Artisti e opere | Link | Eventi | Ludografia |

Game Art Gallery

Neoludica intende promuovere, diffondere e perseguire l'opera scientifica intrapresa dall'istituzione italiana Game Art Gallery (e dagli altri partner co-promotori) che dal 2008 svolge un apprezzato lavoro di ricerca scientifica, produzione e contatto tra il mondo dei cultori e creatori delle GAME ART in rapporto alle arti
5 figurative, organizzando convegni e conferenze in ambito accademico e artistico. Appare poco nel panorama culturale italiano un «rapporto qualificato e verbalizzato» tra le arti figurative e la piattaforma multimediale dei *videogames,* mentre altre sono presenti e attive.

Il dibattito è aperto su come i *videogames* siano una forma d'arte ma non ancora
10 compresa dal mondo culturale. Mentre tutti creano, organizzano, dibattono, all'interno dei propri settori (ambienti-fiere, forum, università), Musea_Game Art Gallery intende creare una connessione coraggiosa e identificare scientificamente i processi e i risultati definibili arte, anzi Neoludica.

http://neoludica.blogspot.com/p/artisti.html

1. Quale legame intende stabilire la mostra Game Art Gallery?
2. Come viene definita quest'iniziativa? Perché?

1. Che cosa propone questa iniziativa?
2. Perché la scelta di questo dettaglio tratto dalla *Primavera* di Botticelli sembra perfettamente adatta al contesto?

> Trattare la realtà come una cosa che tutti ci riguarda, che per tutti ha lo stesso sapore, è un'assurdità demagogica degna di cervelli non abbastanza aperti al molteplice. Io, per esempio, ho un grande rispetto per i daltonici, e per la pertinacia con cui si ostinano a dirmi che ciò che per me è azzurro per loro è rosso. E non sarei disposto a giurare di fronte a Dio che il mio azzurro sia più vero del loro rosso. E che non sia io il daltonico.

Alessandro Piperno, *L'Espresso* 9 aprile 2009

1. Che cosa mette in rilievo questa citazione?
2. Esistono altri fattori che condizionano il nostro modo di osservare la realtà? Quali?

Luciano Pavarotti: nacque come Rodolfo, morì come Big Luciano

il 6 Settembre 2008

Il 6 settembre 2007 calava il sipario sul palcoscenico della vita del più grande tenore della seconda metà dello scorso secolo. Se non il più grande – come qualcuno potrebbe legittimamente obiettare – quantomeno colui che della propria ineguagliabile voce ha saputo fare un «veicolo» per far riavvicinare il pubblico alla grande musica, rendendo la lirica, paradossalmente, un genere un po' più «pop».

Era inconfondibile la voce di **Luciano Pavarotti**. [...] Questo perché la sua voce, oltre ad esserci diventata estremamente familiare, possedeva un'espressività capace di scuotere anche le corde più rigide e inamovibili della nostra anima. [...]

La sua brillante carriera ebbe inizio il 29 aprile 1960, quando interpretò Rodolfo nella *Boheme* di Puccini al teatro dell'opera di Reggio Emilia. [...] Ma il tenore emiliano, al di là dei tanti successi ottenuti, ha avuto – a nostro parere – un ruolo unico ed importantissimo nella storia della musica colta dello scorso secolo. L'esplosione del personaggio Pavarotti, infatti, è avvenuta in un periodo di rivoluzione e di contestazione di tutto ciò che era, in qualche modo, «istituzionale». La musica stessa non sfuggì ai moti di dissenso: il bel canto – roba per «matusa»[1] – venne soppiantato, in Italia e nel mondo, da capelloni, urlatori e rockettari di vario genere, e arduo fu tenere alto il vessillo[2] della gloriosa tradizione operistica. Lui, miracolosamente, ci riuscì. Divenne una star della lirica nel momento di maggior crisi per i teatri d'opera di tutto il mondo, conquistandosi quell'affetto che il suo pubblico gli dimostrò fino alla fine. Contribuì, insieme a pochi altri colleghi, a tirar su le sorti della musica colta e divenne il personaggio che tutti sappiamo: uno dei massimi esponenti della cultura italiana in ogni angolo del Pianeta.

Poi, all'apice della sua carriera, compì una mossa completamente inaspettata e assai rischiosa: conciliare la sua musica con quella che, come detto, ne minò la sopravvivenza: il pop. Apriti cielo![3] Piovvero invettive a valanga da parte di puristi e critici, che lo trattarono come un criminale, forse dimentichi di quanto la sua voce avesse contribuito a tenere a galla la lirica negli anni più difficili. Ma «Big» Luciano era di tempra forte.

«Big» come artista e «big» come uomo, Pavarotti zittì tutti, quando, il 27 settembre 1992, insieme a Zucchero, Lucio Dalla, Sting, i Neville Brothers, Mike Oldfield, Bryan May, Bob Geldof e Patricia Kaas, organizzò nella sua Modena un mega-concerto con l'intento di raccogliere fondi per la cura della talassemia. Fu solo la prima di ben dieci edizioni, sempre a fini umanitari, che videro il Maestro duettare[4] con le più grandi star internazionali del rock, del pop e del jazz. [...]

I Pavarotti & friends, tra l'altro, non hanno fatto bene soltanto a chi beneficiava dei proventi raccolti. Con gran disappunto di chi credeva che la musica lirica ne sarebbe uscita negativamente ridimensionata, hanno invece dimostrato che i giovani, anche se attraverso dei «compromessi», non sono del tutto «impermeabili» alla cultura e sono in grado di rendersi conto che aria, romanza, recitativo e cavata non sono sinonimo di noia. [...]

Prima di andarsene, lo scorso anno, Luciano Pavarotti ha chiesto di essere ricordato come cantante lirico, ma in futuro non lo si potrà non ricordare – oltre che come grande benefattore – anche come colui che ha fatto crollare a suon di acuti il «muro di Berlino» della musica: quello che divideva la musica cosiddetta «colta»[5] da quella cosiddetta «popolare». [...] Di certo c'è che quel Rodolfo, che dalla soffitta bohémienne di Parigi tentava di scaldarsi con la fiamma di un caminetto alimentata con il legno delle sedie e con le carte dei suoi poemi, si è guadagnato sul campo quell'appellativo di «big» che neanche il tempo saprà scalfire[6].

Claudio Cavallaro, 6 Settembre 2008, http://www.livecity.it

1. persona molto anziana – **2.** l'étendard – **3.** Oh juste ciel! – **4.** cantare con un altro artista – **5.** cultivée – **6.** entacher

Mostra come Pavarotti sia riuscito, al di là di ogni epoca, a rendere popolare la lirica e ad abbattere le barriere tra i diversi generi musicali.

Unità 7 — Progetto finale

✏️ La tua classe partecipa a un concorso che ha come obiettivo quello di dimostrare la sensibilità artistica dei giovani liceali. Con il tuo insegnante dovrai allestire una mostra che comprenda le opere più significative.

1. **Ognuno di voi dovrà scegliere almeno 4 opere** di qualsiasi stile, tradizione o corrente artistica. Potete includere delle opere internazionali, l'importante è che almeno una sia italiana;

2. **Per ogni quadro, pittura, graffito scelto spiega quello che ti ispira, quello che provi guardandolo e quello che suscita in te.** Non limitarti alla semplice descrizione. Scrivi qualche riga (6 o 7) per creare un catalogo da proporre per accompagnare e guidare la visita di tutti coloro che scopriranno la mostra.
Puoi anche scegliere una musica da abbinare alle varie opere che hai proposto e giustifica la tua scelta. Il titolo apparirà nel catalogo che sarà distribuito ai visitatori.

3. **Le opere proposte potranno essere esposte** nell'ingresso, nei corridoi, o nella biblioteca del tuo liceo.

■ Per aiutarti

- www.beniculturali.it
- www.finestresullarte.info
- www.artonline.it
- www.exibart.com
- www.mv.vatican.va/2_IT/pages/CSN/CSN_Main.html

① *Venere degli stracci* (1967) di M. Pistoletto

② *Rotazione di ballerina e pappagalli* (1917-18) di F. Depero

③ *La creazione dell'uomo* (1508-12) di Michelangelo

④ Graffista: Blu

⑤ *L'enigma di una giornata* (1914) di G. de Chirico

⑥ *Ritratto di Simonetta Vespucci* (circa 1476-1480) di S. Botticelli

Per autovalutarsi

San Giorgio e il drago (circa 1456), Paolo Uccello

 Faccio una breve relazione scritta su un'opera d'arte (una a scelta o quella proposta qui sopra) e spiego perché la trovo interessante, che cosa mi ispira, cosa ne penso.

Je suis capable de…	Niveau de référence du Cadre européen
… décrire de façon simple une œuvre à l'aide d'une série de phrases courtes en présentant les caractéristiques principales de celle-ci. Je peux dire si elle me plaît ou pas en précisant brièvement pourquoi.	A2
– Quel est le sujet de l'œuvre ? – Quelles sont ses caractéristiques principales ? – Pourquoi cette œuvre me plaît-elle (ou ne me plaît-elle pas) ?	
… faire une description brève mais détaillée de l'œuvre et exprimer les sentiments qu'elle m'inspire dans un texte simple bien articulé.	B1 (1er niveau)
– Quelles sont les différentes parties de l'œuvre ? – Que peut-on dire du dessin, des couleurs, de la perspective ? – Quels sentiments ou réactions l'œuvre suscite-t-elle chez moi ?	
… écrire un texte simple et cohérent dans lequel apparaissent, de façon organisée, des éléments de description précis ainsi que mes impressions personnelles. Je peux raconter une courte histoire inspirée de l'œuvre.	B1 (2e niveau)
– Quels sont les éléments de description dominants ? Lesquels passent au second plan ? – Quel lien existe-t-il entre ces éléments de description et les sentiments que l'œuvre m'inspire ? – Quelle histoire cette œuvre m'inspire-t-elle ?	
… écrire une critique de l'œuvre choisie dans un texte clair, structuré et détaillé constitué de phrases complexes.	B2
– À quel niveau se situe, selon moi, le talent principal de l'artiste ? – Quels sont pour moi les éléments qui font de cette œuvre un véritable chef-d'œuvre ou au contraire une œuvre sans intérêt ?	

L'angolo della lettura

Ricapitolò brevemente le cose che gli restavano da fare; le ultime cose, pensò con la sensazione di chi non sarebbe più tornato. E allora, all'improvviso, seppe con certezza che non sarebbe più tornato, che non avrebbe più messo piede in quella casa nella quale aveva trascorso quasi tutta la vita desiderando di trovarsi in luoghi esotici dai nomi misteriosi, come Yucatàn e Oaxaca. Chiuse il rubinetto del gas, quello centrale dell'acqua, staccò gli interruttori della luce, chiuse le persiane. Nell'affacciarsi alle finestre si accorse che faceva un caldo terribile. Certo, era il quindici di agosto. E pensò che aveva scelto un giorno ideale per andarsene via, un giorno in cui tutti stanno in vacanza e affollano le spiagge, tutti lontano, tutti fuori dalle città, a pigiarsi come formiche per conquistare un coriandolo di sabbia.

Era quasi l'una, ma non aveva fame. Eppure si era alzato alle sette e aveva preso solo un caffè. Il suo treno era solo alle quattordici e trenta, aveva tutto il tempo. Scelse una cartolina dal mazzetto, una cartolina che diceva «Isola di Robinson», e dietro vi scrisse: *Siamo a Timultopec, isoletta dove Robinson avrebbe potuto fare naufragio, felici come non mai, vostri Taddeo e Isabel.* Scrisse «Taddeo», un nome col quale non lo aveva mai chiamato nessuno, ma era il suo nome di battesimo, gli venne così. E poi pensò a chi avrebbero indirizzato quella cartolina. Ma per questo c'era tempo. E poi ne prese un'altra, dove si vedevano delle torri, e dietro vi scrisse: *Questa è la catena del Machu Picchu, qui l'aria è sopraffina, tanti saluti, Taddeo e Isabel.* Poi ne prese una tutt'azzurra e dietro vi scrisse: *Questo azzurro è ciò che stiamo vivendo, un oceano azzurro, un cielo azzurro, una vita azzurra.* Poi ne trovò una con una chiesa che sembrava Santa Maria Novella e dietro vi scrisse: *Così è il barocco sudamericano, una copia di quanto c'è in Europa, ma più sfumato, più sognatore, baci, Taddeo e Isabel.*

[...] Traversò il sottopassaggio piano piano, congratulandosi con se stesso per la leggerezza della valigia, e salì le scale del terzo binario. Era completamente deserto. Anzi, tutta la stazione era deserta, non c'era un unico viaggiatore. Su una panchina vide un ragazzino con una casacca bianca e una cassetta di gelati a tracolla. Anche il ragazzino lo vide, e stancamente, sistemandosi meglio la sua cassetta, gli andò incontro. Quando gli arrivò vicino gli chiese: «Vuole un gelato, signore?». Lui rispose di no, grazie; e il ragazzo si tolse il cappello bianco asciugandosi il sudore della fronte.

«Oggi era meglio se non venivo», disse.

«Non hai venduto niente?».

«Tre cornetti e una cassata, ai viaggiatori del treno delle tredici. Ma ora, escluso il suo treno, non ne passeranno più, c'è uno sciopero di tre ore che però non riguarda i rapidi». Posò la sua cassetta per terra e trasse di tasca un pacchetto di figurine. Le dispose sul bordo della panchina e poi, dandogli dei colpetti col dorso di un dito cominciò a farle volare di sotto. Quelle che cadevano le une sulle altre le raccoglieva e le disponeva in un mucchietto a parte. «Queste vincono», disse spiegando il gioco.

«Quanti anni hai?», chiese l'uomo.

«Dodici tra poco» rispose il ragazzino, «è la seconda estate che vendo i gelati alla stazione, mio padre ha un chiosco in piazza Santa Caterina».

«E non basta il chiosco di tuo padre?».

«Eh no, signore, siamo tre fratelli, oggigiorno la vita è cara, sa». Poi cambiò discorso e chiese: «Lei va a Roma?».

L'uomo annuì e lasciò passare un po' di tempo prima di rispondere. «Vado a Fiumicino», disse, «all'aeroporto di Fiumicino».

Il ragazzo prese una figurina e la tenne delicatamente fra l'indice e il pollice, come se fosse un aeroplano di carta, imitando con le labbra il rombo di un motore.

1 Tullio Pericoli, *Cartolina di Firenze* (1983)

• Che cosa cerca di fare il protagonista scrivendo queste cartoline?

2 Tullio Pericoli, *Cartolina dalle Marche* (2007)

3 Tullio Pericoli, *Cartolina dalle Marche* (2009)

«Come ti chiami?», chiese l'uomo.

«Taddeo. E Lei?».

«Taddeo».

«È buffo» disse il ragazzo, «ci chiamiamo nello stesso modo, è difficile trovare altri Taddei, è un nome poco diffuso».

«E cosa pensi di fare, dopo?».

«Dopo quando?».

«Quando sarai grande».

Il ragazzo ci pensò un attimo, i suoi occhi erano molto vivaci, si vedeva che stava lavorando d'immaginazione. «Farò molti viaggi», disse. «Andrò in tutte le parti del mondo e lì farò molti mestieri, una cosa qua, una cosa là, sempre in giro».

Il campanello della stazione cominciò a suonare e il ragazzo raccolse le sue figurine. «Sta per arrivare il rapido», disse, «devo prepararmi alla vendita».

Non aveva finito di parlare che l'altoparlante annunciò l'arrivo del treno. «Faccia buon viaggio», disse il ragazzino allontanandosi e sistemandosi la cassetta a tracolla. Si spostò verso la testa del binario, evidentemente per percorrere il marciapiede in senso contrario alla marcia del treno e avere la possibilità di qualche vendita in più. In quel momento il treno sbucò dalla spessa cortina di caldo che velava i palazzi della periferia. L'uomo prese la valigia e si alzò.

Era un treno lungo, con le carrozze di nuova costruzione nelle quali non si possono abbassare i vetri dei corridoi, dunque alcuni viaggiatori si fecero agli sportelli per comprare i gelati. L'uomo osservò con piacere che il ragazzino stava facendo buoni affari. I due controllori che erano scesi sul marciapiede diedero un'occhiata lungo tutto il binario, poi uno di loro fischiò e gli sportelli si richiusero. In un attimo il treno si allontanò. L'uomo lo guardò dileguarsi nell'aria ondeggiante di calura, tornò a sedersi e aprì la valigia. Il ragazzino gli andò incontro sistemando gli spiccioli in una saccoccia che portava legata alla vita.

«Non è partito?».

«Come vedi».

«E Fiumicino?», chiese il ragazzo, «perderà l'aereo».

«Oh, ci saranno pure altri aerei», rispose l'uomo sorridendo. Prese dalla valigia il pacchetto delle cartoline e lo mostrò al ragazzo. «Queste sono le mie figurine», disse, «vuoi dargli un'occhiata?».

Il ragazzo le prese e cominciò a guardarle a una a una.

«Mi piace molto questa dell'isola d'Elba», disse, «ci sono stato anch'io. E anche questa di Venezia, con tutti questi uccellini».

«Sono piccioni», disse l'uomo, «Venezia è piena di piccioni, ce n'è di tutte le specie e di tutti i colori, sembrano pappagalli del Perù».

«Davvero?», chiese il ragazzino poco convinto, «non è che mi sta raccontando balle».

«No, no, è vero. E guarda questa, tutta gialla, è di Ascoli, che è una città tutta gialla e un po' dorata, piena di effetti di luce».

«Bella», disse il ragazzino convinto. E poi chiese: «quante sono?».

«Trenta».

«Senta», disse il ragazzino assumendo l'aria di chi vuole concludere un affare, «vorrebbe barattare³?».

L'uomo restò sovrappensiero.

«Barattare con le mie figurine», disse il ragazzo, «per esempio per quella coi pappagalli le do un Maciste e due Ferrari formula uno. E poi ho anche dieci cantanti». L'uomo sembrò pensarci un attimo, poi disse: «senti, te le regalo, tanto a me non servono più». Le posò sulla cassetta dei gelati, prese la valigia e si avviò verso il sottopassaggio.

Quando cominciò a scendere il ragazzino lo chiamò.

«Però non è giusto…», gridò, «ma grazie, grazie davvero!».

L'uomo gli fece un cenno con la mano. «Tanti saluti», disse fra sé e sé.

Antonio Tabucchi, *Racconti con figure*, © 2011, Antonio Tabucchi, con gentile concessione di The Wylie Agency Limited

Tullio Pericoli, *Cartolina dalle Marche* (2008)

- Quali sono i punti in comune tra il protagonista e il ragazzino?

1. Fare il ritratto del protagonista: cosa sappiamo e cosa non sappiamo di lui?
2. Il ragazzino: raccontare in cinque o sei frasi la sua vita.
3. Quali elementi del quadro di Pericoli ritroviamo nel racconto di Tabucchi?
4. Spiegare il titolo del racconto.
5. Che cosa c'è in comune tra una cartolina e un quadro? Perché secondo voi (te) certe cartoline riproducono opere d'arte?

- Che cosa decide di fare alla fine il protagonista? Come si possono spiegare le sue scelte?

1. *des couleurs voyantes* – 2. stupidi – 3. troquer, échanger

Précis de grammaire

Sommaire

I. Les outils du discours

1. Les noms et les adjectifs — p. 151
2. Le pluriel — p. 151
3. Les noms invariables — p. 151
4. Quelques pluriels particuliers — p. 151
5. Les articles (indéfinis, définis, contractés) — p. 152
6. Les adjectifs numéraux cardinaux et ordinaux — p. 152
7. Les prépositions — p. 153
8. Les possessifs (adjectifs et pronoms) — p. 153
9. Les adverbes (manière, temps, lieu, quantité) — p. 154
10. Les démonstratifs (adjectifs et pronoms) — p. 154
11. Les indéfinis — p. 154
12. Les quantitatifs — p. 154
13. Les pronoms personnels simples — p. 155
14. Les pronoms personnels groupés — p. 155
15. Les pronoms relatifs — p. 156

II. S'exprimer

1. La traduction de « aimer » — p. 156
2. La traduction de « il faut » — p. 157
3. La traduction de « il suffit » — p. 157
4. La traduction de « on » — p. 157
5. La personne de politesse — p. 157
6. Les marqueurs temporels — p. 158
7. Le futur proche et le passé proche — p. 157
8. La forme progressive — p. 158
9. Les comparatifs et les superlatifs — p. 158
10. La phrase complexe — p. 159
11. Quelques particularités — p. 159

III. Verbes et temps

1. Remarques sur la formation et l'emploi des temps — p. 161
2. Les conjugaisons régulières — p. 163
3. Les auxiliaires — p. 165
4. Les conjugaisons irrégulières — p. 167
5. Formes irrégulières au passé simple et au participe passé — p. 172

I. Les outils du discours

1. Les noms *I nomi*

En règle générale,
– les noms **masculins** ont une terminaison en **-o** :
- *ragazzo ~ libro*

– les noms **féminins** ont une terminaison en **-a** :
- *ragazza ~ casa*

– mais de nombreux noms ont une terminaison en **-e** ; ils peuvent être **masculins ou/et féminins** :
- *signore ~ autore* (masc.)
- *moglie ~ luce* (fém.)
- *cliente ~ corrispondente* (fém. et masc.)

Dans ce dernier cas, c'est l'article ou l'adjectif employé avec le nom qui permet de reconnaître le genre.
Les adjectifs qualificatifs obéissent à la même règle.

▸ Quelques exceptions

– Certains mots masculins ont une terminaison en **-a** :
- *il problema, il tema, il pianeta, il belga...*

– Certains mots féminins ont une terminaison en **-o** :
- *la mano*
- les abréviations comme *la moto (la motocicletta), la foto (la fotografia)...*

Attention !
– Tous les noms en **-ore** sont masculins (sauf *la folgore* : la foudre) :
- *il fiore ~ il valore ~ il sapore...*

– Tous les noms en **-zione** sont féminins :
- *la partecipazione ~ l'azione ~ la lezione...*

2. Le pluriel *Il plurale*

Tous les noms et les adjectifs italiens ont un pluriel en **-i** sauf les noms féminins en **-a** qui font leur pluriel en **-e**.

Nom masculin en **-o**	ragazzo → ragazzi
Nom féminin en **-o**	mano → mani
Nom masculin en **-e**	professore → professori
Nom féminin en **-e**	lezione → lezioni
Nom masculin en **-a**	problema → problemi
Nom féminin en **-a**	ragazza → ragazze

Les adjectifs obéissent à la même règle.

Adjectif masculin en **-o**	italiano → italiani
Adjectif féminin ou masculin en **-e**	esigente → esigenti
Adjectif féminin en **-a**	italiana → italiane

Attention !
L'adjectif masculin *belga* fait son pluriel en **i** :
- *Un ragazzo belga → due ragazzi belgi*

3. Les noms invariables *Le parole invariabili*

– Le *parole tronche* (mots accentués sur la dernière syllabe) :
- *la città → le città*
- *il caffè → i caffè*

– Les monosyllabes :
- *il re → i re*
- *la gru → le gru*

– Les noms qui finissent par une consonne :
- *il camion → i camion*
- *lo sport → gli sport*

– Les noms qui finissent par un **-i** :
- *la crisi → le crisi*
- *l'analisi → le analisi*

– Certains noms qui finissent par **-ie** :
- *la specie → le specie*
- *la serie → le serie*

Attention ! • *la moglie = le mogli*

– Quelques abréviations :
- *il cinema, la foto, la radio, la bici...*

– Quelques noms masculins en **-ia** ou **-a** :
- *il vaglia → i vaglia*
- *il gorilla → i gorilla*
- *il sosia → i sosia*
- *il delta → i delta*

4. Quelques pluriels particuliers
Alcuni plurali particolari

▸ Les noms en **-io**

– On redouble le **-i** de la terminaison lorsqu'il est accentué : • *zio → zii*

– Si le **-i** n'est pas accentué, il disparaît.
- *esercizio → esercizi*

▸ Les noms en **-co** et **-go**

– Si le nom est accentué sur la pénultième (avant-dernière) syllabe, son pluriel se forme en **-chi** ou **-ghi** :
- *il parco → i parchi*
- *il mago → i maghi*

sauf pour : • *amico → amici* • *greco → greci*
• *nemico → nemici* • *porco → porci*

– Si le nom est accentué sur l'ante-pénultième (avant avant-dernière) syllabe, son pluriel se forme en **-ci** et **-gi** :
- *il medico → i medici*
- *l'astrologo → gli astrologi*

Attention ! Les exceptions sont très nombreuses.

▸ Les noms en **-ca** et **-ga**

– Au féminin, pluriel en **-che** et **-ghe** :
- *l'amica → le amiche*
- *la greca → le greche*

– Au masculin, pluriel en **-chi** et **-ghi** :
- *il patriarca → i patriarchi*
- *il collega → i colleghi*

sauf pour : • *il belga → i belgi*

Les noms masculins au singulier qui ont un pluriel féminin et irrégulier en -*a*
- Il pai**o** → le pai**a**
- il centinai**o** → le centinai**a**
- l'uov**o** → le uov**a**...

Les noms masculins ayant un double pluriel
(régulier en -*i* = sens figuré et irrégulier en -*a* = sens propre)
- Il bracc**io** → i bracc**i** (les bras du fleuve) / le bracc**ia** (du corps)
- Il membr**o** → i membr**i** (les membres de la famille) / le membr**a** (du corps)

Et encore :
- L'uomo → gli uom**ini**
- il d**io** → gli d**ei**...

5. Les articles *Gli articoli*

L'article indéfini

Masculin	
Devant une voyelle	*un* amico
Devant une consonne simple	*un* ragazzo
Devant un *s*- impur ou un *z*-	*uno* sportivo *uno* zio

On emploie aussi *uno* devant des noms plus rares commençant par *gn-*, *pn-*, *ps-*, *x-*, *y-*.
- uno gnomo
- uno xilofono
- uno pneumatico
- uno yogurt
- uno psicologo

Féminin	
Devant une voyelle	*un'*amica
Devant n'importe quelle consonne	*una* ragazza *una* sportiva *una* zia

L'article défini

Masculin	Singulier	Pluriel
Devant une voyelle	*l'*amico	*gli* amici
Devant une consonne	*il* ragazzo	*i* ragazzi
Devant un *s* impur ou *z*	*lo* sportivo *lo* zio	*gli* sportivi *gli* zii

Même remarque que pour l'article indéfini :
- *lo* gnomo
- *lo* psicologo...

Féminin	Singulier	Pluriel
Devant une voyelle	*l'*amica	*le* amiche
Devant n'importe quelle consonne	*la* ragazza *la* sportiva *la* zia	*le* ragazze *le* sportive *le* zie

En italien, on emploie aussi l'article défini :
– devant les noms de famille, surtout lorsqu'il s'agit de personnages célèbres :
- il Pasolini; il Calvino; il Galilei

– devant les noms d'entreprises ou les marques :
- la Luxottica

– devant *signore*, *signorina*, *signore* :
- La signora Levi-Montalcini ha ricevuto il Premio Nobel.

L'article contracté
Quand l'article défini est précédé des prépositions *a*, *di*, *da*, *in* et *su*, il se contracte avec elles pour ne former qu'un seul mot. Ces contractions sont obligatoires.

	a	di	da	in	su
il	al	del	dal	nel	sul
l'	all'	dell'	dall'	nell'	sull'
lo	allo	dello	dallo	nello	sullo
i	ai	dei	dai	nei	sui
gli	agli	degli	dagli	negli	sugli
la	alla	della	dalla	nella	sulla
l'	all'	dell'	dall'	nell'	sull'
le	alle	delle	dalle	nelle	sulle

- Il telefonino è **nella** (= in + la) mia tasca.
- I politici discutono **della** (= di + la) crisi economica.
- È salito **sul** (= su + il) treno senza biglietto.

Attention !
Les articles contractés *dei*, *degli* et *delle* peuvent être utilisés comme des articles indéfinis pluriel :
- dei ragazzi
- degli sportivi
- delle ragazze

6. Les adjectifs numéraux cardinaux et ordinaux *Gli aggettivi numerali cardinali ed ordinali*

Les adjectifs numéraux cardinaux
Il faut connaître les adjectifs numéraux cardinaux de 1 à 19 ainsi que les dizaines.
- uno, due, tre, quattro, cinque, sei, sette, otto, nove, dieci, undici, dodici, tredici, quattordici, quindici, sedici, dicia**ss**ette, diciotto, dicia**nn**ove
- venti, trenta, quaranta, cinquanta, sessanta, settanta, ottanta, novanta

À partir de 21, il faut appliquer la règle suivante : on part de la dizaine à laquelle on ajoute les adjectifs numéraux cardinaux de 1 à 9.

Attention !
– Devant *uno* et *otto* la voyelle finale de la dizaine disparaît.

– *Tre* doit être accentué quand il est à la fin d'un nombre.
- *30: trenta; 32: trentadue; 31: trentuno; 33: trenta**tré***

Attention! *Cento* est invariable mais *mille* → *duemila*

La décomposition et la lecture se font de la même façon qu'en français.
- *2011: duemilaundici*

Les adjectifs numéraux ordinaux
- *1°: primo ~ 2°: secondo ~ 3°: terzo ~ 4°: quarto ~ 5°: quinto ~ 6°: sesto ~ 7°: settimo ~ 8°: ottavo ~ 9°: nono ~ 10°: decimo*

À partir de 11, on forme l'adjectif numéral ordinal en ôtant la voyelle finale du nombre cardinal et en ajoutant le suffixe *-esimo*.
- *11°: undici = undic**esimo** ~ 12°: dodici = dodic**esimo** ~ 51°: cinquantuno = cinquantun**esimo**...*

Attention aux adjectifs numéraux cardinaux qui se terminent par *tre* ou *sei* !
- *ventitré = ventitr**eesimo** ~ trentasei = trentasei**esimo***

On emploie l'adjectif numéral ordinal pour désigner les papes, les rois, les empereurs, les actes ou les scènes d'une pièce de théâtre, les chapitres d'un livre, les siècles.
- *Vittorio Emanuele II (secondo)*
- *Atto I (primo) scena II (seconda)*
- *XX: il ventesimo secolo*

Attention! En italien, l'adjectif numéral ordinal se place avant l'adjectif numéral cardinal :
- *Le **ultime sei** candidate saranno eliminate al concorso delle Miss.*
- *Il professore ci fa studiare a memoria i **trenta primi** versi della poesia.*

7. Les prépositions *Le preposizioni*

– *a* (à) :
- *Bisogna passare **all'**ufficio postale.*

Elle est employée seule et aussi avec d'autres prépositions :
- *vicino **a*** • *in riva **a*** • *fino **a**...*

Et après des verbes de mouvement suivis d'un infinitif :
- *Sono venuto **a** parlare con te.*
- *È andato **a** fare la spesa.*

– *di* (de) introduit le plus souvent un complément de nom :
- ***Di** chi è questa agenda? È l'agenda **di** Paolo.*

Elle indique également le contenu : • *la tazza **di** tè*
La matière : • *un vestito **di** lino*
Et elle est employée après certains verbes : • *cercare **di***

– *da* (a plusieurs sens)
- *Vado **dal** medico.* (chez)
- *È un romanzo scritto **da** Stefano Benni.* (par)
- *È andato a piedi **dal** liceo alla spiaggia. Il negozio è aperto **dalle** 8 alle 12.* (l'origine dans l'espace ou le temps)
- *Il biglietto **da** 10 euro.* (la valeur)
- *La tazza **da** tè.* (le contenant)
- *La ragazza **dai** capelli rossi e **dallo** sguardo triste.* (la caractéristique physique ou morale)
- *L'esercizio **da** fare per domani non è facile.* (l'obligation)

– *In* (en, dans, à)
- *Vive **in** Emilia-Romagna, **in** Italia.*
- *Abito **in** campagna, **in** montagna.*
- *È nato **nel** 1985.*

– *Su* (sur) : • *Devi guardare l'itinerario **su** una piantina.*

8. Les possessifs *I possessivi*

	Singulier	Pluriel
Masculin	il **mio** amico	i **miei** amici
	il **tuo**	i **tuoi**
	il **suo**	i **suoi**
	il **nostro**	i **nostri**
	il **vostro**	i **vostri**
	il **loro**	i **loro**
Féminin	la **mia** amica	le **mie** amiche
	la **tua**	le **tue**
	la **sua**	le **sue**
	la **nostra**	le **nostre**
	la **vostra**	le **vostre**
	la **loro**	le **loro**

L'adjectif possessif est accompagné de l'article défini. Le possessif varie en genre et en nombre en fonction du nom qui suit à l'exception de *loro* qui est invariable.

Emploi des adjectifs possessifs avec les noms de parenté

On ne doit pas utiliser l'article défini lorsque le nom de parenté est au singulier : • *mio fratello, mia cugina*

L'article défini redevient obligatoire :
– au pluriel : • *i miei fratelli*
– devant *loro* : • *il loro zio*
– quand le nom est modifié par un suffixe :
- *la mia sorellina, il mio fratellino*
– avec *mamma* et *papà* :
- *la mia mamma* (mais on dira *mia madre*) ;
– lorsque le nom de parenté est accompagné d'un adjectif ou d'un complément :
- *la mia cugina di Milano, il mio fratello gemello.*

15. Les pronoms relatifs
I pronomi relativi ➤ *Unità 7 p. 138.*

❧ Le pronom relatif sujet *che*
- *L'uomo **che** scoprì la bomba atomica è scomparso misteriosamente.*
- *Lo scientifico **che** inventò il telefono è italiano.*

❧ Le pronom relatif COD *che*
- *L'attrice **che** vediamo sulla foto si chiama Monica Bellucci.*
- *Gli artisti **che** sfilano sono selezionati per il gran premio del festival.*

❧ Le pronom relatif COI
– il quale (i quali), la quale (le quali)
Avec cette forme, il faut veiller à la contraction des articles et des prépositions.

– cui : invariable, *cui* est précédé des prépositions simples *a, di, da, in, su*…

a + quale
- *La persona **alla quale / a cui** hai parlato è…*
- *I professori **ai quali / a cui** ti sei rivolto sono…*

in + quale (dans, où)
- *La città **nella quale / in cui** sono andato…*
- *I paesi **nei quali / in cui** sono andato…*

da + quale (de = provenance)
- *La città **dalla quale / da cui** torni…*
- *I paesi **dai quali / da cui** torni…*

su + quale (sur)
- *Il quaderno **sul quale / su cui** scrivi…*
- *Prendi i giornali **sui quali / su cui** ci sono molte fotografie…*

di + quale (dont)
- *L'uomo **del quale / di cui** parli…*
- *I ragazzi **dei quali / di cui** parli…*

❧ La traduction de « où »
En français, « où » indique soit le lieu soit le temps. En italien, *dove* ne peut indiquer que le lieu. Pour le temps, c'est le relatif *in cui* qui est utilisé.
- *La regione **dove** sono andati il maggior numero di emigrati è la Lombardia.*
- *L'anno **in cui** è stato firmato il Trattato di Roma è il 1957.*

❧ La traduction de « dont »
Lorsque le relatif est complément du nom sujet, c'est *cui* qui sera utilisé et qui sera précédé d'un article défini.
- *Il film **i cui** attori sono stati premiati non mi è piaciuto.*
- *Questo personaggio **il cui** nome è famoso…*

II. S'exprimer

1. La traduction de « aimer »

La langue italienne distingue plusieurs façons de traduire le verbe « aimer ».

– **Amare** (*qualcuno o qualcosa*) : traduit l'amour sentimental ou un élan très fort.
- *Amo mia moglie.* • *Amo il mio paese.* • *Ti amo.*

– **Volere bene** (*a qualcuno*) : traduit l'affection envers les personnes.
- *Voglio bene a mia sorella.* → *Le voglio bene.*
- *Voglio bene al mio compagno di classe.*
  → *Gli voglio bene.*
- *Voglio bene a te.* → *Ti voglio bene.*

– **Piacere** (*a qualcuno*) : traduit le goût envers les choses ou les personnes.
- *Mi piace il cinema.*
- *Le piacciono i romanzi gialli.*
- *A Gianni non piace la scuola / Non gli piace la scuola.*

2. La traduction de « il faut »

– **Occorre / bisogna** + verbe à l'infinitif
- *Occorre / Bisogna accogliere con benevolenza gli immigrati.*

– **Occorre / bisogna** + *che* suivi du subjonctif
- *Bisogna / Occorre che gli stranieri si integrino al paese.*

– **Occorre / ci vuole** + nom singulier
- *Occorre un'economia dinamica per salvare il paese.*
- *Ci vuole una legge per punire l'evasione fiscale.*

– **Occorrono / Ci vogliono** + nom pluriel
- *Occorrono misure drastiche.*
- *Ci vogliono nuove tasse.*

3. La traduction de « il suffit »

Pour traduire cette expression, on utilise en italien le verbe *bastare* qui se conjugue et s'accorde avec le sujet réel.
- *Non basta che un oggetto sia bello per essere artistico?*
- *Bastano alcuni critici per far conoscere un'opera artistica.*

4. La traduction de « on » ▶ Unità 4 p. 78.

Le pronom indéfini « on » peut se traduire de plusieurs façons en italien :

– à l'aide de la 1ʳᵉ pers. du plur. (si le locuteur fait partie du groupe représenté) : • *Qui, votiamo liberamente.*

– à l'aide de la 3ᵉ pers. du plur. (si le locuteur ne fait pas partie du groupe) : • *Qui, votano liberamente.*

– à l'aide du pronom réfléchi *si* :
- *Qui, si vota liberamente.*

Ce troisième cas est le plus répandu.

Attention ! Le verbe s'accorde avec le sujet réel lorsqu'il est exprimé (ce sujet est complément en français) :

– *si* + verbe 3ᵉ pers. sing. + sujet sing. :
- *Qui, si organizza la votazione.*

– *si* + verbe 3ᵉ pers. plur. + sujet plur. :
- *Qui, si organizzano le votazioni.*

L'adjectif attribut est toujours au masculin pluriel (mais le verbe d'état reste au singulier) :
- *Si è giovani, si diventa responsabili.*

– avec un verbe servile, suivi d'un infinitif : le verbe servile (*dovere, potere, volere*) doit s'accorder avec le complément du verbe à l'infinitif.
- *Si devono scegliere i migliori rappresentanti.*

– avec un verbe pronominal : • *Ci si prepara.*

– avec un pronom personnel. Les pronoms personnels précèdent toujours la forme verbale (sauf le pronom *ne*).
- *Mi si dice.*
- *Se ne parla.* (voir règle des pronoms pers. groupés).

Aux temps composés, on doit employer l'auxiliaire *essere*. Il ne faut pas oublier de faire l'accord du participe passé avec le sujet réel !
- *Si è sentito il ministro alla radio.*
- *Si è sentita l'intervista del ministro.*
- *Si sono sentite le rivendicazioni.*

5. La personne de politesse
La forma di cortesia ▶ Unità 7 p. 138.

La personne de politesse en italien est exprimée par la 3ᵉ pers. du sing. comme le faisaient les sujets avec leur roi (*Son altesse a-t-elle bien dormi ?*). C'est donc la 3ᵉ pers. *lei* que l'on utilisera pour la conjugaison des verbes mais aussi pour toutes les autres formes grammaticales (pronoms, adjectifs possessifs...).

À l'écrit, l'emploi de la majuscule distingue le vouvoiement de la « simple » 3ᵉ pers. du sing.

On accorde toujours l'adjectif avec la personne réelle à laquelle on s'adresse.

L'impératif de la personne de politesse se rend par l'emploi du subjonctif présent.

Il n'y jamais d'enclise de la personne de politesse à l'impératif.

❯ **Il ne faut pas oublier la préposition *a* :**
lorsqu'un verbe de mouvement (*andare, venire, partire, uscire...*) est suivi d'un infinitif :
- Il viendra te voir demain. → *Verrà a trovarti domani.*
- Ils sont allés faire les courses. → *Sono andati a fare la spesa.*

❯ **Après *mentre* (tandis que, alors que, pendant que) on ne doit pas utiliser *che* :**
- Tandis que le professeur explique la leçon, quelques élèves bavardent. → *Mentre (Ø) il professore spiega la lezione, alcuni alunni chiacchierano.*

❯ **Les verbes *venire* et *andare* n'expriment qu'un déplacement :** ils ne doivent pas être utilisés pour traduire des expressions telles que « il vient de partir / je vais t'expliquer ». Pour traduire ces phrases, on utilise le passé proche (*è appena partito*) et le futur proche (*ora ti spiego, ti spiegherò*).

❯ **Devant les pourcentages,** on emploie l'article défini masculin singulier (*il* ou *l'* selon les cas). Par conséquent le verbe qui suit est conjugué au singulier.
- *Il cinquantotto per cento degli italiani è contro la riforma.*

❯ ***Gli* à la place de *loro* COI**
Très souvent, on emploie *gli* singulier à la place de *loro* pluriel pour simplifier la phrase. Dans ce cas, *gli* se place avant le verbe.
- *Non l'ha ancora presentato loro.*
  → *Non gliel'ha ancora presentato.*

❯ **Expressions impersonnelles**
Après des expressions comme *è facile*, *è possibile*, *è vietato*, on n'ajoute pas la préposition *di* contrairement au français.
- *È vietato (Ø) calpestare le aiuole.*

III. Verbes et temps

1. Remarques sur la formation et l'emploi des temps

Le présent de l'indicatif des verbes réguliers
– Les verbes en *-ire* se conjuguant comme *finire* sont plus nombreux que ceux qui se conjuguent comme *partire*.
- *fin**ire*** → *cap**ire**, prefer**ire**, reag**ire**, percep**ire**, ...*
- *part**ire*** → *sent**ire**, dorm**ire**, serv**ire**, ...*

– Les verbes pronominaux en *-arsi*, *-ersi* et *-irsi* ont la même terminaison que les verbes en *-are*, *-ere* et *-ire* mais sont précédés du pronom réfléchi correspondant à la personne conjuguée.
- *present**arsi**: **mi** present**o**, **ti** present**i**, **si** present**a**, **ci** present**iamo**, **vi** present**ate**, **si** present**ano***

– Les verbes en *-care* et *-gare* prennent un *-h-* à la 2ᵉ personne du singulier et à la 1ʳᵉ personne du pluriel afin de conserver le son guttural.
- *pratic**are**: pratic**o**, pratic**hi**, pratic**a**, pratic**hiamo**, pratic**ate**, pratic**ano***
- *spieg**are**: spieg**o**, spieg**hi**, spieg**a**, spieg**hiamo**, spieg**ate**, spieg**ano***

Le passé composé ▶ Unità 1 p. 18.
– Comme en français, il se forme à l'aide d'un auxiliaire (*avere* ou *essere*) suivi du participe passé du verbe à conjuguer.

– Formation du participe passé régulier :
Verbes en : -are → **ato** ; -ire → **ito** ; -ere → **uto**

Attention ! Il y a de très nombreux participes passés irréguliers... En voici quelques-uns (cette liste n'est pas exhaustive) :
essere → **stato** ~ *accendere* → **acceso** ~ *accogliere* → **accolto** ~ *bere* → **bevuto** ~ *dire* → **detto** ~ *fare* → **fatto** ~ *leggere* → **letto** ~ *mettere* → **messo** ~ *offrire* → **offerto** ~ *prendere* → **preso** ~ *piacere* → **piaciuto** ~ *rispondere* → **risposto** ~ *scegliere* → **scelto** ~ *scrivere* → **scritto** ~ *spegnere* → **spento** ~ *vedere* → **visto** ~ *venire* → **venuto** ~ *vivere* → **vissuto**...

– Le choix de l'auxiliaire est en général le même qu'en français.
- *parli* → **hai** *parl**ato***
- *parte* → **è** *part**ito***
- *mi presento* → *mi* **sono** *present**ato***

Il y a cependant quelques exceptions.

– L'auxiliaire être (*essere*) se conjugue avec lui même au passé composé.
- **Sono stato** *malato*.

Les verbes *piacere* et *riuscire* se conjuguent également avec l'auxiliaire être ainsi que tous les verbes intransitifs.

- *Questo film mi* **è** *piaci**uto**.*
- **Sono** *riusc**ito** a convincere i miei genitori.*
- *Sei in ritardo, il film* **è** *già cominci**ato**.*
  Mais : *Il preside* **ha** *cominci**ato** il discorso.*
- *Camilla* **è** *viss**uta** a Roma per 10 anni.*
  Mais : **Ha** *viss**uto** molti anni di felicità.*

– Comme en français, il y a accord du participe passé avec le sujet lorsque l'auxiliaire *essere* est utilisé.
- *I ragazzi* **sono** *part**iti**.*
- *Maria* **è** *arriv**ata** alle 8.*

– Avec l'auxiliaire *avere*, l'accord du participe passé se fait avec le COD placé devant le verbe seulement si celui-ci est un pronom personnel.
- *Roberto e Paolo ?* **Li** *ho vist**i** ieri.*

Le futur et le conditionnel ▶ Unità 6 p. 118.
Certains verbes se contractent au futur et au conditionnel. Les irrégularités de conjugaison pour ces deux temps concernent les mêmes verbes :
- *andare* → an**drò** → an**drei**
- *volere* → vo**rrò** → vo**rrei**
- *rimanere* → rima**rrò** → rima**rrei**
- *essere* → **sarò** → **sarei**

Le conditionnel passé
Il se forme avec l'auxiliaire *essere* ou *avere* conjugué au conditionnel présent suivi du participe passé du verbe à conjuguer.
- **avrei** *dov**uto** reagire*
- **avrebbero** *pot**uto** telefonare*
- **sarebbe** *part**ita***
- **sarebbero** *arriv**ati***

Le conditionnel passé est aussi utilisé pour exprimer un futur dans le passé (quand le verbe de la principale est au passé).
- *Sono sicura che non verranno.* → *Ero sicura che non* **sarebbero venuti**.

Attention ! si le conditionnel est utilisé dans une subordonnée, il faut appliquer la concordance.
- **Dice** (présent) *che* **non dovrebbe** (conditionnel) *fare questo.*
- **Ha detto** (passé) *che* **non avrebbe dovuto** (conditionnel passé) *fare questo.*

Le passé simple : formes irrégulières ▶ Unità 1 p. 18.
Les verbes irréguliers sont nombreux, mais ils ne sont irréguliers qu'à trois personnes : 1ʳᵉ du singulier (*-i*), 3ᵉ du singulier (*-i*) et 3ᵉ du pluriel (*-ero*).

Il suffit de connaître la 1ʳᵉ personne du singulier du verbe irrégulier pour en déduire le reste de la conjugaison :

- *Avere* : **ebbi**, avesti, **ebbe**, avemmo, aveste, **ebbero**
- *Prendere* : **presi**, prendesti, **prese**, prendemmo, prendeste, **presero**.

Quelques passés simples irréguliers :
- *accendere: accesi ~ chiedere: chiesi ~ chiudere: chiusi ~ decidere: decisi ~ dire: dissi ~ mettere: misi ~ porre: posi ~ rispondere: risposi ~ sapere: seppi ~ tenere: tenni ~ venire: venni…*

Cette liste n'est pas exhaustive !

▸ Le subjonctif présent ▶ Unità 5 p. 98.

Les verbes irréguliers au présent de l'indicatif le sont également au présent du subjonctif. Pour les conjuguer au subjonctif présent, on « part » en général de la 1ʳᵉ personne du singulier du présent de l'indicatif à laquelle on ajoute la désinence *-a*.

La 1ʳᵉ pers. et la 2ᵉ pers. du pluriel ont toujours une désinence en *-iamo* et *-iate*.

- *andare* → *vado* (indicatif présent) → *vada, vada, vada, andiamo, andiate, vadano* (subjonctif présent).

Le subjonctif présent s'emploie comme en français :

– après des conjonctions de subordination comme : *benché* (bien que), *purché* (pourvu que), *senza che* (sans que), *affinché* (afin que), *a patto che* (à condition que), *perché* (pour que), *prima che* (avant que), *di modo che* (de sorte que)…
- *Lavora benché **sia** malato.*
- *Gli telefono perché **venga**.*

– après des expressions impersonnelles telles que : *bisogna che* (il faut que), *basta che* (il suffit que), *è necessario che* (il est nécesaire que), *è meglio che* (il vaut mieux que), *è bene/male che* (c'est bien/mal que), *può darsi che* (il se peut que), *è importante che* (il est important que)…
- *Bisogna che tu **venga**.*
- *Può darsi che lei **sia** assente.*

– après des verbes exprimant la volonté, la crainte, le souhait, le regret : *volere, desiderare, avere paura, temere, augurare, rimpiangere, dispiacere…*
- *Voglio che tu **dica** tutto.*
- *Teme che lei non **venga**.*

En plus des cas propres au français :
– après des verbes qui expriment une opinion, un espoir, une incertitude, l'ignorance… **en somme lorsque l'on exprime quelque chose d'incertain** : *pensare, credere, supporre, immaginare, sembrare, sperare, ignorare, non sapere…*
- *Mi sembra che siano malati.*
- *Ignoro se lui venga.*

▸ Le subjonctif imparfait ▶ Unità 5 p. 98.

Contrairement au français, le subjonctif imparfait est très fréquent dans la pratique de la langue italienne orale et écrite. Lorsqu'une proposition au subjonctif dépend d'une principale au passé, le verbe doit être au subjonctif imparfait.

Comme pour le subjonctif présent, il s'emploie dans les cas suivants :

– avec des verbes qui expriment la crainte, la volonté, le souhait, le regret *(avere paura, temere, volere, desiderare, augurare, rimpiangere…).*
- *Volevo che tu dicessi tutto.*
- *Temeva che lei non venisse.*

– après des conjonctions de subordination *(benché, perché, senza che, a patto che, prima che, di modo che…)*
- *Lavorava benché fosse malato.*

– après des expressions impersonnelles (telles que *bisogna che, basta che, è meglio che…*)
- *Bisognava che tu venissi.*

– avec des verbes qui expriment une opinion, un espoir, un doute *(pensare, credere, sperare, ignorare, non sapere…)*
- *Pensavo che fosse meglio così.*
- *Non sapevo se fossero malati.*

Il s'emploie également :

– après *come se* : • *Fa come se non ti vedesse.*

– pour exprimer une hypothèse :
- *Se io fossi ricca, farei il giro del mondo.*

– après certains verbes au conditionnel (exprimant un désir, une obligation, une crainte) :
- *Vorrei che tutti i miei amici mi accompagnassero.*

▸ L'impératif ▶ Unità 4 p. 78.

L'impératif emprunte ses formes au présent de l'indicatif sauf pour la personne de politesse se rendra par le subjonctif présent.

– Les pronoms personnels (sauf *loro*) sont enclitiques à l'impératif :
- *Prendilo! • Ascoltala!*

– Les formes monosyllabiques (2ᵉ pers. du sing.) :
- *andare* → **va'**! – *andiamo!* – *andate!*
- *dare* → **da'**! – *diamo!* – *date!*
- *fare* → **fa'**! – *facciamo!* – *fate!*
- *stare* → **sta'**! – *stiamo!* – *state!*
- *dire* → **di'**! – *diciamo!* – *dite!*

Attention ! Lorsque l'on fait une enclise du pronom à une forme monosyllabique, il y a redoublement de la première lettre du pronom (sauf pour *gli*).
- *da**ll**o! – fa**ll**i! – di**mm**i!*

2. Les conjugaisons régulières

Indicatif *Indicativo*		1re conjugaison **Parlare**	2e conjugaison **Credere**	3e conjugaison *1re forme* **Partire**	3e conjugaison *2e forme* **Finire**
Présent *Presente*	io tu lui / lei noi voi loro	parl -o parl -i parl -a parl -iamo parl -ate parl -ano	cred -o cred -i cred -e cred -iamo cred -ete cred -ono	part -o part -i part -e part -iamo part -ite part -ono	finisc -o finisc -i finisc -e fin -iamo fin -ite finisc -ono
Imparfait *Imperfetto*	io tu lui / lei noi voi loro	parl -avo parl -avi parl -ava parl -avamo parl -avate parl -avano	cred -evo cred -evi cred -eva cred -evamo cred -evate cred -evano	part -ivo part -ivi part -iva part -ivamo part -ivate part -ivano	fin -ivo fin -ivi fin -iva fin -ivamo fin -ivate fin -ivano
Futur *Futuro*	io tu lui / lei noi voi loro	parl -erò parl -erai parl -erà parl -eremo parl -erete parl -eranno	cred -erò cred -erai cred -erà cred -eremo cred -erete cred -eranno	part -irò part -irai part -irà part -iremo part -irete part -iranno	fin -irò fin -irai fin -irà fin -iremo fin -irete fin -iranno
Passé composé *Passato prossimo*	io tu lui / lei noi voi loro	ho parl -ato hai parl -ato ha parl -ato abbiamo parl -ato avete parl -ato hanno parl -ato	ho cred -uto hai cred -uto ha cred -uto abbiamo cred -uto avete cred -uto hanno cred -uto	sono part -ito/a sei part -ito/a è part -ito/a siamo part -iti/e siete part -iti/e sono par -iti/e	ho fin -ito hai fin -ito ha fin -ito abbiamo fin -ito avete fin -ito hanno fin -ito
Passé simple *Passato remoto*	io tu lui / lei noi voi loro	parl -ai parl -asti parl -ò parl -ammo parl -aste parl -arono	cred -ei/etti cred -esti cred -é/ette cred -emmo cred -este cred -erono/ettero	part -ii part -isti part -ì part -immo part -iste part -irono	fin -ii fin -isti fin -ì fin -immo fin -iste fin -irono
Conditionnel *Condizionale*	io tu lui / lei noi voi loro	parl -erei parl -eresti parl -erebbe parl -eremmo parl -ereste parl -erebbero	cred -erei cred -eresti cred -erebbe cred -eremmo cred -ereste cred -erebbero	part -irei part -iresti part -irebbe part -iremmo part -ireste part -irebbero	fin -irei fin -iresti fin -irebbe fin -iremmo fin -ireste fin -irebbero

Subjonctif / *Congiuntivo*

Présent *Presente*	io tu lui / lei noi voi loro	parl -i parl -i parl -i parl -iamo parl -iate parl -ino	cred -a cred -a cred -a cred -iamo cred -iate cred -ano	part -a part -a part -a part -iamo part -iate part -ano	finisc -a finisc -a finisc -a fin -iamo fin -iate finisc -ano
Imparfait *Imperfetto*	io tu lui / lei noi voi loro	parl -assi parl -assi parl -asse parl -assimo parl -aste parl -assero	cred -essi cred -essi cred -esse cred -essimo cred -este cred -essero	part -issi part -issi part -isse part -issimo part -iste part -issero	fin -issi fin -issi fin -isse fin -issimo fin -iste fin -issero

Impératif *Imperativo*	tu lei noi voi	parl -a parl -i parl -iamo parl -ate	cred -i cred -a cred -iamo cred -ete	part -i part -a part -iamo part -ite	fin -isci fin -isca fin -iamo fin -ite

Gérondif *Gerundio*	parl -ando	cred -endo	part -endo	fin -endo

Participe passé *Participio passato*	parl -ato	cred -uto	part -ito	fin -ito

3. Les auxiliaires

Indicatif / *Indicativo*

		Avere	Essere
Présent *Presente*	io tu lui / lei noi voi loro	**ho** **hai** **ha** **abbiamo** **avete** **hanno**	**sono** **sei** **è** **siamo** **siete** **sono**
Imparfait *Imperfetto*	io tu lui / lei noi voi loro	avevo avevi aveva avevamo avevate avevano	**ero** **eri** **era** **eravamo** **eravate** **erano**
Futur *Futuro*	io tu lui / lei noi voi loro	**avrò** avrai avrà avremo avrete avranno	**sarò** sarai sarà saremo sarete saranno
Passé composé *Passato prossimo*	io tu lui / lei noi voi loro	ho avuto hai avuto ha avuto abbiamo avuto avete avuto hanno avuto	**sono stato/a** sei stato/a è stato/a siamo stati/e siete stati/e sono stati/e
Passé simple *Passato remoto*	io tu lui / lei noi voi loro	**ebbi** avesti **ebbe** avemmo aveste **ebbero**	**fui** **fosti** **fu** **fummo** **foste** **furono**
Conditionnel *Condizionale*	io tu lui / lei noi voi loro	**avrei** avresti avrebbe avremmo avreste avrebbero	**sarei** saresti sarebbe saremmo sareste sarebbero

Subjonctif / *Congiuntivo*

		Avere	Essere
Présent *Presente*	io tu lui / lei noi voi loro	**abbia** **abbia** **abbia** **abbiamo** **abbiate** **abbiano**	**sia** **sia** **sia** **siamo** **siate** **siano**

Indicatif		Verbes en -ere/-urre					
		condurre	leggere	nascere	piacere	potere	porre
Présent	io tu lui / lei noi voi loro	conduco conduci conduce conduciamo conducete conducono	leggo leggi legge leggiamo leggete leggono	nasco nasci nasce nasciamo nascete nascono	piaccio piaci piace piacciamo, piacete piacciono,	**posso** **puoi** **può** **possiamo** **potete** **possono**	**pongo** **poni** **pone** **poniamo** **ponete** **pongono**
Imparfait	io tu lui / lei noi voi loro	conducevo conducevi conduceva conducevamo conducevate conducevano	leggevo leggevi leggeva leggevamo leggevate leggevano	nascevo nascevi nasceva nascevamo nascevate nascevano	piacevo piacevi piaceva piacevamo piacevate piacevano	potevo potevi poteva potevamo potevate potevano	**ponevo** ponevi poneva ponevamo ponevate ponevano
Futur	io tu lui / lei noi voi loro	condurrò condurrai condurrà condurremo condurrete condurranno	leggerò leggerai leggerà leggeremo leggerete leggeranno	nascerò nascerai nascerà nasceremo nascerete nasceranno	piacerò piacerai piacerà piaceremo piacerete piaceranno	**potrò** potrai potrà potremo potrete potranno	**porrò** porrai porrà porremo porrete porranno
Passé composé	io tu lui / lei noi voi loro	ho condotto hai condotto ha condotto abbiamo condotto avete condotto hanno condotto	ho letto hai letto ha letto abbiamo letto avete letto hanno letto	sono nato/a sei nato/a è nato/a siamo nati/e siete nati/e sono nati/e	sono piaciuto/a sei piaciuto/a è piaciuto/a siamo piaciuti/e siete piaciuti/e sono piaciuti/e	ho potuto hai potuto ha potuto abbiamo potuto avete potuto hanno potuto	**ho posto** hai posto ha posto abbiamo posto avete posto hanno posto
Passé simple	io tu lui / lei noi voi loro	condussi conducesti condusse conducemmo conduceste condussero	lessi leggesti lesse leggemmo leggeste lessero	nacqui nascesti nacque nascemmo nasceste nacquero	piacqui piacesti piacque piacemmo piaceste piacquero	potei/etti potesti poté/ette potemmo poteste poterono/ettero	**posi** ponesti **pose** ponemmo poneste **posero**
Conditionnel	io tu lui / lei noi voi loro	condurrei condurresti egli condurrebbe condurremmo condurreste condurrebbero	leggerei leggeresti leggerebbe leggeremmo leggereste leggerebbero	nascerei nasceresti nascerebbe nasceremmo nascereste nascerebbero	piacerei piaceresti piacerebbe piaceremmo piacereste piacerebbero	**potrei** potresti potrebbe potremmo potreste potrebbero	**porrei** porresti porrebbe porremmo porreste porrebbero
Subjonctif							
Présent	io tu lui / lei noi voi loro	conduca conduca conduca conduciamo conduciate conducano	legga legga legga leggiamo leggiate leggano	nasca nasca nasca nasciamo nasciate nascano	piaccia piaccia piaccia piacciamo piacciate piacciano	**possa** **possa** **possa** possiamo possiate **possano**	**ponga** **ponga** **ponga** poniamo poniate **pongano**
Imparfait	io tu lui / lei noi voi loro	conducessi conducessi conducesse conducessimo conduceste conducessero	leggessi leggessi leggesse leggessimo leggeste leggessero	nascessi nascessi nascesse nascessimo nasceste nascessero	piacessi piacessi piacesse piacessimo piaceste piacessero	potessi potessi potesse potessimo poteste potessero	**ponessi** ponessi ponesse ponessimo poneste ponessero
Impératif	tu Lei noi voi	conduci conduca conduciamo conducete	leggi legga leggiamo leggete	nasci nasca nasciamo nascete	piaci piaccia piacciamo piacete		poni **ponga** poniamo ponete
Gérondif		conducendo	leggendo	nascendo	piacendo	potendo	**ponendo**
Participe passé		condotto	letto	nato	piaciuto	potuto	**posto**

Verbes en *-ere/-urre*

Indicatif

		prendere	rimanere	sapere	sedere	scegliere	scrivere
Présent	io	prendo	**rimango**	so	**siedo**	**scelgo**	scrivo
	tu	prendi	**rimani**	sai	**siedi**	scegli	scrivi
	lui / lei	prende	**rimane**	sa	**siede**	sceglie	scrive
	noi	prendiamo	**rimaniamo**	sappiamo	sediamo	scegliamo	scriviamo
	voi	prendete	**rimanete**	sapete	sedete	scegliete	scrivete
	loro	prendono	**rimangono**	sanno	**siedono**	**scelgono**	scrivono
Imparfait	io	prendevo	**rimanevo**	sapevo	sedevo	sceglievo	scrivevo
	tu	prendevi	rimanevi	sapevi	sedevi	sceglievi	scrivevi
	lui / lei	prendeva	rimaneva	sapeva	sedeva	sceglieva	scriveva
	noi	prendevamo	rimanevamo	sapevamo	sedevamo	sceglievamo	scrivevamo
	voi	prendevate	rimanevate	sapevate	sedevate	sceglievate	scrivevate
	loro	prendevano	rimanevano	sapevano	sedevano	sceglievano	scrivevano
Futur	io	prenderò	**rimarrò**	saprò	siederò	sceglierò	scriverò
	tu	prenderai	rimarrai	saprai	siederai	sceglierai	scriverai
	lui / lei	prenderà	rimarrà	saprà	siederà	sceglierà	scriverà
	noi	prenderemo	rimarremo	sapremo	siederemo	sceglieremo	scriveremo
	voi	prenderete	rimarrete	saprete	siederete	sceglierete	scriverete
	loro	prenderanno	rimarranno	sapranno	siederanno	sceglieranno	scriveranno
Passé composé	io	ho preso	sono rimasto/a	ho saputo	sono seduto/a	ho scelto	ho scritto
	tu	hai preso	sei rimasto/a	hai saputo	sei seduto/a	hai scelto	hai scritto
	lui / lei	ha preso	è rimasto/a	ha saputo	è seduto/a	ha scelto	ha scritto
	noi	abbiamo preso	siamo rimasti/e	abbiamo saputo	siamo seduti/e	abbiamo scelto	abbiamo scritto
	voi	avete preso	siete rimasti/e	avete saputo	siete seduti/e	avete scelto	avete scritto
	loro	hanno preso	sono rimasti/e	hanno saputo	sono seduti/e	hanno scelto	hanno scritto
Passé simple	io	presi	**rimasi**	seppi	sedetti/sedei	scelsi	scrissi
	tu	prendesti	rimanesti	sapesti	sedesti	scegliesti	scrivesti
	lui / lei	prese	**rimase**	seppe	sedette/sedé	scelse	scrisse
	noi	prendemmo	rimanemmo	sapemmo	sedemmo	scegliemmo	scrivemmo
	voi	prendeste	rimaneste	sapeste	sedeste	sceglieste	scriveste
	loro	presero	rimasero	seppero	sedettero/sederono	scelsero	scrissero

Conditionnel

		prendere	rimanere	sapere	sedere	scegliere	scrivere
	io	prenderei	**rimarrei**	saprei	siederei	sceglierei	scriverei
	tu	prenderesti	rimarresti	sapresti	siederesti	sceglieresti	scriveresti
	lui / lei	prenderebbe	rimarrebbe	saprebbe	siederebbe	sceglierebbe	scriverebbe
	noi	prenderemmo	rimarremmo	sapremmo	sederemmo	sceglieremmo	scriveremmo
	voi	prendereste	rimarreste	sapreste	siedereste	scegliereste	scrivereste
	loro	prenderebbero	rimarrebbero	saprebbero	siederebbero	sceglierebbero	scriverebbero

Subjonctif

		prendere	rimanere	sapere	sedere	scegliere	scrivere
Présent	io	prenda	**rimanga**	sappia	**sieda**	**scelga**	scriva
	tu	prenda	**rimanga**	sappia	**sieda**	**scelga**	scriva
	lui / lei	prenda	**rimanga**	sappia	**sieda**	**scelga**	scriva
	noi	prendiamo	rimaniamo	sappiamo	sediamo	scegliamo	scriviamo
	voi	prendiate	rimaniate	sappiate	sediate	scegliate	scriviate
	loro	prendano	**rimangano**	sappiano	**siedano**	**scelgano**	scrivano
Imparfait	io	prendessi	**rimanessi**	sapessi	sedessi	scegliessi	scrivessi
	tu	prendessi	rimanessi	sapessi	sedessi	scegliessi	scrivessi
	lui / lei	prendesse	rimanesse	sapesse	sedesse	scegliesse	scrivesse
	noi	prendessimo	rimanessimo	sapessimo	sedessimo	scegliessimo	scrivessimo
	voi	prendeste	rimaneste	sapeste	sedeste	sceglieste	scriveste
	loro	prendessero	rimanessero	sapessero	sedessero	scegliessero	scrivessero

Impératif

	prendere	rimanere	sapere	sedere	scegliere	scrivere
tu	prendi	rimani	sappi	**siedi**	scegli	scrivi
Lei	prenda	**rimanga**	sappia	**sieda**	**scelga**	scriva
noi	prendiamo	rimaniamo	sappiamo	sediamo	scegliamo	scriviamo
voi	prendete	rimanete	sapete	sedete	scegliete	scrivete

Gérondif

prendere	rimanere	sapere	sedere	scegliere	scrivere
prendendo	rimanendo	sapendo	sedendo	scegliendo	scrivendo

Participe passé

prendere	rimanere	sapere	sedere	scegliere	scrivere
preso	**rimasto**	saputo	seduto	scelto	scritto

5. Formes irrégulières au passé simple et au participe passé

Infinitif	Passé simple	Passé composé
accendere	accesi	acceso
accorgersi	accorsi	accorto
appendere	appesi	appeso
aprire	aprii	aperto
assistere	assistei	assistito
attendere	attesi	atteso
chiedere	chiesi	chiesto
chiudere	chiusi	chiuso
concludere	conclusi	concluso
confondere	confusi	confuso
conoscere	conobbi	conosciuto
coprire	coprii	coperto
correre	corressi	corretto
correggere	corsi	corso
crescere	crebbi	cresciuto
decidere	decisi	deciso
difendere	difesi	difeso
dipendere	dipesi	dipeso
dipingere	dipinsi	dipinto
discutere	discussi	discusso
distruggere	distrussi	distrutto
dividere	divisi	diviso
esplodere	esplosi	esploso
esprimere	espressi	espresso
evadere	evasi	evaso
fingere	finsi	finto
giungere	giunsi	giunto

Infinitif	Passé simple	Passé composé
illudere	illusi	illuso
insistere	insistei	insistito
leggere	lessi	letto
mettere	misi	messo
muovere	mossi	mosso
nascondere	nascosi	nascosto
offendere	offesi	offeso
offrire	offrii	offerto
perdere	persi	perso
persuadere	persuasi	persuaso
piangere	piansi	pianto
piovere	piovve	piovuto
porgere	porsi	porto
reggere	ressi	retto
rendere	resi	reso
resistere	resistei	resistito
ridere	risi	riso
risolvere	risolsi	risolto
rispondere	risposi	risposto
rompere	ruppi	rotto
scendere	scesi	sceso
spendere	spesi	speso
spegnere	spensi	spento
succedere	successi	successo
uccidere	uccisi	ucciso
vincere	vinsi	vinto

Exercices

I. Les outils du discours

Le pluriel des noms et des adjectifs

1 Passe du pluriel au singulier.
1. I giovani giornalisti
2. Le estati calde
3. Gli attori simpatici
4. Gli zii francesi
5. I bar romani
6. Le mogli moderne
7. Le crisi economiche
8. Gli amici fedeli
9. I membri delle società segrete
10. Gli scrittori greci

L'article contracté

2 Complète les phrases en utilisant les articles contractés.
1. Mio nonno vive .... Stati Uniti.
2. Il giornalista scrive un articolo .... crisi economica.
3. Il mio professore lavora .... lunedì .... sabato.
4. Ogni mattina lascio la casa .... sette e mezzo.
5. L'autore .... copione non è conosciuto.
6. La Scala di Milano è il tempio .... arte lirica.
7. I tifosi della squadra di Napoli vanno .... stadio San Paolo.
8. Ci sono molti viaggiatori .... nuovi treni ad alta velocità.
9. Per il mio compleanno, ho ricevuto .... amici .... stupendi regali.
10. Ho fatto il bagno .... oceano pacifico.

Les adjectifs numéraux et cardinaux

3 Traduis les phrases en italien.
1. En 1861, le premier roi d'Italie fut couronné.
2. Il s'appelait Victor Emmanuel deux.
3. L'empereur Napoléon trois participa activement à l'unité italienne.
4. Le dix neuvième siècle fut celui des unités nationales.
5. Chaque jour, nous sortons de l'école à treize heures et quart.
6. À seize heures trente, nous partons au stade pour l'entraînement.
7. L'avion est parti de Venise à dix heures moins le quart ; à onze heures cinq, il était à Paris.

Les prépositions

4 Traduis les phrases.
1. Je vais chaque semaine chez le dentiste.
2. Depuis mon domicile jusqu'à son cabinet, il y a un kilomètre.
3. Il a utilisé une tasse à café pour boire sa grappa.
4. À peine était-il monté dans le train que celui-ci démarrait.
5. Il a étudié son rôle pendant des jours juste pour faire un bout d'essai.
6. Dans la seule semaine de Noël, je suis allé trois fois au cinéma.

5 Complète les phrases avec la préposition qui convient.
1. .... inizio .... ventesimo secolo, l'arte è diventata sempre meno realistica.
2. Sia .... parte .... scultori che .... pittori, si assiste .... nascita .... opere astratte.

3. Anche .... architettura, l'innovazione è evidente: Renzo Piano e Gae Aulenti rappresentano le nuove tendenze .... metà .... secolo sorso fino .... primi anni .... ventunesimo secolo.

Les possessifs

6 Complète les phrases en utilisant le possessif adéquat.

1. .... fratello maggiore è andato a teatro con .... zio d'America.
2. .... sorella viene a scuola con .... motorino.
3. Ogni domenica .... mamma prepara un bel pranzo per tutta .... famiglia.
4. Gli immigrati nascondono .... luogo di nascita.
5. Devi telefonare a .... nonna perché aspetta .... notizie.

Les adverbes

7 Écris une phrase pour chaque adverbe.

davanti ~ fuori ~ adesso ~ ormai ~ prima ~ domani ~ sempre più ~ abbastanza ~ prudentemente ~ difficilmente

8 Donne l'adverbe correspondant à chaque adjectif.

1. facile
2. regolare
3. persistente
4. vero
5. abile

9 Donne l'adjectif correspondant à chaque adverbe.

1. brevemente
2. raramente
3. ritualmente
4. violentemente
5. gentilmente

Les indéfinis

10 Traduis les phrases.

1. Pendant quelques jours, je serai absent pour des raisons familiales.
2. Chaque année à la même époque, il part à Venise.
3. N'importe quel guide de Rome décrit les grands monuments de l'antiquité.
4. Un citoyen quelconque a toujours plus de droit qu'un immigré.
5. Tous les siècles ont connu des artistes originaux.
6. Quelques acteurs connus ont pris position contre le gouvernement.

Les pronoms personnels

11 Dans les phrases suivantes remplace l'élément en gras par le pronom personnel qui convient. N'oublie pas l'enclise quand c'est nécessaire !

1. In Svizzera o in Belgio certi bar vietavano l'ingresso **agli italiani**.
2. A Ellis Island il protagonista del romanzo aveva detto di non avere **i soldi**.
3. Ci sono molti film che trattano **le varie ondate dell'emigrazione italiana**.
4. I migranti avrebbero fatto qualsiasi cosa per raggiungere **New York**.

Les pronoms groupés

12 Dans les phrases suivantes remplace l'élément en gras par le pronom personnel groupé qui convient. N'oublie pas l'enclise quand c'est nécessaire !

1. Dovrai **raccontare a tua figlia la storia della vostra famiglia immigrata in Sud America**.
2. In questa canzone Gianmaria Testa **ricorda agli italiani il loro passato di immigrati**.
3. Neanche voi dovete **scordarvi di questo passato**.
4. Ci canta **una canzone sul suo passato di operaio emigrato all'estero**.
5. Appena sbarcati, le autorità ci spiegarono **i nostri doveri**.
6. Ti chiedono di dipingere **un quadro che rappresenti i migranti italiani del '900**.

Les pronoms relatifs

13 Complète le texte avec le pronom relatif adéquat.

1. I film .... hanno avuto maggior successo non sono sempre premiati.
2. I festival .... si parla di più sono Cannes e Venezia.
3. I registi .... si pensa per un premio sono invitati.

4. Anche gli attori .... fama è già importante aspettano questo momento .... provano una forte emozione.
5. Spesso il teatro .... si svolge la manifestazione sente i fischi del pubblico, ... non è soddisfatto dei risultati.

14 Choisis, parmi les propositions, le pronom relatif qui convient.

1. È la pubblicità:
   ❏ che   ❏ di cui   ❏ chi
   mi piace di più.
2. Perché non mi vuoi dire il nome dell'amico
   ❏ con che   ❏ con chi   ❏ con il quale
   sei venuto a scuola?
3. Il film
   ❏ in cui   ❏ di cui   ❏ che
   ti ho parlato è stato girato nella mia città.
4. Michelangelo,
   ❏ con cui   ❏ su cui   ❏ le cui
   rime sono note in tutto il mondo, è più conosciuto per i suoi quadri.
5. *La Gioconda* è stata dipinta per darti l'impressione
   ❏ che   ❏ chi   ❏ quale
   ti segue con lo sguardo.
6. Il casting
   ❏ di cui   ❏ che   ❏ con cui
   è diventato famoso è diffuso su internet.
7. Vorrei visitare la casa
   ❏ per cui   ❏ dove   ❏ nel quale
   Meucci e Garibaldi hanno collaborato insieme.
8. L'anno
   ❏ in cui   ❏ dove   ❏ nella quale
   sei nato io vivevo in Italia.

S'exprimer

La traduction de « aimer »

15 Traduis les phrases suivantes.
1. J'aime beaucoup écouter de la musique classique quand je conduis.
2. Je déteste la musique contemporaine.
3. Juliette et Roméo s'aimaient malgré l'hostilité de leurs familles.
4. Les jeunes sont fous des jeux vidéo.
5. J'aime bien mon cousin ; on a les mêmes centres d'intérêt.
6. Nous sommes gênés par le bruit que font nos voisins.

Pour aller plus loin

16 Choisis une des œuvres d'art présentes dans l'unité 7 et rédige un texte critique d'une dizaine de ligne : dis en quoi elle te plaît ou au contraire te déplaît.

La traduction de « il faut »

Pour aller plus loin

17 Écris cinq règles de vie en classe en utilisant les formes suivantes :

bisogna ~ ci vuole ~ occorre ~ ci vogliono ~ occorrono

La traduction de « il suffit »

18 Écris quatre phrases en utilisant les formes suivantes :

basta ~ non basta ~ bastano ~ non bastano

La traduction de « On »

19 Traduis les phrases en utilisant la forme réfléchie.
1. On doit apprendre à respecter les différences.
2. On n'oublie pas l'histoire des émigrés italiens.
3. On doit lutter contre les stéréotypes.
4. On sait qui est l'inventeur du téléphone.
5. On a classé les italiens les plus connus dans le monde.
6. On devrait aller plus souvent au cinéma.
7. On chante des airs d'opéra pendant les manifestations sportives.
8. On est étonnés par le nombre de spectateurs qui fréquentent l'opéra.
9. On voit les nuages s'approcher et on entend les coups de tonnerre.
10. On est toujours intéressé par les festivals de chansons italiennes.

La forme de politesse

20 Traduis les phrases suivantes en respectant la forme de politesse.
1. Madame, excusez-moi j'ai oublié mon billet d'entrée pour le musée.
2. Pouvez-vous m'expliquer la signification de ce tableau ?
3. Soyez prudent, Monsieur, lorsque vous vous approchez de ces sculptures.
4. Quelles œuvres de Michelange préférez-vous ?
5. Je souhaiterais vous emprunter votre collection privée du Caravage pour l'exposer au Quirinal.
6. Écrivez-moi un mail pour confirmer l'heure de votre arrivée avec vos enfants.
7. Je pensais vous trouver près de l'entrée, mais je peux vous téléphoner avant d'arriver.
8. Faites-moi signe quand vous serez prête à partir.
9. Le jour de la Saint-Valentin les musées sont gratuits pour les femmes : en avez-vous profitez Madame ?
10. Vous avez tort : réservez votre visite avant de vous rendre à Santa Maria delle Grazie pour voir *la Cène* de Léonard De Vinci.

Les marqueurs temporels

21 Traduis les phrases.
1. Il a quitté son pays il y a plusieurs années et il est toujours clandestin.
2. Depuis quelques mois, il vit dans un immeuble de piazza Vittorio.
3. Pendant des mois, ses voisins l'ont aidé en lui faisant faire des petits boulots.
4. Il retournera dans son pays sans doute dans peu de temps.

5. D'ici quelques semaines, il espère que le nouveau gouvernement reconnaîtra les immigrés intégrés.
6. En deux ans, il a parfaitement appris les bases de la langue italienne.
7. Il est difficile d'imaginer qu'en 2012 on puisse mourir de faim.

Le futur proche et le passé proche

Pour aller plus loin

22 Rédige une histoire courte qui peut servir de scénario à un film en utilisant les formes du futur proche et du passé proche.

Les comparatifs et les superlatifs

23 Complète les phrases avec les expressions ci-dessous.

le più rivoluzionarie ~ più noti ~ la più diabolica ~ maggior ~ stupidissimo ~ strafamoso ~ le più diffuse ~ grandissimo

1. Le teorie di Galileo sono state tra .... di tutti i tempi.
2. Tra i film neorealisti .... possiamo contare Roma, città aperta.
3. Criticare le persone in base ai luoghi comuni è un comportamento ....
4. Federico Fellini ha vinto l'Oscar alla carriera perché è stato un .... cineasta.
5. Chi è il compositore .... che ha composto l'*Aida*? Giuseppe Verdi ovviamente!
6. Le scuole che si basano sulla pedagogia di Maria Montessori sono tra .... al mondo.
7. La concezione del potere di Macchiavelli era .... ; è qui che trae origine l'aggettivo «macchiavellico».
8. Il successo ha permesso a Stefano Accorsi di imporsi sulla scena internazionale come uno tra gli attori di .... rilievo.

24 Réécris les phrases en utilisant la forme irrégulière du comparatif ou du superlatif.

1. Nella gelateria Giolitti si può assaggiare il gelato **più buono** di Roma.
2. La fama di Nicoletta Braschi è **più bassa** di quella di Monica Bellucci.
3. Ho ascoltato una musica **bruttissima**.
4. Dare a un italiano del mafioso è l'insulto **più brutto** che io abbia mai sentito.
5. Purtroppo a causa della pioggia siamo rimasti al piano più basso della torre di Pisa.
6. Michelangelo realizzando la Cappella Sistina ha fatto davvero un bellissimo capolavoro!
7. Fu con la Divina Commedia che Dante si distinse come un autore superiore.
8. Vasco Rossi e Ligabue sono dei cantanti famosissimi in Italia, ma all'estero restano purtroppo degli artisti più piccoli.

25 Complète les phrases avec les expressions ci-dessous.

le più rivoluzionarie ~ più noti ~ la più diabolica ~ maggior ~ stupidissimo ~ strafamoso ~ le più diffuse ~ grandissimo

1. Le teorie di Galileo sono state tra .... di tutti i tempi.
2. Tra i film neorealisti .... possiamo contare *Roma, città aperta*.
3. Criticare le persone in base ai luoghi comuni è un comportamento ....
4. Federico Fellini ha vinto l'Oscar alla carriera perché è stato un .... cineasta.
5. Chi è il compositore .... che ha composto l'*Aida*? Giuseppe Verdi ovviamente!
6. Le scuole che si basano sulla pedagogia di Maria Montessori sono tra .... al mondo.
7. La concezionde del potere di Macchiavelli era .... ; è qui che trae origine l'aggettivo macchiavellico.
8. Il successo ha permesso a Stefano Accorsi di imporsi sulla scena internazionale come uno tra gli attori di .... rilievo.

26 Réécris les phrases en utilisant la forme irrégulière du comparatif ou du superlatif.

1. Nella gelateria Giolitti si può assaggiare il gelato **più buono** di Roma.
2. La fama di Nicoletta Braschi è **più bassa** di quella di Monica Bellucci.
3. Ho ascoltato una musica **bruttissima**.
4. Dare a un italiano del mafioso è l'insulto **più brutto** che io abbia mai sentito.
5. Purtroppo a causa della pioggia siamo rimasti al piano **più basso** della torre di Pisa.
6. Michelangelo realizzando la Cappella Sistina ha fatto davvero **un bellissimo** capolavoro!
7. Fu con la Divina Commedia che Dante si distinse come un autore **superiore**.

8. Vasco Rossi e Ligabue sono dei cantanti **famosissimi** in Italia, ma all'estero restano purtroppo degli artisti **più piccoli**.

La phrase complexe

27 Pour chaque phrase, lie les propositions entre elles. Veille à accorder les verbes quand c'est nécessaire.
1. Conosce tantissime cose .... non legge mai un libro.
2. Il film si farà .... si trovano i soldi necessari.
3. Il tenore non sarebbe fischiato .... la sua voce è potente.
4. Il mio nipotino passa più tempo con i videogiochi .... fare i suo compiti.
5. L'arte moderna è spesso criticata .... non si capisce il senso dell'opera.
6. La pubblicità sarà sempre più invadente .... è la prima risorsa delle televisioni.

28 Traduis les phrases.
1. Il peint des tableaux comme s'il avait étudié les beaux arts.
2. Tant que le Sud de l'Italie aura un niveau de vie plus bas que le Nord, l'économie sera en danger.
3. Bien que les immigrés soient critiqués, ils sont nécessaires à la vie quotidienne des Italiens.
4. Puisque la propagande est partout présente, comment reconnaître la vérité ?
5. Bien que la Chine envahisse le commerce, les produits italiens résistent bien.
6. Si les films italiens sont bien distribués en France, on constatera que ce cinéma est bien vivant.

Quelques particularités

29 Traduis les phrases.
1. C'est le plus beau jour de ma vie ; il y a tous mes amis autour de moi.
2. J'ai croisé cet acteur il y a quelques jours en sortant du cinéma.
3. Il est impossible de mettre d'accord les différents partis politiques.
4. Je suis allé visiter l'exposition sur l'Unité Italienne avec mes parents.
5. Pendant que le guide nous présentait les collections, quelques enfants bavardaient.
6. On estime que 20 % de l'économie italienne n'est pas officielle.
7. Tout le monde pensait qu'il démissionnerait plus vite.
8. Il ne leur a rien dit à propos de son prochain film.

Verbes et temps

Le présent

30 Mets le texte au présent.

Stasera sono andato con Parviz a comprare riso e alcune spezie da Iqbal. Parlando abbiamo discusso dei volantini contro gli immigrati sui muri di piazza Vittorio. Iqbal indicava una cassetta di mele che si trovava di fronte a lui.

Le parole di Iqbal mi hanno aperto gli occhi. Quanto hanno sofferto gli immigrati italiani negli Stati Uniti per l'accusa di mafia! Certo, sembra proprio che gli italiani non abbiano imparato nulla dalle lezioni del passato.

Pour aller plus loin

31 Commente comme si tu étais en direct radio ou télévision une compétition sportive de ton choix.

Les temps du passé

32 Relève les verbes à l'imparfait dans les textes, puis mets chaque texte au présent.

1. Mia madre che era amica della madre di Gesuina dal tempo che erano ragazze e capitava spesso al negozio anche per i suoi piccoli commerci, naturalmente metteva spesso il discorso su di me; così che i due vecchi mi guardavano con favore, come un figlio tanto buono che, però, non aveva fortuna e non trovava lavoro; Gesuina, invece, mi sembrava sempre un poco sostenuta.

2. Andavamo a spasso chiacchierando; e io provavo non so che vedendomela accanto, la mano sul mio braccio, mentre strascicava la gamba corta e tendeva verso di me, per parlarmi, il viso palliduccio ombreggiato dai capelli neri e leggeri. Non era amore, forse, ma qualcosa di appiccicoso in cui entrava un po' di tutto: compassione per lei, soggezione, desiderio di sistemarmi, novità di una donna che mi dimostrava affetto.

33 Mets le texte suivant à l'imparfait.

Nelle mie giornate nulla è cambiato: i mobili azzurri della mia camera, il quadro dei bambini che pattinano, il lampadario di legno a forma di giostra, non hanno un granello di polvere in più. E se al professore Luzzatti è stato proibito di poggiare il suo orecchio irsuto sulla mia schiena calda di febbre, è l'orecchio appena unto, morbido e tiepido del professor Vannuttelli ad ascoltare i miei bronchi e a decidere se ho bisogno degli impiastri di semi di lino. Italia passa la galera a lucidare il parquet e se ci monto sopra mi fa scivolare su e giù per la stanza. Poi dice basta, adesso scendi che faccio troppa fatica. Il pomeriggio di uscita di Annemarie, è lei a portarmi a giocare nei giardinetti sul Lungotevere di fronte al Ministero della Marina. Si infila il cappotto sopra il grembiule e quando si china per mettermi la sciarpa sento l'odore di pollo della sua pelle. Mi piace.

34 Mets le texte suivant au passé composé.

Quand'è che ci troviamo di fronte a merci pericolose? «In molti più casi di quanto si possa pensare» ammonisce Kessler. «I contraffattori così come non rispettano le leggi su marchi e brevetti, non tengono conto di nessuna delle altre norme che regolano la produzione dei beni, leggi di sicurezza sul lavoro e sicurezza del prodotto. Per la massimizzazione del prodotto fuori dalla legalità, fanno uso di materie prime scadenti o anche vietate dalla legge in quanto pericolose per la salute».

Pour aller plus loin

35 Fais le résumé (10 phrases) de ton film préféré en utilisant les temps du passé (imparfait, passé composé).

Le futur

36 Transforme les phrases suivantes au futur.

1. Possiamo sempre contare sugli scienziati per trovare nuove medicine.
2. Una grande idea viene spesso imitata.
3. Gli eredi di Leonardo non sono tanto numerosi.
4. Si deve assolutamente incoraggiare la ricerca scientifica.
5. Tanti giovani si interessano al progresso tecnologico.
6. Con le sue qualifiche, può cambiare attività.
7. Non rinuncia al suo progetto di fare il ricercatore in fisica.

8. Deve partire all'estero per collaborare con scienziati stranieri.
9. Con le sue conoscenze linguistiche questo ragazzo può essere accettato in qualsiasi università straniera.

Le conditionnel

37 Transforme les phrases suivantes au conditionnel.

1. Le grandi nazioni fanno di tutto per non lasciare partire i loro scienziati.
2. Secondo i ricercatori, lo stato non dà sufficientemente fondi per la ricerca.
3. Pochi cervelli in fuga nostalgici tornano in Italia.
4. Molti scienziati famosi rifiutano di andare a lavorare all'estero.
5. I trenta-quarantenni preferiscono la vita in Italia.
6. Gli scienziati più motivati lavorano di giorno e di notte e anche nei week end.
7. Mi piace andare negli Stati Uniti per guadagnare cinque volte il mio stipendio.
8. La ricerca anglo-americana non somiglia a quella francese o italiana.
9. Ha avuto un'opportunità di lavoro interessante.
10. I giovani che non trovano un lavoro soddisfacente se ne vanno volentieri all'estero.

38 Transforme les verbes au conditionnel.

1. Ho potuto reagire in tempo per evitare un incidente.
2. Non voglio telefonare perché rischio di disturbare.
3. Non devi confidarti su Facebook perché ci sono rischi.
4. Vuoi studiare all'estero ma è troppo difficile.
5. Viviamo in Inghilterra anche se non conosciamo la lingua.
6. Rimanete in Italia perché le industrie assumono i giovani.

39 Transforme les phrases obtenues au conditionnel passé.

Le passé simple

Pour aller plus loin

40 Reprends ton commentaire sportif (exercice n° 31) et réécris-le au passé simple.

Le subjonctif

41 Complète les phrases suivantes selon ton inspirarion :

1. È importante che…
2. Mi sembra che…
3. Credo che…
4. È necessario che…
5. È utile che…
6. È meglio che…
7. Ritengo che…
8. Stima che…
9. Non pensi che…
10. Temiamo che…

42 Transforme les phrases obtenues dans l'exercice n°40 au passé.

Pour aller plus loin

43 Rédige une dizaine de suggestions pour aider à l'intégration des jeunes d'origine étrangère dans ton école en utilisant :

benché ~ affinché ~ perché ~ di modo che ~ bisogna che ~ basta che ~ poiché ~ purché

L'impératif

44 Traduis les phrases suivantes.

1. Ne gaspille pas l'eau potable.
2. Éteins la lumière en sortant de ta chambre.
3. Débranchez les appareils qui consomment le plus d'électricité.
4. Fermons les volets pour conserver la chaleur.
5. Chère Madame, évitez de porter des fourrures.

Pour aller plus loin

45 Rédige des slogans publicitaires pour l'objet que tu as inventé dans le Progetto intermedio p.113 (Unità 6, Lezione 1). Utilise l'impératif.

Pour aller plus loin

46 Choisi un thème qui te semble important (lutte contre l'analphabétisme, lutte contre l'alcoolisme, contre la cigarette, aide aux minorités, droit au logement…) et créée un slogan du type « Pubblicità Progresso » en utilisant l'impératif.

Lexique italien-français

A

accarezzare, *caresser*
accessorio moda (l'), *accessoire de mode*
accoglienza (l'), *accueil*
accolto, *accueilli*
acqua alta (l'), *période d'inondation à Venise*
acuto, *aigu (son)*
addattamento (l'),
addetti (gli), *personnel*
affollato, *bondé (de monde)*
alto mare (l'), *pleine mer, large*
arrivo (l'), *arrivée*
amore (l'), *amour*
appoggiare, *appuyer*
appoggiato, *appuyé*
approccio (l'), *approche*
approfittare, *profiter*
arredamento (l'), *ameublement*
arte culinaria (l'), *art culinaire*
arte poetica (l'), *art poétique*
artigianato (l'), *artisanat*
asilo politico (l'), *asile politique*
assetto (l'), *organisation*
assumere qualcuno, *engager quelqu'un*
astrofisico (l'), *astrophysicien*
attesa (l'), *attente*
attraccare, *accoster*
avere la padronanza, *avoir le contrôle, maîtriser*

B

balbettare, *bégayer*
ballare, *danser*
barca (la), *bateau*
bassifondi (i), *bas-fonds*
baule (il), *malle*
bel film (il), *bon film*
benessere (il), *bien-être*
biancheria (la), *linge*
binario (il), *quai*
boccale (il), *bocal*
bollicina (la), *bulle*
bomboletta spray (la), *bombe (spray)*
boom economico (il), *boom économique*
borsa (la), *sac*
braccia conserte (le), *bras croisés*
bravo attore (il), *bon acteur*

C

caffettiera (moka) (la), *cafetière*
cambiare, *changer*
campagna (la) (pubblicitaria), *campagne (pubblicitaire)*
campanile (il), *clocher*
campo (il), *champ (cinéma)*
  – campo medio (il), *plan moyen*
  – campo lungo (il), *plan général*
  – campo lunghissimo (il), *plan d'ensemble*
cantante lirico (il), *chanteur lyrique*
caricatura (la), *caricature*
carisma (il), *charisme*
carismatico, *charismatique*
carrellata (la), *travelling (cinéma)*
case popolare (le), *HLM*
casinò (il), *casino*
cerchi olimpici (i), *cercles olympiques*
cestino (il), *panier*
ceto (il), *classe sociale*
chiappe (le), *fesses (familier)*
chiesa (la), *église*
chimica (la), *chimie*
cibo (il), *nourriture*
cimitero (il), *cimetière*
clandestino, *clandestin*
clandestinamente, *clandestinement*
cliché (il), *cliché*
coinvolgere, *impliquer*
collegarsi (a internet), *se connecter (à internet)*
collettività (la), *collectivité*
colonna sonora (la), *bande sonore (cinéma)*
comparsa (la), *figurant (cinéma)*
comporre, *composer*
comprare, *acheter*
computer (il), *ordinateur*
comunicazione (la), *communication*
comunità (la), *communauté*
congiuntura (la),
consentire, *consentir*
consulente (il), *expert*
consumatore (il), *consommateur*
consumo (il), *consommation*
contadino (il), *paysan*
contemporaneo, *contemporain*
contenustico, *fondé sur le contenu*
contesto (il), *contexte*
contratto (il), *contrat*
controcampo (il), *contrechamp (cinéma)*
convincere, *convaincre*
convivialità (la), *convivialité*
copione (il), *scénario (cinéma)*
cordialità (la), *cordialité*
cortesia (la), *politesse*
cortometraggio (il), *court-métrage*
ad ogni costo, *à tout prix*
costruito, *construit*
crescita (la), *croissance*
credenza (la), *croyance*
culla (la), *berceau*
culto della personalità (il), *culte de la personnalité*

D

dado (il), *dé*
danza (la), *danse*
debolezza (la), *faiblesse*
delinquenza (la), *délinquance*
design (il), *design*

dettaglio (il), *détail*
dipendente (il), *employé*
diritto di voto (il), *droit de vote*
diritto di cittadinanza (il), *droit à la citoyenneté*
dissimile, *différent*
ditta (la), *entreprise*
dittatura (la), *dictature*
divertente, *amusant*
dolce vita (la), *belle vie*
doppiaggio (il), *doublage (cinéma)*
duettare, *chanter en duo*

educazione (l'), *éducation*
edificio (l'), *édifice*
effetti speciali (gli), *effets spéciaux (cinéma)*
effetti sonori (gli), *bruitages (cinéma)*
efficienza (l'), *efficacité*
elettrodomestico (l'), *appareil électroménager*
emergenza (l'), *urgence*
emigrato (l'), *émigré*
emigrazione (l'), *émigration*
enfasi (l'), *emphase*
entusiasmo (l'), *enthousiasme*
epico, *épique*
esagerazione (l'), *exagération*
esodo (l'), *exode*
espansione (l'), *expansion*
esperimento (l'), *expérience*
estero (l'), *étranger*
euforia (l'), *euphorie*
evocativo, *évocateur*
extracomunitario (l'), *immigré du Tiers-Monde*

fabbrica (la), *usine*
facciata (la), *façade*
fame (la), *faim*
fanciullo (il), *garçonnet*
fare acquisti a rate, *faire des achats à crédit*
fare il bucato, *faire la lessive*
fare finta, *faire semblant*

fare un provino, *faire un bout d'essai (cinéma)*
fascia d'età (la), *catégorie d'âge*
fascino (il), *charme*
fatturato (il), *chiffre d'affaires*
felice, *heureux*
ferie retribuite (le), *congés payés*
fervore (il), *ferveur*
fingere, *feindre*
fine settimana (il), *week-end*
folla (la), *foule*
fondare, *fonder*
forza (la), *force*
flessione (la), *fléchissement*
fregare qualcuno, *rouler quelqu'un*
fregatura (la), *arnaque*
fuggire, *fuir*
fulminare, *foudroyer*

gettone (il), *jeton*
girare, *tourner (cinéma)*
gita (la), *randonnée*
giungere, *atteindre*
gradinate (le), *escalier*
graffista (il), *graphiste*
graffiti (i), *graffiti, tag*
graffitismo (il), *graffiti*
grafico, *graphique*
grano (il), *blé*
gratitudine (la), *gratitude*
guardia (la), *gardien*

idee preconcette (le), *idées reçues*
illustrare, *illustrer*
imbarcazione (l'), *embarcation*
immedesimarsi nella parte di, *se mettre dans la peau de*
imparare, *apprendre*
impegnarsi, *s'engager*
impegnato, *engagé*
impegno (l'), *engagement*
impietosire, *apitoyer*
imprenditore (l'), *entrepreneur*
imbarcazione (l'), *embarcation*

immigrato (l'), *immigré*
immigrazione (l'), *immigration*
impedire, *empêcher*
impresa (l'), *entreprise*
incutere paura, *inspirer la peur*
inestimabile, *inestimable*
informare, *informer*
influenza (l'), *influence*
influenzare, *influencer*
ingegno (l'), *esprit*
ingombro (l'), *encombrement*
inquadratura (l'), *cadrage (cinéma)*
inserire, *insérer*
integrazione (l'), *intégration*
interprete (l'), *interprète*
interesse (l'), *intérêt*
intervistato (l'), *interviewé*
inurbamento (l'), *urbanisation*

lanciare un prodotto, *lancer un produit*
leale, *loyal*
lealtà (la), *loyauté*
lecito, *licite*
linciaggio (il), *lynchage*
lucro (il), *lucre*
lungometraggio (il), *long-métrage*
luogo comune (il), *lieu commun*

macchina (la), *voiture*
malavita (la), *pègre*
mantello (il), *manteau*
manto (il), *manteau*
massacro (il), *massacre*
mazze (le), *masses*
mazzo di fiori (il), *bouquet de fleurs*
melodramma (il), *mélodrame*
metallico, *métallique*
mezzo busto (il), *plan taille (cinéma)*
migliorare, *améliorer*
migrante (il), *émigrant*
migrare, *émigrer*
minore (il), *mineur*
miseria (la), *misère*

moderno, *moderne*
modo di dire (il), *façon de parler*
moralità (la), *moralité*
mostra (la), *exposition*
motivo (il), *motif*
motorizzazione (la), *motorisation*
movimento (il), *mouvement*

N

nave mercantile (la), *navire marchand*
negozio (il), *commerce*

O

occhio pesto (l'), *œil au beurre noir*
opera (l'), *œuvre*
opera lirica (l'), *opéra*
ordinato, *ordonner*
ossessionante, *obsédant*
ottimizzare, *optimiser*
ottimizzato, *optimisé*
ovattato, *apaisé*

P

paesaggio (il), *paysage*
palazzo (il), *immeuble*
palcoscenico (il), *scène*
paracadute (il), *parachute*
partenza (la), *départ*
particolare (il), *détail*
patente (la), *permis de conduire*
pattuglia (la), *patrouille*
perlustrazione, *exploration*
permettere, *permettre*
persuadere, *persuader*
persuasivo, *persuasif*
pescatore (il), *pêcheur*
pesciolino (il), *petit poisson*
pessimismo (il), *pessimisme*
piano di ripresa (il), *plan (cinéma)*
 – primissimo piano (il), *très gros plan*
 – primo piano (il), *gros plan*
 – piano medio (il), *plan italien*
 – piano americano (il), *plan américain*
picchiare, *battre, frapper*
pietà (la), *pitié*
pigro, *paresseux*
piroscafo (il), *bateau à vapeur*
pistolà (la), *pistolet*
politica di oppressione (la), *politique d'oppression*
poliziotto (il), *policier*
poppa (la), *poupe*
portafoglio (il), *portefeuille*
povertà (la), *pauvreté*
precarietà (la), *précarité*
pregiudizio (il), *préjugé*
pregiudizievole, *préjudiciable*
prendere tangenti, *toucher des dessous de table*
prodotto (il), *produit*
produttore (il), *producteur*
profanare, *profaner*
profugo (il), *réfugié*
progresso (il), *progrès*
proibire, *interdire*
promessa (la), *promesse*
promozione (la), *promotion*
promuovere, *promouvoir*
propaganda (la), *propagande*
proselitismo (il), *prosélitisme*
prosperità (la), *prospérité*
provino (il), *bout d'essai (cinéma)*
provare, *essayer*
prua (la), *proue*
pubblicità (la), *publicité*
pubblicitarie, *publicitaire*
puntare (sui giovani), *cibler (les jeunes)*

R

realizzare, *réaliser*
realtà (la), *réalité*
recensione (la), *article critique*
recessione (la), *récession*
recitare la parte, *jouer le rôle (cinéma)*
reclamizzare, *faire de la publicité*
reddito (il), *revenu*
reddito pro capite (il), *revenu par habitant*
regime totalitario (il), *régime totalitaire*
regista (il), *réalisateur (cinéma)*
repressione (la), *répression*
rialzare, *relever*
riccio di mare (il), *oursin*
ricordarsi, *se rappeler*
riapparire, *réapparaître*
ricerca (la), *recherche*
ricordare, *rappeler*
ridicolizzare, *ridiculiser*
riempire, *remplir*
rifugiato (il), *réfugié*
rigore (il), *rigueur*
rimandare, *renvoyer*
rimanere, *rester*
rimodernare, *remoderniser*
rimproverare, *reprocher*
rimprovero (il), *reproche*
ringhiare, *grogner*
riparo (il), *abri*
ripartire, *repartir*
ripresa (la), *tournage (cinéma)*
risaputo, *connu (par ouï-dire)*
risoluzione (la), *résolution*
risparmiare, *épargner*
rispiegare, *expliquer de nouveau*
rispuntare, *réapparaître*
risvegliare, *réveiller*
ritenere, *considérer*
ritrovare, *retrouver*
roccia (la), *rocher*

S

saltare la cavallina, *jouer à saute-mouton*
saper fare (il), *savoir-faire*
scafista (lo), *passeur (en bateau)*
scambiarsi (delle mail), *échanger (des mails)*
scampagnata (la), *partie de campagne*
scattare (una foto), *prendre (une photo)*
scena (la), *scène (cinéma)*
sceneggiatura (la), *scenario (cinéma)*
scenografia (la), *décor*
scelta (la), *choix*
scienziato (lo), *savant*
scoperta (la), *découverte*

scoprire, *découvrir*
scritta (la), *inscription*
sdrammatizzare, *dédramatiser*
sedia a rotelle (la), *chaise roulante*
sedurre, *séduire*
sentirsi coinvolto, *se sentir impliqué*
sfuggire, *fuir*
sfruttare, *exploiter*
in simbiosi, *en symbiose*
simile, *semblable*
sinopsi (la), *synopsis (cinéma)*
sinossi (la), *synopsis (cinéma)*
sipario (il), *rideau*
slogan (lo), *slogan*
smorfia (la), *grimace*
soffiata (la), *dénonciation*
sogno (il), *rêve*
solenne, *solennel*
sorridente, *souriant*
spalto (lo), *gradin*
sparare, *tirer (arme)*
spartito (lo), *partition*
speranza (la), *espérance, espoir*
spogliare, *déshabiller*
sportello (lo), *portière (voiture)*
spot (lo), *spot*
squallido, *misérable*
stare all'erta, *être sur ses gardes*
staticità (la), *statisme*
stendere, *étendre*
stiva (la), *cale*
strage (la), *massacre*
straziante, *déchirant*
stremato, *épuisé, à bout de forces*
strizzare, *essorer*
suggerimento (il), *suggestion*
suspense (il), *suspense*
sviluppare, *développer*
sviluppo (lo), *développement*
svuotare, *vider*

tappare la bocca a qualcuno, *fermer la bouche à quelqu'un*
target (il), *cible*
tasso di occupazione (il), *taux de l'emploi*
tenere in mente, *avoir à l'esprit*
tenerezza (la), *tendresse*
tenore di vita (il), *niveau de vie*
tensione (la), *tension*
terra di accoglienza (la), *terre d'accueil*
terra promessa (la), *terre promise*
tirocinio (il), *apprentissage*
titoli di testa (i), *générique (cinéma)*
titoli di coda (i), *générique de fin (cinéma)*
tomba (la), *tombe*
tonto, *stupide*
topo (il), *rat*
tradizione (la), *tradition*
tragico, *tragique*
trattenere, *retenir*
Tricolore (il), *drapeau italien*
truccare, *maquiller*

uccidere, *tuer*
umanitario, *humanitaire*
umiliante, *humiliant*
umiliazione (l'), *humiliation*
urbano, *urbain*
utente (l'), *usager*
utilitaria (l'), *petite voiture*

valore aggiunto (il), *valeur ajoutée*
vendere, *vendre*
vendita (la), *vente*
venditore ambulante abusivo, *vendeur à la sauvette*
vestito (il), *vêtement*
via pedonale (la), *rue piétonne*
videogioco (il), *jeu vidéo*
vibrare per l'emozione, *vibrer d'émotion*
vino (il), *vin*
viso (il), *visage*
voce (la), *voix*
volantino (il), *prospectus*
volto (il), *visage*

writer (il), *taggeur*

J

jeton, *gettone (il)*
jeu vidéo, *videogioco (il)*
jouer à saute-mouton, *saltare la cavallina*
jouer le rôle (cinéma), *recitare la parte*

L

lancer un produit, *lanciare un prodotto*
large, *alto mare (l')*
licite, *lecito*
lieu commun, *luogo comune (il)*
linge, *biancheria (la)*
long-métrage, *lungometraggio (il)*
loyal, *leale*
loyauté, *lealtà (la)*
lucre, *lucro (il)*
lynchage, *linciaggio (il)*

M

maîtriser, *avere la padronanza*
malle, *baule (il)*
maquiller, *truccare*
manteau, *mantello (il), manto (il)*
massacre, *strage (la), massacro (il)*
masses, *mazze (le)*
mélodrama, *melodramma (il)*
métallique, *metallico*
se mettre dans la peau de, *immedesimarsi nella parte di*
mineur, *minore (il)*
misérable, *squallido*
misère, *miseria (la)*
moderne, *moderno*
moralité, *moralità (la)*
motif, *motivo (il)*
motorisation, *motorizzazione (la)*
mouvement, *movimento (il)*

N

navire marchand, *nave mercantile (la)*
niveau de vie, *tenore di vita (il)*
nourriture, *cibo (il)*

O

obsédant, *ossessionante*
ordonné, *ordinate*
œil au beurre noir, *occhio pesto (l')*
œuvre, *opera (l')*
opéra, *opera lirica (l')*
optimisé, *ottimizzato*
optimiser, *ottimizzare*
ordinateur, *computer (il)*
organisation, *assetto (l')*
oursin, *riccio di mare (il)*

P

panier, *cestino (il)*
parachute, *paracadute (il)*
paresseux, *pigro*
partie de campagne, *scampagnata (la)*
partition, *spartito (lo)*
passeur (en bateau), *scafista (lo)*
patrouille, *pattuglia (la)*
pauvreté, *povertà (la)*
paysage, *paesaggio (il)*
paysan, *contadino (il)*
pêcheur, *pescatore (il)*
pègre, *malavita (la)*
permettre, *permettere*
permis de conduire, *patente (la)*
personnel, *addetti (gli)*
persuader, *persuadere*
persuasif, *persuasivo*
pessimisme, *pessimismo (il)*
petit poisson, *pesciolino (il)*
pistolet, *pistolà (la)*
pitié, *pietà (la)*
plan (cinéma), *piano di ripresa (il)*
  – **plan américain**, *piano americano (il)*
  – **plan d'ensemble**, *campo lunghissimo (il)*
  – **plan général**, *campo lungo (il)*
  – **plan italien**, *piano medio (il)*
  – **plan moyen**, *campo medio (il)*
  – **gros plan**, *primo piano (il)*
  – **très gros plan**, *primissimo piano (il)*
  – **plan taille (cinéma)**, *mezzo busto (il)*
pleine mer, *alto mare (l')*
policier, *poliziotto (il)*
politesse, *cortesia (la)*
politique d'oppression, *politica di oppressione (la)*
portefeuille, *portafoglio (il)*
portière (voiture), *sportello (lo)*
poupe, *poppa (la)*
précarité, *precarietà (la)*
préjugé, *pregiudizio (il)*
préjudiciable, *pregiudizievole*
prendre (une photo), *scattare (una foto)*
à tout prix, *ad ogni costo*
produit, *prodotto (il)*
producteur, *produttore (il)*
profaner, *profanare*
profiter, *approfittare*
progrès, *progresso (il)*
promesse, *promessa (la)*
promotion, *promozione (la)*
promouvoir, *promuovere*
propagande, *propaganda (la)*
prosélitisme, *proselitismo (il)*
prospectus, *volantino (il)*
prospérité, *prosperità (la)*
proue, *prua (la)*
publicité, *pubblicità (la)*
publicitaire, *pubblicitarie*

Q

quai, *binario (il)*

R

randonnée, *gita (la)*
rappeler, *ricordare*
se rappeler, *ricordarsi*
rat, *topo (il)*
réalisateur (cinéma), *regista (il)*
réaliser, *realizzare*
réalité, *realtà (la)*
réapparaître, *rispuntare, riapparire*
récession, *recessione (la)*
recherche, *ricerca (la)*
réfugié, *profugo (il), rifugiato (il)*
régime totalitaire, *regime totalitario (il)*
relever, *rialzare*
remoderniser, *rimodernare*

remplir, *riempire*
renvoyer, *rimandare*
repartir, *ripartire*
reprocher, *rimproverare*
reproche, *rimprovero (il)*
répression, *repressione (la)*
rester, *rimanere*
retenir, *trattenere*
résolution, *risoluzione (la)*
retrouver, *ritrovare*
rêve, *sogno (il)*
réveiller, *risvegliare*
revenu, *reddito (il)*
revenu par habitant, *reddito pro capite (il)*
rideau, *sipario (il)*
ridiculiser, *ridicolizzare*
rigueur, *rigore (il)*
rocher, *roccia (la)*
rouler quelqu'un, *fregare qualcuno*
rue piétonne, *via pedonale (la)*

S

sac, *borsa (la)*
savant, *scienziato (lo)*
savoir-faire, *saper fare (il)*
scène (cinéma), *scena (la)*
scène, *palcoscenico (il)*
scénario (cinéma), *copione (il), sceneggiatura (la)*
séduire, *sedurre*
semblable, *simile*
se sentir impliqué, *sentirsi coinvolto*
slogan, *slogan (lo)*
solennel, *solenne*
souriant, *sorridente*
spot, *spot (lo)*
statisme, *staticità (la)*
stupide, *tonto*
suggestion, *suggerimento (il)*
suspense, *suspense (il)*
en symbiose, *in simbiosi*
synopsis (cinéma), *sinopsi (la), sinossi (la)*

T

taggeur, *writer (il)*
taux de l'emploi, *tasso di occupazione (il)*
tendresse, *tenerezza (la)*
tension, *tensione (la)*
terre d'accueil, *terra di accoglienza (la)*
terre promise, *terra promessa (la)*
tirer (arme), *sparare*
tombe, *tomba (la)*
toucher des dessous de table, *prendere tangenti*
tournage (cinéma), *ripresa (la)*
tourner (cinéma), *girare*
tradition, *tradizione (la)*
tragique, *tragico*
travelling (cinema), *carrellata (la)*

U

tuer, *uccidere*
urbain, *urbano*
urbanisation, *inurbamento*
urgence, *emergenza (l')*
usager, *utente (l')*
usine, *fabbrica (la)*

V

valeur ajoutée, *valore aggiunto (il)*
vendeur à la sauvette, *venditore ambulante abusivo*
vendre, *vendere*
vente, *vendita (la)*
vêtement, *vestito (il)*
vibrer d'émotion, *vibrare per l'emozione*
vider, *svuotare*
vin, *vino (il)*
visage, *volto (il), viso (il)*
voiture, *macchina (la)*
petite voiture, *utilitaria (l')*
voix, *voce (la)*

W

week-end, *fine settimana (il)*

Cronologia*

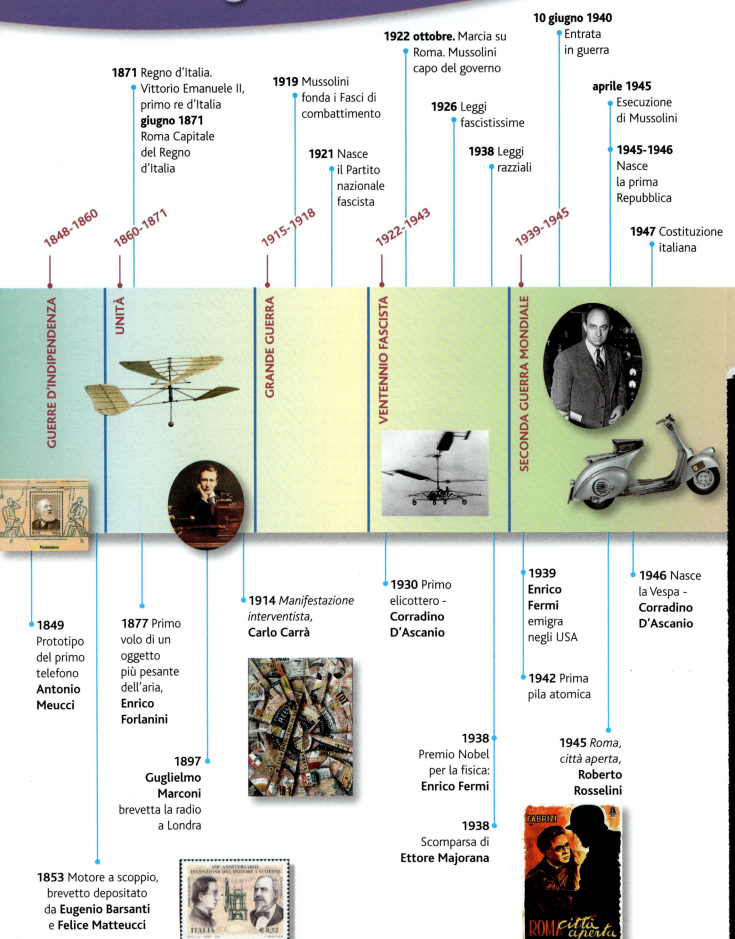

1848-1860 GUERRE D'INDIPENDENZA

1860-1871 UNITÀ

1871 Regno d'Italia. Vittorio Emanuele II, primo re d'Italia
giugno 1871 Roma Capitale del Regno d'Italia

1915-1918 GRANDE GUERRA

1919 Mussolini fonda i Fasci di combattimento

1921 Nasce il Partito nazionale fascista

1922-1943 VENTENNIO FASCISTA

1922 ottobre. Marcia su Roma. Mussolini capo del governo

1926 Leggi fascistissime

1938 Leggi razziali

1939-1945 SECONDA GUERRA MONDIALE

10 giugno 1940 Entrata in guerra

aprile 1945 Esecuzione di Mussolini

1945-1946 Nasce la prima Repubblica

1947 Costituzione italiana

1849 Prototipo del primo telefono **Antonio Meucci**

1853 Motore a scoppio, brevetto depositato da **Eugenio Barsanti** e **Felice Matteucci**

1877 Primo volo di un oggetto più pesante dell'aria, **Enrico Forlanini**

1897 **Guglielmo Marconi** brevetta la radio a Londra

1914 *Manifestazione interventista*, **Carlo Carrà**

1930 Primo elicottero - **Corradino D'Ascanio**

1938 Premio Nobel per la fisica: **Enrico Fermi**

1938 Scomparsa di **Ettore Majorana**

1939 **Enrico Fermi** emigra negli USA

1942 Prima pila atomica

1945 *Roma, città aperta*, **Roberto Rosselini**

1946 Nasce la Vespa - **Corradino D'Ascanio**

190 - *centonovanta*

Per autovalutarsi

💬 Scegli un oggetto emblematico del «miracolo economico» e presentalo oralmente.

Je suis capable de...	Niveau de référence du Cadre européen
... présenter et décrire simplement un objet emblématique du miracle économique italien.	
– Quel est son nom ? – À quelle catégorie d'objet appartient-il (électroménager...) ? – Quelle est sa couleur ?	A2 ▶
... expliquer de façon simple la fonction de l'objet et les changements qu'il a apportés.	
– À quoi sert-il ? – Qu'a-t-il modifié dans la vie quotidienne des italiens (ou des italiennes) ?	B1 ▶ (1er niveau)
... le resituer dans son contexte historique et économique pour suggérer des explications sur son succès.	
– À quelle période est-il apparu ? – Dans ce contexte, qu'a t-il apporté sur le plan pratique et symbolique ?	B1 ▶ (2e niveau)
... fournir des informations précises sur cet objet et exprimer mon point de vue sur l'originalité et la créativité qui s'expriment à travers lui.	
– Quelles informations plus précises puis-je donner ? – Suis-je en mesure de donner des références cinématographiques ou autres pour illustrer la portée symbolique de cet objet ? – Quels commentaires et point de vue personnel puis-je apporter pour étayer ma présentation ?	B2 ▶

Lo sguardo dell'artista

Belle sedie

L'Italia è spesso considerata «la patria del design». Il design italiano mescola funzionalità ed ironia, fantasia e rigore concettuale. Valorizza anche materiali che finora erano stati scartati in modo da reinventare gli oggetti.

① Alessandro Mendini, Poltrona di Proust, 1979

② Giancarlo Zema, Anemone, 2011

③ Gruppo G 14, Poltrona fiocco 1970

⑤ Gianni Pareschi, Poltrona Libro, 1970

⑥ Marcello Ziliani, Azhar, 2009

④ Harry Bertoia, Poltroncina Diamond, 1952

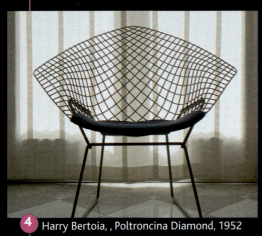

⑧ Giancarlo Piretti Plia, circa 1969

⑨ Up5, Gaetano Pesce, 1969

⑦ Piero Gatti, Cesar Paolini e Franco Teodoro, Il sacco, 1968

> Che cosa è più importante per te: la funzionalità o l'aspetto estetico? Perché?

L'angolo della lettura

I figli di Babbo Natale

In questo brano tratto da Marcovaldo, *Italo Calvino considera con uno sguardo ironico la società dei consumi.*

Non c'è epoca dell'anno più gentile e buona, per il mondo dell'industria e del commercio, che il Natale e le settimane precedenti. Sale dalle vie il tremulo
5 suono delle zampogne; e le società anonime, fino a ieri freddamente intente a calcolare fatturato e dividendi, aprono il cuore agli affetti e al sorriso. [...]
Alla Sbav[1] quell'anno l'Ufficio Relazioni Pubbliche propose che alle persone di maggior riguardo le strenne[2] fossero recapitate[3] a domicilio da un uomo vestito da Babbo Natale.
10 [...]
Il capo dell'Ufficio Personale entrò in magazzino con una barba finta in mano: – Ehi, tu! – disse a Marcovaldo. – Prova un po' come stai con questa barba. Benissimo! Il Natale sei tu. [...]
Per le vie della città Marcovaldo non faceva che incontrare altri Babbi
15 Natale rossi e bianchi, uguali identici a lui, che pilotavano camioncini o motofurgoncini o che aprivano le portiere dei negozi ai clienti carichi di pacchi o li aiutavano a portare le compere fino all'automobile. E tutti questi Babbi Natale avevano un'aria concentrata e indaffarata, come fossero addetti al servizio di manutenzione dell'enorme macchinario delle Feste.
20 E Marcovaldo, tal quale come loro, correva da un indirizzo all'altro segnato sull'elenco, scendeva di sella, smistava i pacchi del furgoncino, ne prendeva uno, lo presentava a chi apriva la porta scandendo la frase: – La Sbav augura Buon Natale e felice anno nuovo, – e prendeva la mancia[4].
Questa mancia poteva essere anche ragguardevole e Marcovaldo avrebbe
25 potuto dirsi soddisfatto, ma qualcosa gli mancava. Ogni volta, seguito da Michelino, pregustava la meraviglia di chi aprendo si sarebbe visto davanti Babbo Natale in persona; si aspettava feste, curiosità, gratitudine. E ogni volta era accolto come il postino che porta il giornale tutti i giorni.
Suonò alla porta di una casa lussuosa. Aperse una governante. – Uh,
30 ancora un altro pacco, da chi viene?
– La Sbav augura...
– Be', portate qua, – e precedette il Babbo Natale per un corridoio tutto arazzi, tappeti e vasi di maiolica. Michelino, con tanto d'occhi, andava dietro il padre.
35 La governante aperse una porta a vetri. Entrarono in una sala dal soffitto alto alto, tanto che ci stava dentro un grande abete. Era un albero di Natale illuminato da bolle di vetro di tutti i colori, e ai suoi rami erano appesi regali e dolci di tutte le fogge[5]. Al soffitto erano pesanti lampadari di cristallo, e i rami più alti dell'abete s'impigliavano nei pendagli scintillanti. Sopra un gran
40 tavolo erano disposte cristallerie, argenterie, scatole di canditi e cassette di bottiglie. I giocattoli, sparsi su di un grande tappeto, erano tanti come in un negozio di giocattoli, soprattutto complicati congegni elettronici e modelli di astronavi. Su quel tappeto, in un angolo sgombro, c'era un bambino, sdraiato bocconi[6], di circa nove anni, con un'aria imbronciata e annoiata. Sfogliava un
45 libro illustrato, come se tutto quel che era lì intorno non lo riguardasse.

Italo Calvino (1923-1985), Scrittore e intellettuale impegnato italiano di fama internazionale. La sua opera è ampia ed eclettica. Tra le sue opere più famose, la trilogia allegorica *I nostri antenati – Il visconte dimezzato* (1952), *Il barone rampante* (1957), *Il cavaliere inesistente* (1959) –, *Marcovaldo* (1963), *Le cosmicomiche* (1965), *Se una notte d'inverno un viaggiatore* (1979).

• Come viene descritta l'atmosfera di festa nella città?

• Perché Babbo Natale viene paragonato al postino?

• Come possiamo qualificare questa casa?

• Qual è l'atteggiamento del bambino?

L'angolo della lettura

1. Un giovane spazzacamino davanti alla vetrina di un negozio di giocattoli, a Milano nel 1961

– Gianfranco, su, Gianfranco, – disse la governante, – hai visto che è tornato Babbo Natale con un altro regalo?
– Trecentododici, – sospirò il bambino, senz'alzare gli occhi dal libro. – Metta lì.
50 – È il trecentododicesimo regalo che arriva, – disse la governante. – Gianfranco è così bravo, tiene il conto, non ne perde uno, la sua grande passione è contare.
In punta di piedi Marcovaldo e Michelino lasciarono la casa.
– Papà, quel bambino è un bambino povero? – chiese Michelino.
55 Marcovaldo era intento a riordinare il carico del furgoncino e non rispose subito. Ma dopo un momento, s'affrettò a protestare. – Povero? Che dici? Sai chi è suo padre? È il presidente dell'Unione Incremento[7] Vendite Natalizie! Il commendator…
S'interruppe, perché non vedeva Michelino. – Michelino, Michelino! Dove
60 sei? – Era sparito.
«Sta' a vedere che ha visto passare un altro Babbo Natale, l'ha scambiato per me e gli è andato dietro…» Marcovaldo continuò il suo giro, ma era un po' in pensiero e non vedeva l'ora di tornare a casa.
A casa, ritrovò Michelino insieme ai suoi fratelli, buono buono.
65 – Di' un po', tu: dove t'eri cacciato?
– A casa, a prendere i regali… Sì, i regali per quel bambino povero…
– Eh! Chi?
– Quello che se ne stava così triste… quello della villa con l'albero di Natale…
– A lui? Ma che regali potevi fargli, tu a lui?
70 – Oh, li avevamo preparati bene… tre regali, involti in carta argentata.
Intervennero i fratellini. – Siamo andati tutti insieme a portarglieli! Avessi visto come era contento!
– Figuriamoci! Disse Marcovaldo. – Aveva proprio bisogno dei vostri regali, per essere contento!
75 – Sì, sì, dei nostri… È corse subito a strappare la carta per vedere cos'erano…
– E cos'erano?
– Il primo era un martello: quel martello grosso, tondo, di legno…
– E lui?

• «Ha visto passare un altro Babbo Natale»: che cosa rivela questa frase?

• Che cosa significa «bambino povero» per Michelino?